우리 아이가 행복한 국제학교 보내기

왜 그들은 필리핀 마닐라를 선택했을까?

우리 아이가 행복한 국제학교 보내기

발 행 | 2023년 06월 20일
저 자 | 장재용(제이전트), 엘리 김, 이진, 정은, MK, S
펴낸이 | 한건희
펴낸곳 | 주식회사 부크크
출판사등록 | 2014.07.15(제2014-16호)
주 소 | 서울특별시 금천구 가산디지털1로 119 SK트윈타워 A동 305호
전 화 | 1670-8316
이메일 | info@bookk.co.kr

ISBN | 979-11-410-3248-7

www.bookk.co.kr

우리 아이가 행복한
국제학교 보내기

왜 그들은 필리핀 마닐라를 선택했을까?

장재용(제이전트), 엘리 김, 이진, 정은, MK, S 공동지음

CONTENTS

제1화 나는 마닐라 OOO 국제학교 학부모예요

- BSM
- REEDLEY
- ISM
- BRENT
- ISM
- BRENT

나는 아빠주부 블로거 제이전트다. (British School Manila, BSM)

나는 2022년 4월에 스위스 제네바에서 필리핀 마닐라로 이사 온 아빠주부 블로거 제이전트(장재용)이다. 마닐라에서 외국인과 주재원들이 많이 거주한다는 버블시티인 BGC(보니파시오 글로벌 시티, Bonifacio Global City)에 자리를 잡은 후, 2023년 기준 만 12세 남아와 만 9세 여아를 마닐라 국제학교 중의 하나인 BSM(British School Manila, 영국 국제학교)에 등교시키고 있다. 아내는 이곳 마닐라에서 직장을 다니고 있고, 반대로 나는 집안일과 아이들을 케어하며 주부로서의 몫을 다하고 있기도 하다.

스위스와 필리핀에서의 삶은 어떤 부분이 달라졌을까? 사계절이 있는 눈이 많은 나라 스위스와 '이른 여름', '한여름', '늦여름' 등의 여름이라는 계절 용어만으로 일년을 살아야 하는 더운 나라 필리핀이 가장 큰 차이일테고, 좀 더 들여다보면 부자나라이면서도 치안이 우수하고, 합리적인 사람들이 많지만 한편으로는 개인주의적 사고가 가득한 나라, 그리고 물가가 하늘을 찌르는 스위스와, 상대적으로 개발도상국이면서 사람들이 그만큼 합리적이지 못하고 치안이 다소 불안하지만 반면 물가가 상대적으로 저렴하고(사실 BGC에서는 물가가 비슷한 수준임) 사람들이 좀 더 순수해 보이고 가족중심애가 강한 나라인 필리핀의 삶으로 구분할 수 있었다.

스위스에 5년을 거주하는 동안 아내는 직장에서 필리핀으로 적을 옮길 수 있는 기회가 있었고, 당시 그 기회를 바탕으로 스위스에서 필리핀 마닐라로 이사를 하는 것을 결정하기까지는 그리 많은 시간과 큰 고민이 필요하지 않았던 터라 필리핀의 삶을 기대 반 우려 반하며 마닐라행을 선택했으나, 필리핀 마닐라 살이 1년을 가득 체험한 지금, 기대했던 즐거운 이야기들도 많이 생겨났고, 우려했던 안타까운 이야기들도 한가득 담을 수 있었다. 기회가 되면 책의 어느 한 부분에서 이야기를 다룰 예정이다.

무엇보다 아이들의 환경변화와 감정변화에 가장 신경을 쓸 수밖에 없었는데, 스위스에서도 영어를 바탕으로 하는 국제학교를 이미 다니고 있었던 터라 아이들의 영어실력이 학교를 입학하지 못할 정도의 수준은 아니라고 판단해서 당시는 입학 레벨 테스트의 당락보다는 취사선택을 고려하며 마닐라의 국제학교 중 '어느 국제학교'를 보낼 것인가에 초점을 맞추고 고민을 하고 있었고, 우리가 이사를 결정할 당시 필리핀은 팬데믹 이슈가 가라앉고 있어 학교들도 2년만에 처음으로 온라인에서 대면수업을 속속 결정하고 있던 터라 학기중인 3학기(Term 3)에 입학시도를 했음에도 불구하고 코로나로 일부 비워져 있던 TO가 각각 두아이에게 한자리씩 남아있다는 것을 확인하고 지원을 했고, 운 좋게도 정원(TO)을 마닐라로 이사 오자마자 확보할 수 있었다.

아빠주부인 나는 일하는 아내와 함께 오순도순 지내는 것이 목표 중에 하나인데, 해외살이가 생각만큼 쉽지 않다는 것도 이미 충분히 경험했고, 밖에서 일하는 아내를 충분히 이해하지 못하는 아빠주부와, 집안에서 일하는 나를 충분히 이해해주지 못하는 워킹맘 사이에서 늘 크고 잦은 충돌이 있고, 여기에 아이들 이야기와 헬퍼나 기사 이야기 등까지 합치면 하루에도 몇 번씩 다툴 주제가 넘쳐나기도 한다. 나는 그런 스트레스를 블로그와 소셜미디어, 그리고 마린이 모임(마닐라에 이사온지 얼마되지 않는 새내기들이 모여 학교, 생활, 헬퍼 등 다양한 정보와 이야기를 나눌 수 있는 카카오톡 오픈채팅 공간, 마닐라+어린이의 줄임말)을 통해 일부 해소를 하고 있는 중인데, 이번에 마린이 회원들 중에 몇몇 다른 학교, 다른 환경을 갖고 있는 분들끼리, 한마음 같은 뜻으로 의기투합하여, 함께 필리핀 마닐라의 다양한 학교 이야기와 살아가고 있는 이야기들을 모아서, 누군가 우리 뒤를 이어 마닐라로 이사 오게 될 엄마, 아빠, 자녀들을 위해서 비슷한 고민을 함께 공감하며, 다양한 유익한 정보를 공유해서 우리의 시행착오를 좀 더 줄일 수 있는 바람에서 함께 공동집필을 시작하게 되었다. 훗날 이 책이 많은 분들에게 양서가 되기를 바래 본다.

Hey, I'm Ellie Kim (REEDLEY)

나는 필리핀에 거주 중인 마닐라맘 엘리이다. 여행을 좋아하던 지구별 방랑자 엘리는 자유를 반납하고, 해외에서 만난 남편과 결혼을 하게 되었고, 엄마와 아내라는 옷을 입은 후 지구별에 정착을 하게 되었다. 신랑을 따라 인도, 방글라데시에서 생활하였고 현재는 필리핀에 거주 중이다. 언젠가는 지구별 모든 곳을 가보는 것이 나의 소원이다. 2022년에 마닐라에 파견되어 근무 중인 남편을 따라 필리핀에 왔다. 리들리 국제학교(Reedley)에 다니는 딸과 늦둥이 아들을 키우고 있다. 성격도 입맛도 하늘과 땅 차이인 터울 큰 남매를 키우면서 교육과 육아를 동시에 하면서 버거워하는 늙은 엄마이다.

나는 식품공학과 경영학을 전공하였다. 식품회사에서 연구원으로 신제품 개발 업무를 담당했고, A항공사 식품안전 연구센터의 Auditor로 근무하였다. 잡지에 식품 관련 기사를 기고하였고, "엄마는 외계인"과 "이상한 숙제" 그림책을 썼다. 나의 취미는 요리이고, 한식과 양식 조리사 자격증을 소유하고 있다. 외국에 거주하면 현지 음식 레시피를 배우는 것을 좋아해서 현재 피노이(Pinoy) 푸드 레시피를 배우고 있다. 반면, 외국 친구들에게는 한식 음식을 요리해서 한식의 맛을 알려주는 기쁨을 느끼고 있다. 기회가 된다면 필리핀 레시피 북을 쓰고 싶다.

나는 궁금한 것도 많고 호기심도 많다. 나이가 들어도 실패를 해도 도전 정신이 식지를 않는다. 필리핀 생활에서 새로운 도전을 해보고 싶었고, 필리핀에 새롭게 오시는 분들에게 정보 공유를 하고 싶어 블로그를 시작하였고 글 쓰는 재미에 빠져들게 되었다. 마침 에이전트님이 추진하는 마닐라 핸드북 출판 프로젝트에 마린이 5인방들과 함께하게 되었다.

나는 Trailing Spouse다. (International School Manila, ISM)

나는 남편 직업 따라서 나라를 옮겨 다니는 Trailing Spouse다. 현재 우리 아이는 BGC에 있는 ISM에 다니고 있다. 나는 한국에서 태어났지만 부모님의 사업으로 초중고등 시절 6년을 인도네시아에서 보냈다. 남편이 미국을 떠나 해외 근무를 지원했을 때 좋아라 했다. 나의 유년 시절을 생각하면서 말이다.

내 아이는 미국에서 태어나서 몇 개월 살아보지도 못하고 지구 반바퀴를 돌아 스리랑카에서 영유아기를 보냈고, 우리가 80퍼센트가 육박하는 습도에 익숙해질 무렵 내가 자라왔던 인도네시아로 발령을 받았다. 그러나, 코로나가 터지는 바람에 깔리만탄에 있는 오랑우탄도 못 보고 그렇게 나의 유년시절의 추억과 다시 이별하게 된다. 세번째로 발령받은 곳은 옆동네라고 생각했던 필리핀이다. 인도네시아와 필리핀은 같은 동남아 지역에 속해 있고, 망고가 맛있으며, 기후도 비슷해서 같은 생활 환경의 연장선이라고 생각하고 설렁설렁 옆 동네 마실 가듯 국제이사를 준비했던 나는 그것이 나만의 착각이었음을 깨달아 가고 있는 중이다.

내가 거주하는 마닐라 BGC 지역은 ISM, BSM이라는 국제학교가 위치해서 높은 월세에도 불구하고 해외 주재원들이 선호한다. 하지만 콘도들이 대부분 낡았고, 오래 되었고 평수도 작다. 내가 거주하는 콘도도 20년이 넘었고, BGC 지역에서는 제일 먼저 지어졌다고 한다. 남편의 회사와는 걸어서 5분이고, 아이 학교인 ISM은 차로 15분 거리이다. 우리 아이는 아직 초등학교 저학년이라 나라 이동에서 오는 학교별 격차로 인한 공부 스트레스가 크지 않지만 나름 새로운 곳에 적응하고 친구들을 사귀는데 어려움이 조금씩 있어 보인다.

마닐라 BGC는 매력적인 곳이다. 환경에 대한 만족도는 높다. 우선 걸어 다닐 수 있는 깨끗힌 보도가 존재한다! 내가 거주하는 콘도에서 아이 학교까지 날씨가 좋으면 25분정도면 걸어갈 수 있다. 커피빈에 들러서 아이스 아메리카노 한잔 사서 들고 근처에 있는 아디다스 숍에 진열되어 있는 여성 운동복을 구경하고 Fully Booked라는 영어 전문 서점에 들러 아이가 좋아하는 틴틴 만화책도 산다. 이렇게 걸어서 소소한 행복을 느낄 수 있는 이 공간을 사랑한다.

새로운 곳에 적응하면 감사하게도 먼저 정착한 분들에게 정보 공유를 받게 되는데 내가 받았던 지식을 뜻이 맞는 분들과 책으로 기록할 수 있는 좋은 기회가 생겼다. 이 책이 막연하게 생각했던 필리핀 생활에 조금이라도 도움이 되어서 새로 오시는 분들이 두려움보다는 기대감으로 필리핀 이주 준비를 할 수 있다면 좋겠다.

나는 새내기 마린이이자 휴직자 MK다. (BRENT)

나는 2월 말 마닐라로 오게 된 'Real 마린이' MK다. 우리 아이는 2016년생으로, 2023년 3월 초등학교 1학년 입학을 앞두고 있었다. 작년이었던 2022년 10월까지도 그랬다. 평일에는 회사를 다니는 워킹맘이었고 남편은 해외영업과는 전혀 관계없는 업무를 담당하고 있었기에 주재원 파견과 관련한 생각은 해본 적이 전혀 없었다. 취미가 캠핑이던 우리 가족은 주중엔 각자 자기의 사회생활을 했고, 주말이면 취미로 캠핑을 즐기는 캠퍼였기에 겨울을 대비하여 장박지도 계약을 어렵사리 끝냈는데…, 장박지와 가까운 스키장까지 예약해 두었는데…

11월 초, 남편은 나에게 해외 주재원 이야기를 꺼냈다. 나와 남편은 모두 충실히 직장생활을 하고 있었고, 현재의 삶에 만족하고 있었으나 아이에게 너무 좋은 기회가 될 것이라 확신했다. 그렇게 11월 말 남편은 필리핀으로 발령을 받게 되었고, 12월 초 먼저 필리핀으로 떠났다.

그 때부터 회사를 다니며 필리핀 그리고 마닐라에 대한 서치를 하기 시작했고, 그 서치 중 가장 중요한 부분은 아무래도 아이의 학교이면서도 주거지였다. 도시에서 밖에 살아본 적 없는 나는 BGC가 가장 좋은 대안으로 보였다. 이주를 준비하며 BGC근방에 있는 ISM과 BSM이 나에게 1순위였기에 입학 진행을 준비하였으나 G1은 통상 중간에 들어가기 어렵다고 하거니와, 내가 이주를 준비할 무렵에는 코로나가 끝나갈 시기로 해외에서 필리핀으로의 입국이 쇄도했던 터라 확실한 입학허가를 받지 못했다.

이후 2순위였던 Brent를 알아보기 시작했는데, 사실 남편의 회사와도 ISM, BSM보다 가까웠기 때문에 좋은 대안이었다. ISM과 BSM의 지원서를 작성한 터라 Brent에도 양식을 작성하여 온라인 제출을 해 두었다. 앞서 진행했던 두 학교보다 Brent는 입학처 피드백이 가장 빨랐다. 제출 당시 BSM은 대기 명단에도 올려줄 수 없다는 답변과 함께 근처의 국제학교 리스트를 보내주었고, ISM은 대기 명단에 올려줄 수는 있으나 언제 입학기 가능할 수 있는 지는 장담할 수 없다는 답변을 해주었다. 반면 Brent에서는 작성한 지원서와 관련하여 누락된 서류들에 대한 피드백을 해주며, 입학과 관련한 긍정적인 답변을 받을 수 있었다.

이런 아이의 학교와 관련한 일련의 과정들은 남편이 먼저 필리핀으로 떠나버린 직후에 남겨진 모두 나의 일들이 되었다. 새로운 환경에서 고군분투하며 일하는 남편을 대신해 나 역시 회사를 다니면서 잠깐씩 틈을 내 열심히 검색한 결과다. 하지만 생각보다 입학과정과 절차, 준비과정 등이 자세히 나와 있지 않았고, 내가 참조할 수 있는 것은 학교의 홈페이지가 전부였다. 오히려 이런 준비를 하다 알게 된 단톡방에서 생생한 정보를 찾을 수 있었다. 단독방을 운영하는 제이전트님의 집필 권유는 내가 이주 준비를 하며 받은 것에 대한 응당한 보답이라는 생각이 들었다. 많은 질문들, 그리고 그 질문에 대한 경험치 쌓인 답변들, 그리고 그 사이에서 얻게 된 나만의 경험들은 차후 이 곳에 올 분들에게 도움이 될 수 있을 것이라 확신한다.

나의 경우, 한국에서 워킹맘으로 아이를 3살~7살까지 회사어린이집에 보냈던, 여유 없이 일하느라 평소에 아이와 충분한 시간을 보내질 못했다. 실제로 매일 to-do list를 긋고, 달리고의 연속인 마음이 바쁜 엄마였다고 고백한다. 하지만 이 곳에서 새로운 시작을 준비하는 아이와 남편을 충실히 서포트하는 전업주부로의 삶을 살고 있다. 아이의 점심 도시락을 준비하고, 남편과 아이의 아침을 준비하고(필리핀에 와서 빵을 굽게 되었다!), 아이의 적응을 위해 매일 하원을 직접 시키고, 집에 오는 길 대화도 많이 하면서 좋은 점, 힘든 점들을 아이와 눈맞추고 대화를 한다. 숙제를 직접 봐주고 책을 읽어주는, 오롯이 가정과, 아이에 맞춰진 이 삶은 내가 한번도 경험해보지 못했기에 아직 두 달 밖에 되지 않았지만, 이 새로운 변화들을 기꺼이 즐기고 있다. 앞서 언급한 것처럼 아직 마닐라 생활 두 달 째인 만큼, 학교 준비, 이주 준비와 관련한 가장 따끈따끈하고 생생한 정보를 전달 드릴 수 있을 것이라 기대한다. 이 책이 그 동안 일하느라 아이와 시간을 보낼 기회가 없었던, 남편의 발령으로 나의 커리어를 접어야 하는 나와 비슷한 상황의 그녀에게 후면에(기회가 있다면) 실릴 크고 작은 나의 에피소드를 공유하여 도움을 주고 싶다.

나는 워킹맘이다. (International School Manila, ISM)

필리핀에서 한국 회사의 주재원으로 파견되어 일하고 있다. 아이는 마닐라에 있는 미국계 국제학교 ISM(International School Manila)에 재학 중이다.

나의 커리어와 아이의 교육을 위해, 고민 끝에, 주재원 근무를 결정했다. 새로운 도전을 시작했고, 소소한 어려움이야 물론 있지만, 아직까지는 상당 부분 만족하며 지내고 있다.

여느 한국 부모와 마찬가지로 아이 교육에 관심이 많다. 한국의 무지막지한 사교육과 입시를 몸소 겪으며 학창시절을 보냈고, 선행학습과 학원정보에 누구보다 관심이 많다. 그러나 동시에 정서발달, 인성교육, 아이주도 놀이, 자연친화, 미래세대 리더십, 자기주도 학습에 대한 고민을 버리지 못한다.

빡빡한 학원 스케줄을 짜면서도, 마음 한 켠으로는 국제학교의 자유로움을 꿈꿔왔기에, 지금 나와 아이가 느끼는 복합적인 감정이 누군가에게는 도움이 될 것이라 생각했다.

내 아이를 누구보다 사랑하지만, 이런 저런 의견이 난무하는 한국 학부모들 사이에서, 중심을 잡고 아이를 키우는 것이 쉽지만은 않다.

한국 공교육과 필리핀 국제학교 그 사이 어딘 가에서, 균형을 찾으려 하고 있는 나와 우리 아이의 이야기를 나눠볼까 한다.

나는 세아이의 엄마이자 전업주부, 꿈은 소설가이다 (BRENT)

나는 후, 호, 허니 세아이의 엄마이자 전업주부, 꿈은 소설가이다. 후.호.허니 삼남매는 현재 Brent International School Manila에 재학중이다.

장기거주를 위한 은퇴비자 신청

마닐라 생활 6개월차인 나는 일년에 통합 2-3개월정도는 마닐라에서 보내고 있던 준 거주자에 속했다. 그리고 필리핀과 한국에서 사업을 병행하고 있는 남편을 따라 이주 계획을 구체적으로 세우기 시작한 것은 2022년 6월이다.

우리 가족은 장기적인 거주를 위해 첫번째로 은퇴비자(SRRV-Special Resident Retiree's Visa라 불리며, 50세 이상 외국인이 일정 금액을 예치하고 발급받는 비자로 영구히 체류할 수 있으며 취업이나 학업, 일부 부동산 매입 등이 가능하다)를 신청했다.

비자를 발급받는 데에는 최소 3주에서 4주가량 소요되었고, 비자를 위해서는 이민국에 여권이 제출되기에 2022년 8월 가족 모두 마닐라에 한달 동안 머무르며 집과 학교에 대한 투어를 시작했다.

어디에 살고, 어느 학교를 보낼 것인가?

서울과 이질감도 덜하고 안전하고 국제학교 인지도도 높다고 하여 BGC의 콘도와 빌리지를 둘러보고 ISM과 BSM에 원서를 접수했다. 하지만 팬데믹 이후 작년 8월 입학 기점으로 외국인들이 대거 입국하기 시작하여 두 학교 모두 Waiting Pool에 올려주겠다는 대답만 돌아올 뿐이었다. 모두가 같은 마음이겠지만 학교가 정해져야 집을 계약하고 이후 이주에 대한 구체적인 계획도 세울 수 있기에 제자리에 멈춰버린 듯이 잠시 고민에 빠졌다. 학교에 자리가 날때까지 기다리느냐 아니면 차선책으로 다른 학교들을 알아보느냐를 고민하며 많은 인터넷 정보를 찾기 시작했고 국제학교, 사립학교까지 리스트를 채워 나갔다. 많은 분들이 남겨 주신 인터넷 블로그 정보들을 통해 궁금증을 해소해 나갔지만 채워지지 않는 답답함은 늘 아쉬움으로 남았다.

남편은 계속 한국과 필리핀을 오가고 있었고 가족들의 빠른 안정을 위해서는 플랜비로 계획을 수정하는 것이 좋겠다고 판단해 2022년 10월 Brent에 원서 접수를 했고 알라방에 집을 알아보기 시작했다.

브렌트에 원서를 접수하다

Brent의 원서접수는 ISM과 BSM의 원서접수를 경험한 덕분에 수월했다. 학교마다 양식은 다르지만 마닐라 국제학교의 원서접수는 에이전트없이 혼자서도 충분히 할 수 있었다.

원서 접수 중 감사했던 점은 Brent 입학처 담당자가 매우 빠른 회신을 주어 진행에 속도가 붙었고, 동시에 나의 걱정을 한결 덜게 된 것이었다. 친절하고 일처리가 빠른 필리피노를 만나는 것은 이곳에서는 축복 같은 일임을 살면서 알게 되었다.

2022년 10월동안 서류를 차곡차곡 업데이트 해 나가며 마침내 11월초 테스트일정과 인터뷰 일정이 정해졌고, 2022년 11월 24일 목요일 테스트와 인터뷰를 치렀다. 이후 일주일만에 합격 레터가 이메일로 도착했고, 학비를 납부하고 입학관련 서류들을 작성해서 이메일로 전송했다.

우리 가족은 2023년 1월 초 완전히 서울을 떠나 마닐라행 비행기에 올랐다. (원서접수 과정은 이후 다른 챕터에서 자세하게 다루도록 하겠다.)

같은 시간이지만 천천히 흐르는 듯한 착각이 들고, 문만 열면 높고 청명한 하늘이 보이는, 야자수가 즐비한 이곳에서 우리 가족은 마치 여행 온 듯한 마음으로 하루하루를 즐기며 살아가기로 했다.

제2화 마닐라 국제학교를 선택하게 된 계기와 입학과정

- ISM
- BSM
- BRENT
- REEDLEY
- ISM
- BRENT

ISM을 선택하게 된 계기 및 입학과정

어느 나라로 갈까, 필리핀 - 가까운 태평양 7천여개의 섬

구글 맵을 보며, 밤이면 밤마다 어느 나라로 갈지 온라인 세계 일주를 했다. 내가 필리핀을 선택한 이유는 크게 네 가지이다.

첫째, 한국에서 3시간반 비행으로 갈 수 있는 가까운 거리
둘째, 영어를 사용하는 입주 헬퍼를 손쉽게 구할 수 있는 환경
셋째, 일년 내내 수영을 할 수 있는 열대 기후
넷째, 1시간이면 에메랄드 바다로 훌쩍 떠날 수 있는 여유

돌고래 같은 아이가 언제든 수영을 할 수 있고, 바다로 떠날 수 있다는 점이 무엇보다 매력적이었다.

어느 학교를 보낼까, ISM _ 다양성 존중, 다양한 시설

필리핀에는 상당히 많은 국제학교가 있다. 국제학교에 대한 자세한 정보는 아래 사이트를 참고했다.

✔ The Good Schools Guide (https://www.goodschoolsguide.co.uk/)
✔ International School Database (https://www.international-schools-database.com)

거주지역을 BGC로 정하고, 그에 맞춰 학교를 정했다.

학교를 먼저 정하고 학교에 따라 거주 지역을 정할 수도 있지만, 나의 경우에는 거주지역을 먼저 정하고 그에 맞춰 학교를 정했다. 내가 택한 마닐라 거주지역은 보니파시오 글로벌 시티, 흔히 BGC(Bonifacio Global City)라고 부르는 도시이다. BGC는 각종 마트를 비롯한 상업시설이 집중되어 있고,

세인트루크(St. Luke)라는 종합병원과 다수의 개인 병원이 있으며, 자체 보안 경비대가 거리 곳곳을 지키고 있어 치안이 우수하고, 자유롭게 걸을 수 있는 공간이 꽤 확보되어 있다.

BGC에서 가장 유명한 국제학교라면, 미국계 ISM(International School Manila)과 영국계 BSM(British School Manila)이 양대 산맥이다. 나는 그 중에서 ISM을 선택했다.

ISM이냐 BSM이냐, 선택의 기준 - 영어 능력

큰 차이 중 하나는 EAL(English as an Additional Language) 프로그램이다. BSM은 제 학년 수준의 영어능력을 공식적으로 요구하는 반면, ISM은 영어를 모국어로 하지 않아 영어 능력이 다소 부족한 학생에게 상대적으로 더 관대한 느낌이다. ISM은 1학년부터 10학년 대상 EAL프로그램을 체계적으로 운영하고 있으며, 입학 인터뷰를 통해 EAL프로그램 필수 수강 여부를 결정한다. 단적인 차이로, BSM과 달리 ISM은 공식 학비(Tuition) 안내서에 EAL 프로그램 수업료를 별도 책정하여 명시하고 있다.

유치원(Kindergarten)도 EAL프로그램과 담당 교사가 있으나, 별도의 추가 수업료는 없다. 다만, 킨더에서 1학년으로 가는 시점에 개별 평가를 통해 1학년에 EAL수업이 필요한 학생을 선정한다.

EAL(English as an Additional Language) 또는 ESL(English as a Second Language)*은 영어를 모국어로 사용하지 않는 학생을 대상으로 하는 영어 능력 향상 지원 프로그램이다. 통상 담임교사 외 별도의 EAL교사가 있다. 학급 교실에 함께 상주하며 수업을 도와주는 경우도 있고 또는 정규 수업 외 별도의 시간을 마련하여 EAL교사가 수업을 진행하기도 한다. 그 외에도 학교에 따라 다양한 방식으로 운영할 수 있다.*

아이는 한국을 떠나 낯선 나라에서 사는 것이 좀 두렵다고 했다. 특히, 친구들과 헤어진다는 아쉬움이 무엇보다 컸던 것 같다. 꼭 가야 하는지 계속 반문하는 아이의 마음을 돌리기 위해 이런 저런 얘기들을 해 주었다. 글로벌 시대를 살아가기 위한 자세, 신라시대 당나라 유학, 4차 산업혁명과 같은 이야기 말이다. 그러나 아이의 마음을 두려움에서 설렘으로 바꾼 것은, 내 예상과 달리, ISM의 놀이터와 수영장이었다. ISM을 소개하는 동영상을 함께 봤는데, 커다란 놀이터에서 쉬는 시간마다 놀고, 학교 야외 수영장에서 친구들과 수영을 하고, 학생 식당에서 맛있는 음식을 사 먹을 수 있을 것이라고 하자, 아이는 ISM을 좋아하게 되었다.

ISM 입학 과정 - 대체 자리가 있는 건가요, 없는 건가요

ISM의 학사일정은 8월초에 1학기 시작, 1월초에 2학기 시작이다. 선택할 수 있는 상황이라면 8월초 1학기가 시작할 때 입학을 추천한다. 어디에서나 그렇듯, 전학생이 친구를 사귀고 학교에 적응하려면 조금 더 많은 노력이 필요한 법이다.

ISM의 입학 절차는 크게 7단계이다. 절차가 복잡하고, 대기가 길고, 제출서류가 많기는 하지만, 그렇다고 해서 사설 유학원에 대행을 맡기는 것은 개인적으로 추천하지 않는다. 처음에는 어렵고 복잡해 보이지만, 차근차근 하나씩 하다 보면, 어느새 끝이 보인다. 모든 정보는 ISM 웹사이트 (www.ismanila.org)에 있으니, 무엇보다 웹사이트를 잘 숙지하자.

(1) 입학기준 숙지 Review Admissions Guidelines _ 생일이 9월 1일 이후인지 이전인지에 따라 학년이 구분된다. 내 아이는 몇 학년으로 지원해야 하는지 계산해보자.

(2) 파워스쿨 회원가입 PowerSchool Registration _ ISM은 파워스쿨을 통해 입학원서를 제출하도록 하고 있다. ISM 웹사이트를 통해 파워스쿨에 접속하여 회원가입을 한다.

(3) 온라인 서류제출 Online Application Requirements _
학년별 필수 제출 서류 목록은 웹사이트에서 확인할 수 있다.

1) 유치원 또는 학교 추천서 School Recommendation Form: 필리핀은 우리나라 7세에 해당하는 만 5세 아동 대상 취학 전 교육 과정을 의무교육으로 규정하고 있다(Republic Act 10157). 유치원 과정을 중요하게 생각하는 편이므로, ISM 유치원 또는 1학년에 지원하는 경우, 자녀가 다녔던 어린이집, 유치원 등의 기관에서 추천서를 받아 제출하는 것이 좋다. 한국어로 작성하여 영어로 번역 후 공증을 받아 제출할 수 있고, 기관에서 영어로 작성이 가능한 경우, 별도 번역과 공증 없이 바로 제출이 가능하다. 초중고의 경우 담임교사에게 추천서를 받아 제출하면 된다. 담임교사가 영어로 작성에 부담을 느끼는 경우도 있다. 이런 경우에는 보다 풍성한 내용을 담기 위해, 담임교사에게 한국어로 작성을 요청하고, 영어로 번역하여 보내는 방법도 있다. 번역본을 담임교사에게 다시 보내어, 담임교사가 번역한 영문본 추천서를 ISM에 보낼 수도 있고, 또는 담임교사가 제출한 한국어 추천서를 번역 후 공증하여 ISM에 보낼 수도 있다.

2) 성적표 Report Cards/Grade Reports/Transcripts: 학교 행정실에 국제학교 제출 용도로 학교생활 세부사항 기록부 등 생활기록부(생기부) 발급을 요청하면 된다. 국문으로 되어있기 때문에 영문으로 번역하여 공증받아 제

출하는 것이 가장 일반적인 방법이다. 성적 점수가 없기 때문에, 서술 평가 의견이 영문으로 적절히 잘 번역되었는지 살펴볼 필요가 있다. 직접 번역하여 공증을 받거나, 또는 번역부터 공증까지 한 번에 대행하는 전문 업체에 의뢰할 수도 있다. 인터넷 검색을 통해 번역과 공증을 대행하는 업체를 다수 찾을 수 있었다.

3) 학생 질문지 Student Questionnaire: 3학년 이상 학생의 경우, 자기소개를 위한 약 10개 정도의 주관식 문항에 자필로 답변을 작성 후 제출하여야 한다. 주로 학습, 친구, 과외활동, 숙제 등 지금까지의 학교생활 경험에 대한 질문이다.

4) 부모 질문지 Parent Questionnaire: 부모는 자녀에 대한 몇 가지 질문에 주관식 응답을 작성해 제출한다. 학교 선생님이 내 아이를 긍정적으로 볼 수 있도록 작성하는 것이 좋겠다. 또한, 향후 대면 인터뷰에서 지금 제출하는 학생 및 부모 답변서를 토대로 이야기를 나누게 된다. 자녀를 설명하는데 유용한 표현 몇 가지를 소개한다.

[자녀에 대해 설명하기 위한 유용한 표현 예시] passionate, responsible, reliable, accountable, active, caring, delightful, compassionate, organized, willing to help others, collaborate with peers, participate in groups, respects others, eager to learn, positive attitude and outlook, provides positive encouragement, gets along with everyone, etc.

온라인으로 서류제출을 완료하면, 학교에서 입학 전형료 Application Fee 600불(매년 변동가능)을 납입하라는 이메일을 학교 계좌번호와 함께 보내준다. 이 때, 학생 번호(Student Reference Number)를 알려주는데, 이 학생 번호는 입학 이후에도, 학교와 관련한 모든 행정 처리를 할 때 학생의 고유

번호로 계속 사용한다. 입학 전형료를 납입하고 증빙문서(예. 외화송금확인서)를 학교에 이메일로 보내면, 학교에서 영수증(OR, Official Receipt)을 발행해준다. 입학 전형료를 납입하기 전에는 학교에서 입학 서류 검토를 시작하지 않기 때문에, 입학 전형료는 납입 요청을 받는 즉시 가능한 빨리 송금하고 ISM에 납입 완료 처리를 하는 것이 유리하다.

입학 전형료까지 납부를 했다면, 이제 드디어 ISM에서 우리 아이를 들여다보기 시작한다. 학교는 부모가 제출한 입학서류를 검토하고, 서류가 빠짐없이 제출되었는지 확인하기 위한 '체크리스트' 링크를 이메일로 보내준다. 체크리스트 목록 중 초록색 체크 마커가 되어있는 서류는 제출이 완료된 것이고, 추가 보완이 필요한 서류에 대해서는 어떤 부분이 더 보완되어야 하는지 입학처 담당자가 간단한 메모를 달아 놓기도 한다. 추가 제출해야 할 서류가 있다면, 입학처에 이메일로 별도 송부한다. 추가 제출한 서류를 입학처에서 다시 검토 후, 문제가 없다면, 체크리스트 웹페이지에서 마커가 제출 완료를 의미하는 초록색으로 바뀌어 있는 것을 확인할 수 있다.

(4) 자리 확보 Confirmation of a Seat _ ISM은 선호도가 높아 자리가 없는 경우가 많고, 기약없이 마냥 기다리게 만드는 것으로 유명(?)하다. 대기 번호도 없이 무작정 기다리는 상황이, 우리나라 상식으로 생각하면, 좀 많이 답답할 수 있다. 행정 절차가 우리 기준보다 오래 걸리는 면도 분명 있지만, 학교 입장에서는 현재 재학 중인 학생이 다음 학기에 등록을 할지 말지를 결정해야 빈 자리가 얼마나 되는지 확인할 수 있는 측면도 있다. 재학생이 다음학기 등록 여부를 학교에 제출하는 기간이 있는데, 일단 그 기간이 지나야, 학교도 이번 학기에 얼마나 신입생을 받을 수 있는지를 파악할 수 있다.

자리 확보에는 변수가 매우 많다.

✔ **부모의 비자 타입** _ 비자 타입에 따라 입학 우선순위가 있다
✔ **학년** _ 학년별로 전학을 나가는 전출생의 숫자가 다르다
✔ **성별** _ 특정 성별이 지나치게 많지 않도록 관리하는 것으로 보인다
✔ **국적** _ 특정 국적 학생 비율이 지나치게 높지 않도록 관리한다 (쿼터)

그 외에도 여러 조건과 상황에 따라 대기하는 기간이 달라질 수 있다. 그래서 어떤 경우는 1년 넘게 대기를 해도 못 들어가고, 어떤 경우는 지원한지 3개월만에 입학 허가를 받기도 한다. 또한, 국제학교 특성 상 다른 나라로 떠나는 학생이 학기 중에도 계속 있기 때문에, 안 될 줄 알고 있다가, 갑자기 자리가 생겼다는 입학 통지를 받는 경우도 꽤 많다.

(5) 입학 등록 절차 Enrollment Process _ 학교에서 자리가 확보되었다는 이메일을 받으면, 이제 본격적인 입학 등록 절차가 시작된다. 보통 늦어도 입학 1개월 전에는 연락을 받지만, 어떤 경우에는 당장 다음주부터 학교에 다닐 수 있냐고 연락이 오는 경우도 있다. 입학 등록을 위해, 먼저 영어수학 지필시험(3학년 이상), EAL 프로그램 인터뷰, 카운슬링 인터뷰 일정을 잡는다. 참고로, 나중에 제출할 학생 건강검진서(Student Health Card)를 이 시기에 미리 준비해 둘 수 있다. 학교에서 지정 양식을 받아서 동네 소아과에 문의하면, 대부분 병원의 의사선생님은 큰 문제없이 몇 가지 문진 후 작성을 해 주신다.

(6) 지필 시험 Testing _ 영어와 수학 지필 시험은 난이도가 높지는 않다. 보통 ISM 입학처에서 아침 8시에 시험을 시작한다.

(7) 대면 인터뷰 Interview _ ISM에는 학년별 상담교사(Counselor)가 지정되어 있다. 학생과 부모가 함께 대면 인터뷰를 실시하는데, 입시 면접 시험 같은 딱딱한 분위기는 전혀 아니고, 편안한 분위기에서 진행하는 상담 형식이라고 생각하면 되겠다. 여건에 따라 부모 중 한 명만 참석하는 경우도 있고, 부모가 모두 함께 참석하는 경우도 많다. 나는 우리 가족을 간단히 소개하고, 마닐라에 오게 된 배경, 우리 아이의 특성과 학업적 성향 등을 설명했다. 그 후, 학년에 따라 아이와 상담교사가 1:1로 이야기를 나누기도 한다. 또한, EAL 프로그램 필요 여부를 평가하기 위해 해당 학년 EAL 담당 교사와 인터뷰를 한다. 마찬가지로 부모와 아이가 함께 EAL교사와 인터뷰를 하고, 이후 EAL교사가 아이와 1:1 인터뷰를 한다.

이제 거의 다 왔다. 남은 절차는 학교에서 조금만 왔다 갔다 하면 금방 처리할 수 있다. 다만 학교가 크고 복잡하니, 길눈이 어둡다면, 곳곳에 있는 학교 안전요원의 도움을 받도록 하자.

✔ 서류 제출 완료 후, Enrollment Clearance Form을 입학처에서 받는다.

✔ 인터뷰 이후 입학 허가를 받았다는 Signed Acceptance Letter를 인터뷰 교사로부터 받는다.
- 자녀 등교 시작 일자, EAL 필요 여부 등이 기재되어 있으며, 등교 시작 일자에 따라 등록금이 책정된다.

✔ 학생 건강검진결과서 Student Health Card and Physical Examination Record를 학생식당 쪽에 위치한 Clinic에 직접 제출한다.

✔ Security Office에 가서 학생과 부모의 학교 출입 카드 School ID를 만

든다. 방문하면 그 자리에서 사진을 찍고, 카드를 만들어 발급해준다. 차량 스티커도 받아서, 학교에 출입할 차량 앞유리에 부착한다.

✔ 만약 스쿨버스를 탑승할 예정이라면 Security Office에 함께 위치한 Transportation Desk에서 신청한다. 비용이 저렴하지 않은 편이나, 안전하고 편리한 장점은 있다.

✔ Security Office 바로 앞에 위치한 Uniform Shop에 방문하여 교복과 체육복을 구입한다. 색상은 여러가지가 있으므로 마음대로 선택할 수 있다. 체육이 주 3회라면 체육복은 최소 3벌 구입을 추천한다.

✔ 전체 학비 중 최소 Facilities Enhancement Fee 4,500불과 Matriculation Fee 4,500불 총 9,000불은 지금 단계에서 납입을 하여야 한다. 납입하지 않으면 반배정이 이루어지지 않을 수 있다.

복잡다단한 입학 절차를 마무리하고 이제 다 끝났구나 하고 보니, 겨우 등록을 마쳤을 뿐, 마닐라에서 학교생활은 지금부터 시작이었다.

BSM을 선택하게 된 계기 및 입학과정

스위스에서 필리핀으로 이사

2016년부터 2021년 가을까지 우리 가족은 한국을 떠나 스위스 제네바에서 생활하고 있었고, 마지막 해인 2021년 그 해 가을 무렵에 아내는 회사로부터 승진의 기회를 발견하고서 필리핀 마닐라로 이주할 계획을 갖게 되었다. 아내는 당시 두가지 옵션을 고려하고 있었는데 하나는 스위스 제네바에서 로컬계약으로 변경하고서 좀 더 오랫동안 스위스에 머물 수 있는 기회를 갖거나, 아니면 승진의 기회를 발판삼아 스위스가 아닌 다른 나라로 발령 받아 새로운 계약을 바탕으로 새로운 나라에서 새로운 생활을 하는 것이었는데, 당시 로컬계약의 장점은 당시 살고 있던 스위스에서 삶의 변화없이 현 상태를 유지하며 좀 더 오래 머물 수 있다는 부분과 단점은 로컬계약으로 전환하기 때문에 집세와 학교지원비 등이 서서히 감소를 하게 된다는 재정적인 손실이 발생한다는 부분이었다.

반면 승진의 기회를 잡아서 (물론 당시에는 승진할 수 있다는 보장을 얻은 것도 아니었고, 승진을 위해서는 아내 스스로도 부단한 노력을 해서 쟁취를 해야 한다는 불투명한 미래를 내다봤어야 했다) 필리핀 마닐라로 이주를 해야 했을 때의 장점은 당연히 승진에 대한 개인적 성취와, 그리고 재정적으로도 이익이 생긴다는 부분이 있었고, 단점은 천혜의 자연환경과 선진국에서의 삶을 포기하고 상대적으로 조금 더 삶의 질이 부족할 것 같은 나라로 이사를 해야 한다는 단점이 있었다. 물론 가정주부인 내 입장에서도 5년간 적응했던 나라를 떠나서 다시 또 새로운 환경에 적응해야 한다는 부분과 힘든 이사를 준비해야 한다는 불편함이 있었고, 가족 입장에서는 아이들이 새로운 나라로 이주해서 새로운 국제학교를 다녀야 한다는 환경적인 변화가 있을 것이라는 막연한 불안함도 있었다. 하지만 그사이 아내는 부단한 노력을 쏟아부었고 몇 개월간의 시간이 흐른 뒤 아내는 승진을 성취했고, 우리 가족은 이것저것 고심 끝에 필리핀 마닐라로 이주하겠다는 계획을 결정했다.

이사를 결정하고 가장 먼저 고려해야 할 일

이사를 결정하고 나서 가장 먼저 고려했어야 할 일들이 바로 주거지와 아이들 학교 문제였다. 아내의 필리핀 발령이 결정되고 난 후인 2023년 초인 당시에는 필리핀은 스위스와 달리 아직도 엄격한 팬데믹 정책을 유지하고 있었고, 스위스에서는 이미 많은 부분 팬데믹 정책이 완화되어 착용하지 않고 있었던 마스크도 이곳 필리핀에서는 여전히 실내외에서 마스크를 착용하고 있어야 한다는 불편함도 있었다. 하지만 한가지 우리를 기대할 수 있게 만들었던 일 중의 하나는 필리핀 국제학교들이 지난 2년간 대면수업 없이 온라인 스쿨만 진행하던 상황을 마침내 종료하고, 2023년2분기 4월, Term 3부터 다시 대면수업을 진행하겠다는 정책을 발표했다는 부분이 우리가 필리핀 행을 결정하는데 있어 큰 이유 중에 하나가 되기도 했다. 그래서 스위스에서 열심히 학교부터 검색하기로 했고, 아내 회사가 BGC안에 위치하고 있었기 때문에 직주 근접(직장과 주거지가 가까운)을 고려해서 아이들의 학교는 BGC에 있는 국제학교여야 한다는 조건을 세우고, 그 중 가장 많이 입에 오르내렸고, 명성이 높다고 평가받았던 ISM(International School Manila)와 과 BSM(British School Manila)이 우리가 선택해야 되는 학교로 물망에 올랐다.

이사 시기 결정

곧바로 ISM과 BSM 학교측으로 정원(TO)과 관련된 입학/전학 문의를 남겼고, 두 학교 모두 학교측으로부터 정원이 있다는 답변을 받을 수 있었다. 당시 팬데믹의 영향으로 로컬학교는 물론이고 국제학교조차도 온라인 스쿨을 진행하고 있던 터라, 기존에 국제학교를 보내고 있던 가정들은 그 비싼 수업료를 지불하고 온라인 스쿨을 보낼 필요가 있냐는 부분과, 이미 심각한 팬데믹 정책으로 필리핀을 떠나서 고국으로 돌아간 가정들이 많아서 우리가 학교측에 입학문의를 할 즈음에는 학교의 정원이 요즘처럼 대기번호를 받아야 하는 심각한 상황에 이르지는 않았다. 우리도 이런 사실을 주목하고 있었고, 그래서 스위스에 머물 당시 아이들은 국제학교 CDL(College Du Leman)에서 Term3를 보내고 있었고, 3-4개월만 학교를 더 다니면, 2011년생 큰아이는 프라이머리(초등학교)를 졸업하는 과정을 마칠 수 있고, 2014년생 작은아이도 학년을 마칠 수 있는 기회가 있었음에도, 당시에 우리가 세웠던 가설을 되돌아보자면 스위스에서 두 아이 모두 해당 학년 과정을 마저 마치고 그해 6-7월쯤 필리핀으로 이사를 해서 여름학기가 지나는 새 학년으로 입학을 진행하게 되었을 때, 우리와 마찬가지 상황을 가진 외국인 가족들과 Expat(엑스펏)들도 마찬가지로 눈치게임을 하다가 비슷한 상황에 동시다발적으로 필리핀 이주를 시작하는 상황에 마주하게 되면, 학교 입학에도 정원 문제로 골치 아픈 상황을 마주하겠다는 가설과 때로는 다수의 입학희망자들 간의 심각한 입학경쟁이 발생할 것 같아서 최악은 BSM에 있는 ISM과 BSM 입학을 못하고 더 멀리 위치한 학교를 가야 한다는 가정과 아니면 두아이가 각각 다른 학교에 입학을 하게 된다는 상황을 가정했을 때, 차리리 이 최악의 상황을 피하려면 스위스에서의 학기를 다 마치지 못하더라도 차라리 필리핀에서의 입학을 수월하게 하자는 결정을 내리자는 결론에 도달하게 되었다.

ISM? BSM? 어떤 국제학교를 선택해야 하나?

ISM과 BSM 모두 입학이 가능하다는 소식을 들었으니, 이제는 두 학교 중에 어느 학교를 선택해야 하는지에 대한 고민에 직면하게 되었다. 당시 스위스에서 열심히 인터넷과 블로그를 서치하며 여러가지 정보를 수집했고, ISM은 AP(미국제 학기과정)을, BSM은 IB(유럽제 학기과정)을 바탕으로 한다는 것을 알게 되었고, 두 학교 모두 입학에 필요한 입학 테스트가 있다는 사실도 알게 되었다. 두 아이가 다니고 있던 스위스 국제학교 CDL(College Du Leman) 역시도 IB를 바탕으로 하고 있었지만, 앞으로 우리가 필리핀 외에 또 어디서 살게 될지 보장이 안된 상황에서 AP와 IB학기제는 아직 초등학생 두 아이게는 큰 전제조건으로 작용하지는 않았고, 단지 두 학교 중에 ISM이 BSM보다 한반에 한국학생들이 훨씬 더 많이 재학하고 있다는 부분과BSM이 ISM보다 입학시험에 있어 더 높은 수준의 영어 레벨테스트를 요구하고 있다는 부분이 있었다.

이미 영어가 좀 더 익숙한 두아이에게는 비록 ISM이 학교규모나 시설이 더 크고 좋고, 그리고 한국인 커뮤니티가 더 탄탄했을 지 모르겠지만, 그럼에도 우리는 BSM이 우리 아이들에게 좀 더 적합하겠다는 결론에 도달하게 되었다. 한 예로, 스위스에서도 같은 학년에 한국인들이 모여 있는 학급을 보았는데, 가끔 학교를 살펴보러 가보게 되면 한국인 학생들끼리 모여서 한국어로 열심히 놀고 있는 모습을 보았고, 영어에 아직 익숙하지 않은 한국인 학생은 한국어 영어가 이미 익숙한 친구를 의지하게 되면서 기왕 영어 환경에 노출되고자 입학하게 된 학생 스스로에게도 별로 큰 도움이 되고 있지 않은 상황을 마주하게 된 부분도 보게 되었고, 반대로 이미 학교에 정착했던 영어에 익숙한 학생 마저도 다른 외국인 친구들과 다양하게 놀 기회를 한국인 친구들에게만 할애하게 되어서 양쪽 모두 별로 좋지 않은 모습을 종종 보게 되었다. 게다가 우리 가족은 사교적이지도 못해서, 한국인 커뮤니티에서도 활동하는 것이 부담스럽기도 했기 때문이다. 하지만 아직 BMS에서도 최종 입학 확정을 받은 것은 아니니, ISM과 BSM을 모두 열어놓고 입학문의를 진행하였다. 당시에는 아직 스위스에 머물고 있던 터라 스쿨투어도 하지 못한 채, 온라인 입학상담과 우리가 여기저기서 모아둔 정보들을 바탕으로 학교를 결정하기로 했다.

BSM으로 결정

ISM과 BSM 모두 온라인 입학상담을 마쳤고, 때마침 BSM에서 두 아이 모두 입학할 수 있는 자리가 한자리씩 여유가 있다는 통보를 받고서, 우리는 우리 기준과 논리를 바탕으로 두아이를 BSM에 보내기로 결정했고, 당시 우리가 생각하길 만일 두어 달 후 필리핀에 입국해서 오프라인 스쿨투어까지 마치고 학교를 결정하기엔, 팬데믹 정책의 완화로 엄청난 입학관련 자리확보 경쟁이 치열해질 것을 우려하여 스쿨투어도 하지 못한 채 바로 스위스에서 입학절차를 진행하기로 결정했다. 훗날 지금에서 뒤돌아보니 우리의 예상은 정확하게 맞아 떨어졌고, 이후로는 ISM, BSM은 물론이고 BGC 근교에 있는 다른 국제학교들까지도 입학과 관련한 정원문의로 고심하며, 입학전쟁을 치루는 많은 가족들을 볼 수 있게 되었다.

아이들과의 감정 교류 및 공감

우리가 스위스에서 필리핀으로 이사를 결정하기까지 사실 가장 걱정되었던 부분 중의 하나가 바로 아이들의 감정변화가 어떻게 변하게 될 지가 관건이었다. 길다면 길고 짧다면 짧게 느껴질 수 있는 스위스에서의 5년간의 삶이지만, 아이들이 이미 학교에 충분히 적응을 한 상태였고, 그간의 적응을 바탕으로 학교에서도 학업성적도 양호했고, 자신감이 많이 올라가 있는 상태라 학교생활을 매우 즐겁게 생활하고 있었기 때문이다. 물론 학교친구들도 많다는 것은 더할 나위 없는 이야기다. 처음, 아이들에게 필리핀으로 이사를 가야 한다는 이야기를 했을 때 아이들이 다소 실망감을 감추지 못했으나, 필리핀에 대한 이야기, 미디어, 학교, 변화할 환경을 종종 이야기하면서 아이들에게 또 다른 즐거운 이야기가 있을 것이라는 것을 반복 주입시켜주었고, 그 결과 아이들도 마음의 큰 동요 없이 안정감을 가지고 필리핀 마닐라로 이사할 수 있었다. 아이들이 변화에 잘 적응해 주고 있는 부분은 예전이나 지금이나 늘 매우 감사해하고 있는 부분이고, 아이들이 이런 변화에 매우 민감했다면 덩달아 우리의 이사 결정도 손쉽지 않았을 것이라는 부분도 충분히 이해되는 부분이기도 했다. 주부인 내 입장에서 돌아봐도, 낯선 곳에서의 새로운 삶이 당시에는 귀찮고, 막연하고, 두렵기도 했지만 그 짐이 아내와 아이들이 받아들여야 하는 짐보다는 훨씬 적을 것이 분명했으므로, 아내와 아이들을 응원하며 순순히 결정을 받아들였고 새로운 곳에서 새로운 도전을 해보겠다는 마음가짐을 가져보겠다는 자기최면을 많이 걸었다. 지금 여러 마린이 분들과 함께 이곳 마닐라의 여러 이야기를 담으려고 노력하고 있는 셀프 출판도 그 도전 중의 하나라고 보면 되겠다.

BSM입학절차 시작

BSM의 입학담당자로부터 입학절차에 관한 내용을 온라인 스쿨투어 이후 이메일로 전달받았고, 입학지원서 외에 아이들의 입학과 관련한 과정 중 레벨테스트가 있을 것이라는 내용도 전달받았다. 입학지원서는 아이들의 개

인정보와 건강정보, 그리고 학교정보 등의 이력을 기입했고, 레벨테스트는 (전학 갈 학교, 전학 올 학교)두 학교간 선생님들이 연결되어 온라인으로 진행하는 것으로 결정되었다. 며칠 후 두학교간 입학담당자들이 소통을 마쳤고, 두 아이는 스위스에서 다니고 있던 국제학교의 수업시간 중 일부를 할애해서 부모 참여는 배제된 채, 양측 학교 선생님의 관리감독 하에 English, Literacy, Science, Humanity 등 다양한 과목에서 하루 2시간씩 3일에 걸쳐 레벨테스트를 진행했다고 들었다. 다행스럽게도 두 아이 모두 입학과 관련한 자질과 소양에는 부족함이 없었던 것이었는지, 실제로 잘했는지, 혹은 마침 TO가 한자리씩 남아서 그런 것인지 정확히는 모르겠지만 레벨테스트 결과와 관련해서 어떠한 이슈를 전달받지 않았다.

(1) 이전학교인 스위스 국제학교 CDL(College Du Leman)에 전학을 계획 중이라고 알린 이메일

> Dear OOO
>
> Hope all is well at your end.
> I'm writing to consult with you about expected departure of my children from CDL.
>
> We're relocating to Philippines next months (targeting Apr 15th), and trying to enter another international school in Manila from Term 3. Would you kindly advise me what's the procedure needed for CDL?
>
> On a separate note, I would really appreciate CDL's support on 2 recommendation letters & supervision of test for new school entry. Kindly advise if I can directly ask class teachers for the support.
>
> Thank you very much in advance,

=== 학교 측의 답변 ===

Thank you for your mail. We will be really sorry to lose the children, they have come along so well. We will of course do everything that we can to support you as you prepare to make the move.

There will be no problem for you to give the new school OOO(이전 학교의 입학/전학 지원 담당자)'s contact details and she will liaise with the future school and class teachers as appropriate. I have copied OOO into the mail and also our admissions department so that you can be in touch with them regarding the procedure of withdrawing your children from CDL.

Please do not hesitate to contact me if there is anything else that I can do to help, I know that it can be a challenge to get everything organized for a move.

In the meantime, then I would like to thank you for the support that you have given to us over the years and wish you every success for your next adventure.

(2) 이전학교(CDL)의 두아이의 각 담임선생님께 해당 내용을 공유하여, 곧 있을 BSM에서의 레벨테스트의 미팅일정을 조율해 달라는 요청함

As far as you might know, I'm sorry that I'm writing to consult with you about expected departure of OOO from CDL. We're relocating to Philippines next months (targeting Apr 15th) (Moving to the hotel in Geneva Apr 8th)

OOO and my family really appreciate you and I am so glad she has had such a great memories thing in CDL with you and her friends for around 5 years. I am trying to make her go to the school as much as she can at the

ends of her term

I will let you know when she can go to the school until and I would like to need your help if I need something from you. I have already been talking about this with Ms. Burnell and please refer to below an email

Thank you for taking your trouble in advance

(3) 필리핀 마닐라 국제학교 BSM 담당자로부터 받은 입학 절차 준비물과 입학 절차 안내

Dear Mr. Jang

Subject:
Jang, OOO(첫째아이)/2011/Year 7 SY 2022-23 Korea Passport
Jang, OOO(둘째아이)/2014/Year 4 SY 2022-23 Korea Passport

Thank you for sending OOO and OOO's application requirements.

Following OOO and OOO's date of birth, they are applying in Year 7 and Year 4 classes respectively for school year 2022-2023. At the moment, it is likely that a space will become available in Year 7 and Year 4 for the next school year 2022-2023 pending successful completion of the assessment process.

We should be able to advise and update you regarding space availability after their assessment or by the week of 09 May 2022.

Please note the school do not offer English as a Second Language (ESL)

The admissions wait pool categories are identified below:
Category 1: British passport holder/s
Are always provided with space after successfully completing the

assessment process with an exemption to Nursery.

Category 2: Commonwealth passport holder/s
Are first priorities on the wait pool and placed following the year group gender, nationality balance requirement. Click here for the list of Commonwealth nations.

Category 3: Other Nationalities
Are second priorities on the wait pool and placed following the year group gender, nationality balance requirement

We are delighted to connect and share with you our admissions guide, prospectus, virtual tour to see the facilities. Also, we would like to share the link to access the BSM Family Testimonials video. Through this video, we hope to share with you what it feels like to belong in the BSM community

The whole family is welcome for an admissions virtual briefing session and we are also happy to arrange an on-site school tour with the Head of Primary School / Head of Senior School as the school has already started hybrid learning with most students on-site, kindly let us know of your suitable day and time to meet via email address
OOO@britishschoolmanila.org

OOO(첫째아이) Received:
1. Application form and immunization record
2. School reports
SY 2021-22
SY 2020-21
SY 2019-20
SY 2018-19
3. Medical Insurance details
4. Copy of passport
5. Photos

Applicant and Parents

Lacking requirements:

1. Parents to request the current school, two recommendation forms including one from the current headteacher/principal and one from the class teacher/form tutor
- Senior School Recommendation Form
2. Copy of birth certificate
3. Visa Guarantee Letter
4. Data Protection- Privacy Statement and Consent Form-OOO (included in the application form)
5. Application fee Php 22,000 -nonrefundable (2022년 4월 기준)

OOO(둘째아이) Received:
1. Application form and immunization record
2.School reports
SY 2021-22
SY 2020-21
SY 2019-20
SY 2018-19

3.Medical Insurance details
4. Copy of passport
5. Photos
Applicant and Parents

Lacking requirements:
1. Parents to request the current school, two recommendation forms including one from the current headteacher/principal and one from the class teacher/form tutor
- Primary Recommendation Form

2. Copy of birth certificate
3. Visa Guarantee Letter
4. Data Protection- Privacy Statement and Consent Form-OOO (included in the application form)
5. Application fee Php 22,000 -nonrefundable (2022년 4월 기준)

We are looking forward to receiving OOO and OOO's lacking requirements soon

(관련사항은 https://www.britishschoolmanila.org/admissions/how-to-apply 에서도 참고 가능)

(4) BSM으로부터 전달받은 이전학교(CDL) 교장선생님, 담임선생님 추천서 양식

Dear Ms. OOO (이전학교 CDL 입학담당자)

Hope all is well at your end. Regarding my Children's departure, it took some time to get schools' confirmation on the available slots.

Today it is confirmed, however schedule for enrollment is a bit tight.

Would be very much appreciated if you can send 2 recommendation letters each for OOO and OOO within this week.

One from Principal & another from class teacher, for OOO & OOO each
Form requested from the school is attached
Kindly send it BSM Admissions admissions@britishschoolmanila.org, with subject of

Jang, OOO / 2011/ Year 6 SY 2021-22 Korea Passport
Jang, OOO / 2014/ Year 3 SY 2021-22 Korea Passport

Once this is completed within this week, assessment for kids needs to be happen on the week of Mar 28th. This school (BSM) requests to have supervision of CDL teachers for the assessment, hence we would also appreciate your support on this.

Kindly let me know if schedule is feasible, and will be appreciated if you can inform us when recommendation letter is sent to BSM

Thank you and best regards

(5) BSM 입학에 필요한 Family Register Certificate 아포스티유 공증

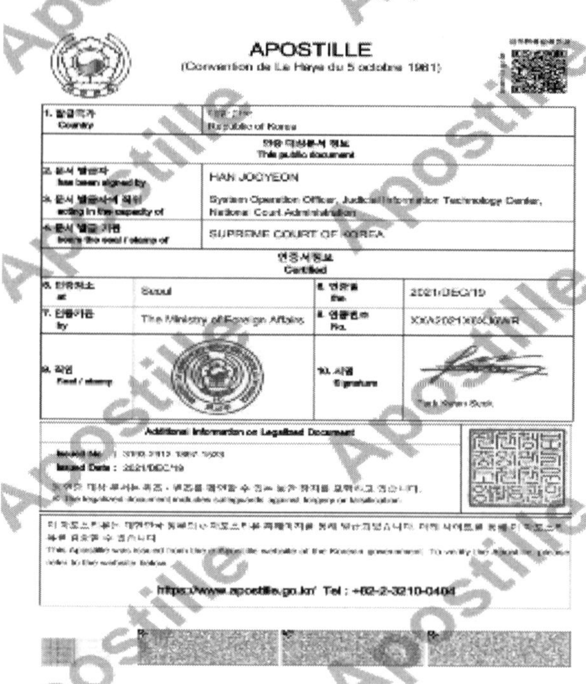

APOSTILLE

(Convention de La Haye du 5 octobre 1961)

1. Country	Republic of Korea
This public document	
2. has been signed by	HAN JOOYEON
3. acting in the capacity of	System Operation Officer, Judicial Information Technology Center, National Court Administration
4. bears the seal / stamp of	SUPREME COURT OF KOREA

Certified

5. at	Seoul	6. the	2021/DEC/19
7. by	The Ministry of Foreign Affairs	8. No.	[illegible]
9. Seal / stamp		10. Signature	

Additional Information on Legalized Document

Issued Date : 2021/DEC/19

https://www.apostille.go.kr/ Tel : +82-2-3210-0404

Dear OOO (BSM 입학담당자)
Thank you for the call today. Very glad to hear term 3 is feasible for both kids. During the call, it's noted that documents below should be submitted within this week.
Requested & will be ready this week

- 2 recommendation letters from current school è Requested. Please expect to be contacted by Ms. OOO, OOO@cdl.ch for this matter
- Visa guarantee letter & Guarantee letter for fee from employer

Done: Kindly confirm the receipt of documents below.

- Data protection consent form è Processed online, with 2 email addresses. ooo@gmail.com and oo@gmail.com
- Family register certificate è Attached. (Korea doesn't issue birth certificate & certificate of family relations are used)

If anything, I've missed out, please advise.

Thank you and best regards

(6) BSM 입학신청서 (Admissions Application Form)

✔ 입학신청서 기재 https://www.britishschoolmanila.org/admissions/how-to-apply/application-form

0. 입학신청일/희망일/희망 학년/입국일 등을 기재
1. Personal Information
이름, 생년월일, 나이, 국적, 모국어와 영어 레벨(읽기/쓰기/말하기/듣기, 상/중/하), 영어를 몇 살부터 시작했는지, ELS(English as a Second Language)는 어디서 했는지? (이전 학교에서 했음)
2. Family Information
부모정보, 비상연락처, 현재거주주소(스위스), 필리핀주소 등

3. Education History
두아이의 이전 마지막 학교 정보, 학년, 입학일, 전학일, 교장선생님/전학지원 선생님 등 연락정보, 아이의 나이별 학적기록(학교명, 나라, 이수기간 등)
4. Student Information
학교생활의 애로사항, 영어교육 과정, 건강사항 등, 아이의 발달시기(뒤집기, 걷기 등)
5. Sibling Information, 형제자매정보
6. Student Health Record
건강기록(지병 등), 예방접종기록(날짜, 횟차), 혈액형, 알러지 정보, 주치의정보
7. Insurance Policy Details 보험정보
8. Authorization 위급사항 권한부여 규정동의
9. Financial Details 학비납입(직접/회사, 이하회사명, 주소 등 상세정보)
10. Visa Information 비자정보
11. References 이전 학교(스위스) 레퍼런스 체크 담당 선생님
12. Conditions of Enrolment 입학규율 안내
13. Declaration and Signature 부모서명
14. 자녀 개인정보 처리 동의 안내
15. 등록신청서 체크리스트
16. 기타 별첨: 이전학교 스쿨리포트, 각종 사진, 여권복사본, 보험증서

(7) BSM입학절차 마무리, 등록금 비용 납부, 등교 확정

그렇게 모든 신청서가 접수되고 검토가 완료된 후, 학교측으로부터 입학 확정 안내를 받았다.

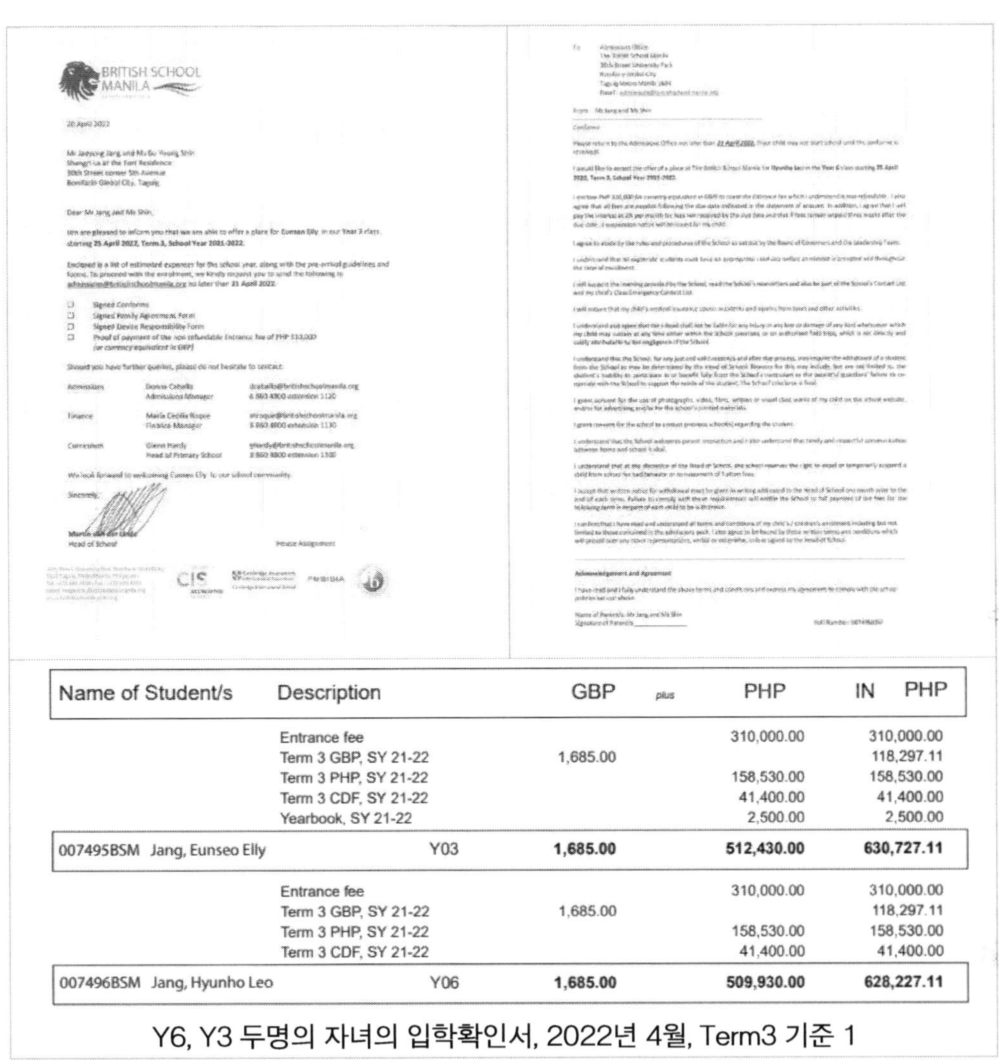

BRITISH SCHOOL MANILA

20 April 2022

Mr Jaeyong Jang and Ms Eu Young Shin
Shangri-La at the Fort Residence
30th Street corner 5th Avenue
Bonifacio Global City, Taguig

Dear Mr Jang and Ms Shin,

We are pleased to inform you that we are able to offer a place for **Eunseo Elly** in our **Year 3** class starting **25 April 2022, Term 3, School Year 2021-2022.**

Enclosed is a list of estimated expenses for the school year, along with the pre-arrival guidelines and forms. To proceed with the enrolment, we kindly request you to send the following to admissions@britishschoolmanila.org no later than **21 April 2022**:

- ☐ Signed Conforme
- ☐ Signed Family Agreement Form
- ☐ Signed Device Responsibility Form
- ☐ Proof of payment of the non-refundable Entrance fee of PHP 310,000 (or currency equivalent in GBP)

Should you have further queries, please do not hesitate to contact:

Admissions	Donna Ceballo Admissions Manager	dceballo@britishschoolmanila.org 8 860 4800 extension 1120
Finance	Maria Cecilia Roque Finance Manager	mroque@britishschoolmanila.org 8 860 4800 extension 1130
Curriculum	Glenn Hardy Head of Primary School	ghardy@britishschoolmanila.org 8 860 4800 extension 1300

We look forward to welcoming Eunseo Elly to our school community.

Sincerely,

Martin van der Linde
Head of School

House Assignment

Name of Student/s	Description		GBP	*plus*	PHP	IN PHP
	Entrance fee				310,000.00	310,000.00
	Term 3 GBP, SY 21-22		1,685.00			118,297.11
	Term 3 PHP, SY 21-22				158,530.00	158,530.00
	Term 3 CDF, SY 21-22				41,400.00	41,400.00
	Yearbook, SY 21-22				2,500.00	2,500.00
007495BSM Jang, Eunseo Elly		Y03	**1,685.00**		**512,430.00**	**630,727.11**
	Entrance fee				310,000.00	310,000.00
	Term 3 GBP, SY 21-22		1,685.00			118,297.11
	Term 3 PHP, SY 21-22				158,530.00	158,530.00
	Term 3 CDF, SY 21-22				41,400.00	41,400.00
007496BSM Jang, Hyunho Leo		Y06	**1,685.00**		**509,930.00**	**628,227.11**

Y6, Y3 두명의 자녀의 입학확인서, 2022년 4월, Term3 기준 1

이후 학교측으로부터 등교일, 학교 이메일 계정 만들기, 학교 가이드북, 교복구매, 등교 준비물 등의 입학과 관련하여 필요한 절차와 준비물 등의 안내를 받았다. 그리고 각 담임선생님으로부터 환영인사와 함께 교과과정, 수업시간표 등의 PPT문서와 입학 전 준비해야 할 사항 등(학교준비물, 생활준비물, 아이패드, 아이패드 설정 등), 교복 종류와 사이즈가 담긴 교복

신청 정보, 학교 휴무일, 학교 이벤트, 입학 가이드 등을 전달받아서, 등교에 앞서 바쁘게 처리해야 할 여러가지 부모숙제를 남겨주었다.

BRENT를 선택하게 된 계기 및 입학과정

Alabang으로의 선택

마닐라의 '강남'인 BGC에서의 삶을 꿈꾸었으나 학교의 이슈로 우리는 급하게 알라방 지역을 알아보게 되었다. 남편의 회사는 알라방 안에 있는 회사로, 기존에 있던 남편의 동료들도 대부분 알라방에 거주하고 있었다. 정말 솔직히는, 다른 주재원들이 알라방에 살고 있었기에, 오히려 BGC로 가고 싶은 마음도 있었다. 주재원가족, 정확히는 와이프들 모임이 있다고 들었기 때문이다. 누군가는 남편을 군인이라고 생각하며 남편을 뒷바라지해야 한다고 얘기해주기도 했고, 말을 조심하라는 얘기를 해주기도 했다. 한국에서 아이를 키우면서 엄마들 모임에서 워킹맘의 존재가 그리 달갑지 않은 존재였고, 그 달갑지 않은 존재가 바로 일하는 나였다. 이미 여러 번 엄마들(여자들) 모임에서 상처를 받은 적이 있기에 지레 겁을 먹었다. '안보면 그만'이 될 수 있는 사이도 아니었기에 혹시 나의 말 한마디가, 혹시 나의 작은 행동거지가 남편에게 폐가 될까 두려운 마음이 컸다. 하지만 이건 기우에 불과했다고 미리 얘기해두고 싶다. 갓 두 달 밖에 안된 나는 여기서 많은 좋은 사람들을 만나고 있는 중이기 때문이다.

입학 프로세스

학교 홈페이지 상에는 Application Process가 상세히 나와 있다. 직접 admissionssecretary@brent.edu.ph로 메일을 보내도 되지만 온라인 지원을 추천한다. Brent의 입학관리팀에는 Claire, Vanessa, Rose가 있으며 입학처장(Admission Director)은 Mrs. Atkins이다. 대부분 회신이 아주 빠르고 친절하다. 아래의 'Apply Online'을 누르면 온라인 지원이 가능하도록 되어 있으며 먼저 회원가입을 진행한 뒤 지원자(아이)의 정보를 입력해 나

가면 된다(하기 홈페이지 스크린샷 참고).

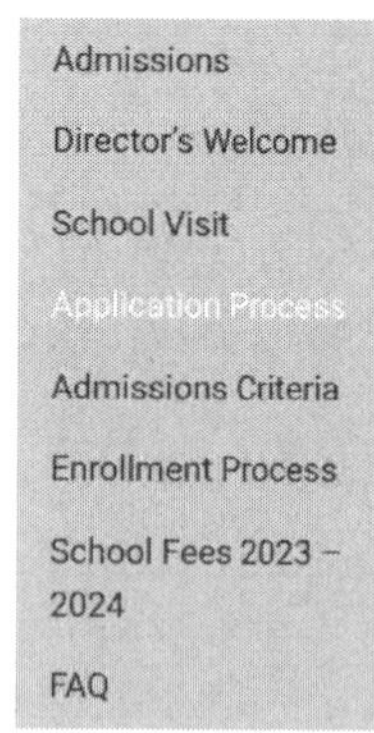

Ms. Claire, Mrs. Atkins, Ms. Vanessa, Ms. Rose

admissions@brent.edu.ph
+63 (2) 8779-5140, Ext. 358
+63 (49) 544-5100, Ext. 515

Steps to Apply

Qualified students are being accepted to the 2022-2023 and 2023-2024 school years.

Step One
Click the red circle on the right labeled "Click Here to Apply" to start the online application. It is best completed using a computer with a Chrome browser and a strong internet connection.

Step Two
Email admissionssecretary@brent.edu.ph after the online application has been filled in and the needed documents have been uploaded. Identify yourself as ready to proceed with the next steps of the application process.

Step Three
Admissions Staff will confirm receipt of the online application and the uploaded documents. You will be invited to pay the Application Fee and to schedule entrance tests and interviews for your child/ren. The official decision from Brent's

Apply Online

Application Forms

BRENT 홈페이지상의 Online 지원서1

지원자 정보에는 단순한 아이의 정보(이름, 생년월일, 국적 등)외 개인정보, 영어능력(우리 아이는 Listening ~ Writing 모두 Beginner로 표시했다), 학력정보, 학부모정보, 그 외 건강과 관련한 이력(예방접종 등)을 작성하면 된다.

기본적인 정보를 입력 후 필수요청자료를 직접 스캔하여 업로드하면 되는데, 요청자료들은 아래와 같다.

- ✔ Academic Records: 최소 2년동안의 학업성취평가서가 필요하며 당연히 영어로 번역하여 준비하여야 한다.
- ✔ Birth Certificate: 사진과 함께 출생증명서를 제출한다. 한국의 영

문증명서를 발급 후 아포스티유(Apostille)를 진행한다.

✔ **Immunization record:** 질병관리청에서 운영하는 예방접종증명서를 영문으로 발급받는다.

✔ **Photos:** 파일로 준비하면 되는데, 아이뿐만 아니라 부모의 사진도 필요하니 스캔하여 업로드한다.

✔ **Guarantee Payment Letter:** 주재원인 경우 Sponsor(회사)에 제출하여 서명을 받거나, 그렇지 않은 경우 직접 작성하면 된다.

✔ **MAP Scores:** MAP은 Measures of Academic Progress의 줄임말로 저학년 아이에게 필수적인 양식은 아니나 학년이 올라가면 MAP Score가 필요하다. Brent의 경우 통상 4학년부터 시작한다.

✔ **Foreign Applicants:** 학생과 학부모 모두의 여권 사본이 필요하며 비자가 있는 경우 제출한다. (우리 아이의 경우 아직 비자 신청이 되지 않았을 때라 여권 사본만 제출하였고, 해당 비자는 학교와 지속적으로 발급 유무를 확인하며 소통한다. 사실 2달이 넘은 지금 시점에서, 아직도 비자 진행이 완료되지 않았다. 학교에서는 학생증을 통해 비자를 얻을 수 있도록 도움을 주고 있으나 회사에서 진행하는 부분이라 해당 내용은 학교와 이메일로 주고받으며 서로 업데이트를 하고 있다)

- 서류에서 누락된 부분이나 잘못된 내용이 있을 경우 직접 지원자의 보호자 메일로 연락이 온다. 지금 작성한 Brent 던, ISM 이던 BSM 이던 메일 회신 시 스팸메일로 분류되는 경우가 많았다. 메일을 확인 시 꼭 스팸메일을 확인해 보는 것이 팁이라면 팁일 것이다. ISM 의 입학 확정 메일도 스팸메일에 들어가 있었고, 입학처장과의

온라인 인터뷰도 모두 다 스팸으로 분류되어 미리 약속한 미팅시간에 늦기도 했다. (그동안은 비서와 메일 주고받기를 했기에 괜찮았다가, 정작 어렵게 잡은 입학처장과의 미팅에 늦어버린 사람이 바로 나다. 그 와중에 온라인미팅 링크가 안 왔다고 계속 메일을 보내 비서에게 확인을 해 달라고 하고… 나 같은 실수를 하지 않가 위해 꼭 스팸메일을 확인하자!)

- 필리핀과 한국은 입학시기가 달라, 한국으로 돌아갈 때 수업일수가 모자라면 재적 될 수 있다는 이야기를 듣고, G1로 전학을 시키려고 노력했다. 3월 2일 한국에서의 입학준비를 하려던 아이는 3월 7일 2학기가 중반으로 넘어가는 시점으로 G1로의 입학에 성공했다!

집 선택 Process

이렇게 학교가 Brent로 정해졌기에, 남편의 회사와도 가까운 알라방에 집을 얻기로 하고 부동산 브로커와 함께 빠르게 집을 결정했다. 집은 입주 전 리모델링이 되어 있는 집을 선택하였기에 아주 깨끗한 편이었다. 아이는 늘 (계단이 있는) 2층집에 살기를 원했는데, 수영장까지 있는 2층집은 아이의 로망을 실현시켜주는 완벽한 집이었다! 또 이 빌리지는 보완이 철저하여 출입증이 없는 사람 또는 차들은 들어오기 어렵고 조용한 빌리지를 나서면 큰 몰과 마트가 금방이다. 하지만 알라방과 아이의 학교인 Brent가 집과 완전히 가까운 것은 아니다. 자차로 30분 정도 소요되며(대략 20km내외) 유료도로를 통해 학교로 들어가게 된다. 처음 학교를 방문했을 때, 생각보다 길게 소요되는 시간에 놀랐었다. 다행인 것은 한국 스쿨버스의 경우 통상 다른 여러 곳들을 경유하여 학교에 도착하는 것이 일반적인 반면, Brent 스쿨버스는 Pick/Drop Point에서 다른 곳을 거치지 않고 바로 학교로 직행한다. 나의 경우, Cuenca Corner에서 출발하는 셔틀버스를 통해 학교로 등원 시키고 있으며, 이 지점에서 도보 5분거리에 살고 있다.

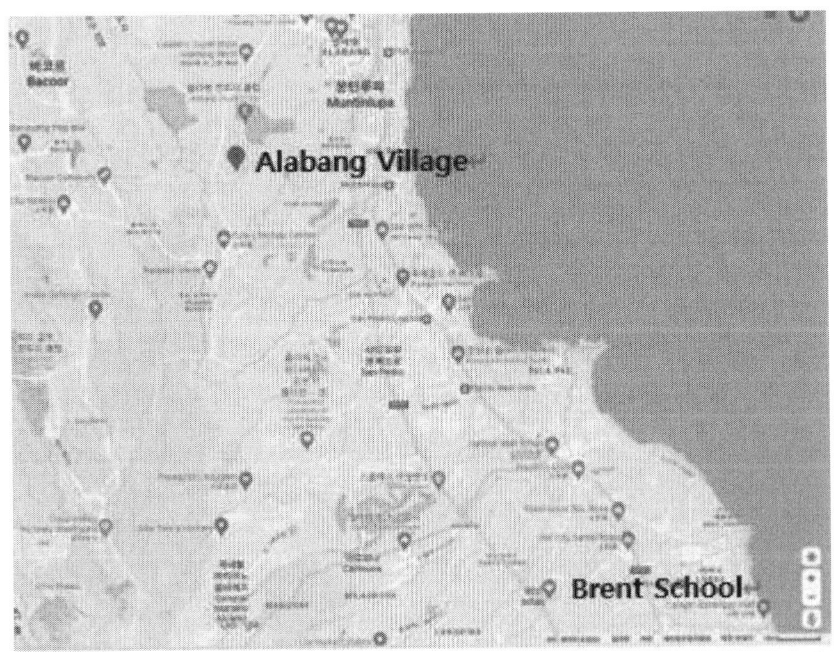

Alabang Village → Brent School 1

Brent로 학교를 보내면서 알라방빌리지에 사는 것을 고려하고 있다면, 아래의 Pick & Drop Point들을 참고하면 좋을 것 같다. 셔틀버스 운행 지점은 다음과 같다.

Area	Pick-up & Drop-off Points
ALABANG & PARANAQUE	
Ayala Alabang Village	Cuenca corner Nasugbu
	Country Club corner Acacia
	Country Club near Pili
	San Juanico corner Madrigal
	Madrigal Avenue corner Madrigal Place
Filinvest Alabang	Aspen Tower Lobby
Alabang Hills Village	Dona Mary St.
MAKATI	
Magallanes Village	Magdalena Circle
Salcedo Village	Malaysian Embassy at Tordesillas St.
Holy Trinity Church	Holy Trinity Church Compound
The Fort	Pacific Plaza, The Fort
Mckinley Hills	Mckinley Hills Gate
QUEZON CITY / PASIG	
Quezon City / Pasig	The Grounds, Ortigas East. Frontera Verde

셔틀버스 운행정보 1

Brent에서 학교를 보내는 다른 많은 한국학부모들은 Brent빌리지에 살기도 한다. 이름처럼, 학교 바로 앞에 있는 큰 빌리지로 유료도로를 이용할 필요 없이 도보로도 이동이 가능하다고 한다.

Interview

아이와 학교의 입학을 준비하며 나에게 가장 큰 이슈는 아이의 영어였다. 워킹맘이었던 나는 아이를 3살~7살까지 회사 어린이집에 보냈었는데, 하루 종일 사회생활을 하는 아이는 어린이집에서의 영어특별활동 (특별활동으로 아이의 영어가 주 1회, 2시간 포함이 되어 있다), 누구나 하고 있는 '윙크'라는 프로그램을 통해 영어를 준비했던 것이 전부였기에, 남편의 발령 이후로 급하게 영어 개인 과외 선생님을 붙였다. 짧은 시간에 영어를 배우기엔 무리가 있었고, 선생님과 함께 파닉스와 알파벳을 겨우 뗐다. 이런 영어에 대한 우려로 나는 입학처장인 Mrs. Atkins과 한국에서 온라인으로 사전 개인 면담도 진행하였는데 다른 것보다 아이의 영어와 관련한 우려를 이야기하였더니 영어의 경우, "Hi!"만 할 줄 알면 된다고, 다만 수학 등의 테스트가 있을 것이라는 이야기를 들었다.

G1인 아이는 학교 투어 후 ELC(Lower School) 교장(Principle)인 Mrs. Zingco와 입학처장인 Mrs. Atkins의 단독 인터뷰를 진행하였고, 영어를 못하는 우리 아이는 눈치로 대충 커뮤니케이션을 한 것 같다. 사실 수학은 큰 무리 없이 통과될 것이라고 개인적으로 생각을 했었는데 시간이 꽤 걸려 기다리는 동안 애가 탔다. 단순한 덧셈과 뺄셈 외에도 "꽃을 그려보라" 거나, 영어로 카운팅을 시켜 보기도 한 것 같고, 열심히 영어로 암기한 자기소개를 들려주었다고 들었다. 그 외 아이의 옷차림을 보고 선생님이 '걸그룹 같다'고 한 멘트를 알아듣고, 좋아하는 가수는 Black Pink라고 대답했다고 한 이야기까지… 영어 못하는 아이를 그렇게 이끌어 낸 선생님들을 보고 대단하다고 속으로 생각했다.

나는 인터뷰하기 전 아이가 준비한 '선생님께 드리는 편지'를 전달했는데(물론 아이는 한글로, 나는 영어로 아래에 번역하여 전달 드렸다. 아이는 엄마가 번역할 것까지 생각해 칸을 남겨놓고 글을 썼다) 처음 미팅했던 입학처장은 그 편지를 ELC(Lower School) 교장 쪽으로, 교장은 또 그걸 담임(Home room teacher)쪽으로 전달 드리겠다고 얘기해 주셨다. 편지는 아래와 같다.

"필리핀 선생님에게, 선생님 초등학교에서 잘 부탁드려요. 필리핀에서 영어도 잘 가르쳐 주시고, 재미있는 추억도 많이 쌓아요! 저도 선생님의 말씀 잘 들을게요! 5년 후에 가니까 5년동안 저도 잘 해 드릴게요. 선생님 잘 부탁드리고 사랑해요!"

Brent 장단점

학교에 입학을 하고 보니 Brent는 한국의 왠만한 사립대 수준으로 규모가 크다. Brent는 크게 Nursery, Preschool, Kinder, G1~G2까지를 ELC(Early Learning Center), G3부터 G5까지 Lower School, G6부터 G8까지 Middle School, G9부터 G12까지 Upper School로 나뉘어져 있다. 아이들이 운동할 수 있는 큰 트랙과 수영장, 농구코트, ELC, Lower/Middle/Upper School에 따른 도서관이 있어 학생과 학부모 모두가 이용할 수 있다.

큰 규모와 학교의 시설 외에 Brent의 큰 장점 중의 하나는 '인맥'이다. 특히 학교에 다니고 있는 필리핀 아이들의 부모는 크게 회사의 오너이거나, 정치인, 셀러브리티라고 한다. 아이와 현재 같은 반이라 알게 된 필리핀 학부모는 회사를 경영하고 있다고 했고, 아이와 함께 방과 후 특별활동으로 발레를 함께하는 다른 학부모는 남편이 정치인이라고 했다. 현재는 매니 파퀴아오의 자제들, 두테르테 대통령의 손자도 이 Brent를 다니고 있는 것으로 알고 있다.
또 다른 장점 중의 하나는 선생님과 학부모간 커뮤니케이션이 아주 적극적으로 이루어진다는 점이다. 선생님은 매일 알림장처럼 아이의 학교생활이 담긴 사진 또는 영상을 어플로 보내주고 있다(어플은 차후에 자세히 설명할 예정이다). 그 외 준비물이나 숙제, 학교수업에서 들었던 내용들을 링크로 보내주시기 때문에 엄마가 아이의 진도를 잘 알 수 있고, 집에서도 쉽게 보충이 가능하다.

또 아이의 담임선생님은 지난 1~3학기동안 진행했던 수학책을 전달해 주셨고 가정에서는 부활절방학(Easter Break)동안 아이의 수학을 공부시키기도 했다. 한국에서 배웠던 수학보다는 물론 수준이 낮지만 'greater, less, same, equal, difference, add, subtract, more, fewer, addend, hour hand…'등의 영어 단어를 알아야 풀 수 있는 것들이라 수학책의 문제를 계속 풀며 아이와 공부해 나갔다. 담임 선생님 외에도 ESL선생님, PE, 음악, 미술, 컴퓨터선생님께 어플로 커뮤니케이션이 바로바로 가능하다. 실제로 어플을 통해 PE선생님께 Swimming Unit(학교에서는 ESL, Lower school, Middle school, Upper school별로 기간을 정하여 수영장에서 수영을 배우는 Swimming Unit시간이 PE수업때 진행이 된다)에 대해 물어보기도 했고, 음악선생님께 지금 배우고 있는 노래의 가사를 전달받기도 했다.

학교의 단점이라면 아무래도 한국인이 많은 게 단점이 아닐까 싶다. 사실 필리핀에 올 때, 막연하게 영어는 'Hi'만 할 줄 알면 된다고 들었기에 쉬이 생각한 것이 사실이다. 이 곳에서 두 어 달 살게 되면 아이가 저절로 귀와 입이 터져 영어를 하게 되지 않을까 생각을 했었는데, 아이를 지켜본 결과

아이는 여전히 고군분투하고 있다. 다른 이유보다 한국인이 학교에 많은 것도 그 원인 중 하나라고 생각한다. G1의 경우 한반에 4명정도가 한국인 아이이며, G2의 경우 한반에 7명이 한국인아이라고 한다. 아이는 자연스럽게 한국인 동성친구들과 어울린다. 선생님께 부탁드리기도 하고, 아이에게도 두루 친했으면 좋겠다는 의견을 피력하고 있다. 아이는 다행히 엄마의 염려를 이해하고 있긴 하다. 선생님께서도 다른 친구들과 짝을 지어 주시기도 하고 식사할 때에는 좀 떨어져 먹는 것도 제안해 주신다고 한다.

그 외 코멘트

Brent는 미국의 교육체계와 교육방법을 따르고 있다. 하지만 국제교육을 목표로 하기 때문에, 다양한 국적의 학생들이 다양한 문화와 교육 경험을 얻을 수 있도록 미국의 교육체계에 적절한 수정과 보완을 하여 독자적인 커리큘럼을 만들어 나가고 있다고 한다. 홈페이지 상에서 찾아본 내용으로, 학교는 ESLRs(Educational Schoolwide Learning Results)을 기반으로 UBD(Understanding by Design)단위의 개발 프레임워크를 사용하여 출판 교육과정을 운영하는 등 교육과정의 컨텐츠를 우선순위에 따라 결정하고, 중요한 컨텐츠를 충분한 시간동안 배울 수 있도록 구성하며, 교사가 이를 가르칠 수 있도록 보장한다고 한다. 아이는 아직 G1으로 학교의 큰 커리큘럼 등은 아직 잘 모르겠다. 하지만 매일 선생님께서 보내주시는 짤막한 수업내용과 영상에 담긴 아이들의 초롱초롱 눈빛을 보면 즐겁게 수업이 이루어지는 구나 싶다. 앞으로 오는 방학 때 아이의 영어능력을 좀 더 발전시켜 아이가 충분히 수업에 참여하고, 즐길 수 있도록 서포트해 주고 싶다.

REEDELY를 선택하게 된 계기 및 입학과정

필리핀 마닐라 국제학교 선택 시 고려사항

나의 딸은 리들리국제학교(Reedley International School) Grade3에 재학 중이다. 2022년 8월부터 리들리에 다니고 있다. 신랑의 필리핀 파견 후 제일 먼저 걱정이 된 것은 아이의 학교였다. 방글라데시 주재원 당시 큰 아이는 어렸기 때문에 학업에 대한 고민 없이, 아이가 마음껏 놀 수 있고 아이 케어가 잘되는 곳을 선택하면 되었지만, 교육과 연관된 학교를 생각하게 되니 정말 고민이 많이 되었다.

신랑은 필리핀에 먼저 파견을 받아 마닐라에서 거주하고 있었고, 나는 아이들과 한국에 있었다. 2022년 여름에 팬데믹의 여파로 국제학교에서도 비대면 수업을 진행하고 있어서 학교에 대한 정보를 얻기가 참 어렵고 학교 방문도 힘든 상황이었다. 우리는 국제학교를 선택할 때 중점적으로 고려할 세 가지 기준을 세우고 이 기준에 맞춰서 학교를 알아보았다.

(1) 위치, 거리
(2) 교과 과정, 프로그램
(3) 입학금 및 등록금

마닐라에서 국제학교를 선택할 때 학교와 집의 거리를 가장 중요하게 생각했다. 아이가 아직은 저학년인데 교통 체증이 세계적으로 악명 높은 마닐라에서 통학 시간 동안 차에서 머무르는 시간을 최소한으로 줄이고 싶었다. 참고로 ADB [아시아 개발은행]은 올티가스에 본사를 두고 있으며, '2019년 아시아 역내 경제전망 수정'에서 필리핀 수도 마닐라의 교통체증을 아시아지역 인구 500만명 이상 개도국 도시 24개 가운데 최악 수준으로 평가했다고도 한다.

학교의 교과 과정과 프로그램도 학교별로 조금씩 상이하기 때문에 학교 홈페이지에 들어가서 살펴보고 인터넷으로 학교 후기도 찾아보기도 했다. 학교의 교육 과정이 미국, 영국, 싱가포르 커리큘럼을 따르는 곳도 있고 국제학교여도 중국어, 필리핀어를 수업하는 곳도 있어서 갈 학교를 정하면 한 번 더 체크하는 것이 필요하다.

또한 학교 입학금과 등록금도 꼭 고려해야 하는 사항이다. 물론 주재원을 파견되는 경우 학비가 전액 지원되는 경우도 있지만, 학비 외에도 학교에서 진행되는 행사나 기타 부대 비용도 은근 많이 들어가기 때문에 경제적인 부분도 꼭 체크해야 하는 부분이다. 또한 학비가 지원되지 않는다면 국제학교를 장기간 보낼 계획을 가지고 있다면 필수적으로 체크해야 할 부분이다. 필리핀이 동남아라서 물가가 쌀 거라고 생각하지만, 필리핀의 수도인 마닐라는 생각보다 싸지 않아서 한국 수준의 생활비가 들어간다고 생각하고 오는 게 맘 편하다.

Reedley에 선택한 이유는?

필리핀의 수도 마닐라에는 무려 36개의 국제 학교가 있다고 하는데, 학교를 조사하던 중에 마닐라 top 10에 리들리 국제학교가 선정된 것을 보았다. 우리는 위치, 거리, 교과 과정과 프로그램 그리고 입학금&등록금 그리고 지인의 추천도 영향을 모두 고려해서 리들리 국제학교에 아이를 보내기로 결정하였다. 또한, 신랑의 회사와 위치가 가깝고 올티가스 빅3어학원이 몰려 있어 학원에 보내기도 편하는 장점도 선택에 영향을 미쳤다.

✔Reedley International School(RIS) 리들리 국제학교 정보

Address(주소): Jose C.Cruz, Pasig, 1604 Metro Manila

Phone(연락처): 0917 507 9306

Founded(설립 년도): 1999년

School types(학교유형): International school, Private school

Years as an institution (설립 년도)	º 1999년 (23년 역사의 국제학교)
Curriculum(커리큘럼)	º 미국-싱가포르-필리핀
Accreditations (인증기관)	º WASC-USA 2013년부터 현재까지 º CEP-Philippines 2018년부터 현재까지
International School Membership (국제학교 멤버십)	º CIS-UK 2010년 부터 현재까지
Alliances (협력기관)	º SBDC-Singapore 2017년 부터 현재까지
Nationalities (학생국적)	º 모든 학년 37여개 국적
Age range of Students (학생 나이)	º 4세부터 18세까지
Academic Offerings (교과 과정)	º Pre-K 부터 Senior High 12까지 수업º CIAP (Grade1-6까지 학습이 힘든 학생을 위한 집중 학습반) º PGLP (Grade7-12까지의 집중 학습반) º 프리컬리지 (USA)
Type of School (학교 과정)	º 전통적이고도 진보적인 커리큘럼 제공º 외국인과 필리핀인 대상의 Pre-K - Grade12 학생들 대상의 사립남녀공학국제학교

	º 필리핀 중간규모의 국제학교
Class size (학급 규모)	º Pre-K to Kinder (12 - 16 students) º Grade 1 to 3 (15 - 20 students) º Grade 4 to 6 (20 - 25 students) º Grade 7 to 12 (25 - 30 students)
Types of School Campus (학교 캠퍼스)	º City Campus (Located in the heart of Metro Manila) 필리핀 수도 마닐라에 위치
팬데믹 전 등록 학생수	º 750여명
'22-'23학기 현재 등록 학생 수	º 600여명
Head of School(교장)	º Ms. Rene Macquillin (남아공 국적)
➢ MASTERSTREAM(BCP): 정규 수업이고 기본이 되는 과정 ➢ CENTER FOR INDIVIDUALIZED ACADEMIC PROGRAM(CIAP) ➢ : 스스로 학습하기가 힘들거나, 장애가 있어 도움이 필요한 학생들을 위한 소규모 학습반 ➢ PGLP: 고학년의 학습을 위한 집중반 ➢ LATE STUDENTS PROGRAM(LSP): 입학을 늦게 하여 수업에 따라가기 힘든 학생들은 별도의 과정을 통하여 학교 수업에 놓친 부분을 배울 수 있는 과정	

다음은, Reedley International School에 지원부터 등록과 입학허가까지의 과정이다.

1. Online Application
2. Admissions Requirements
3. Online Admissions Interview
4. Payment
5. Letter of Admissions

Application Process

1. Online Application 온라인으로 입학신청서 접수

- 학교 사이트(https://reedleyschool.edu.ph/)를 통한 온라인 지원을 통해 슬롯(slot)이 확인 후 신청하였다. 온라인 신청에도 넣어야 하는 정보들이 꽤 많아 30분정도 걸리는데, 열심히 신청서 작성하고 완료했는데, 빈자리 없어서 못 들어간다고 하면 정말 난감할 수 있다. "Limited slots available" 보인다면 정원이 없어서 입학이 불가능할 수 있다. 온라인 신청을 하기 전에 해당 학년에 슬롯이 있는지 확인한 후 신청하기를 추천한다.

2. Admissions Requirements 제출 서류 제출(공증 필요)

- 온라인 지원 신청이 끝나면 학교 측으로부터 제출 서류들에 대해 메일이 온다. 제출서류는 아포스티유 공증을 받아서 제출한다.

(1) Previous school year's report card, which states promotion to the applicant's current level.

(2) Current school year's report card, which states promotion to the grade level being applied for.

(3) Original PSA Birth Certificate

(4) 4 pcs. of 2x2 recent photo in white background

(5) For non-Filipino/ dual citizen applicants only:

- ✔ Passport
- ✔ Philippine Visa

(6) Duly accomplished RIS Student Recommendation Form

(7) Drug Test Result from our Accredited Drug Testing Center (For JH7-SH12 applicants only):

참고로, 아포스티유(Apostille)는 쉽게 말해, 한 나라에서 발행한 문서를 다른 나라에서 인정받기 위해 문서의 국외 사용을 위한 확인(Legalization)을 받는 것이다. 국제학교 입학 시 제출을 요구받는 문서 중 아포스티유를 받아야 하는 문서는 아래와 같다.

- ✔ 유치원 생활기록부
- ✔ 초등학교 생활기록부
- ✔ 가족관계증명서

가족관계증명서는 정부 발급 문서로 인터넷에서 곧장 아포스티유 증명발급 받을 수 있으나, 생활기록부는 한글로 된 문서이기 때문에 1차로 영어 번역 후 번역공증을 받은 후에 2차로 아포스티유 증명을 받아야 한다. 업체는 검색을 통해 견적을 비교하여 진행하면 된다. 아직 아이가 저학년이라 내용이 많지 않아 약 10만원정도의 비용이 들었다.

3. Online Admissions Interview
- 위 서류 들을 제출하면서 인터뷰비용을 납부하고 인터뷰 시간 잡아서 온라인 인터뷰를 진행하였다. 입학 당시 학교에서 대면 수업을 진행하고 있지 않았기 때문에 온라인 인터뷰가 가능해서 한국에서 인터뷰를 진행하였다. 현재는 온라인으로 인터뷰를 진행하지 않고 대면 인터뷰를 진행하는 것으로 바뀌었다.

4. Payment
- 학교에서 알려준 계좌로 학비를 납부한다, 학비는 학년별로 다 다르며, 또 SPC/ACR ID 포함 여부에 따라 개인별로 다를 수 있다.

5. Letter of Admissions
- 입학허가서 받으면 길고 긴 국제학교 입학 절차가 끝이 난다.
(*매년 준비서류나 입학과정이 학교별, 기간별로 조금씩 바뀔 수 있기 때문에 학교 측에 먼저 확인해 보고 지원하기를 추천한다.)

Reedley의 장단점은?

Reedley는 학년별 학생수의 정원이 많지 않기 때문에 선생님의 학생 개개인을 잘 파악하시고 배려해주고, 수업이나 과제에 대한 질문도 피드백이 빠르게 되는 편이다. 학교친구들끼리 플레이 데이트도 많이 하고 친하게 지내는 학급분위기도 적응하는데 참 좋았다. 옆 반에 한국인 친구가 새로 왔는데 그 반 반장 엄마가 같은 한국인인데 도움을 주면 좋겠다고 말할 정도로 서로 친밀하고 서로 잘 챙겨주는 느낌을 받았다. 운 좋게도 아이반의 분위기가 좋은 것인지도 모르겠지만 아이는 학교생활을 정말 즐겁게 잘하고 있다.

나는 리들리의 AC(Academic Consultations, 보충수업)과 왕따방지프로그램(anti-bullying, 안티불링)이 타 학교와 비교하여 특별하다고 생각하다. AC 과정을 통해 아이가 부족한 부분을 정규수업 외에 보충수업을 받을 수 있어 교과과정을 이해도를 높일 수 있다. 또한 anti-bullying 학교로서 학교 폭력을 방지하고 아이들의 인성을 중요하게 생각하고 수업도 한다는 점이 매우 마음에 들었다. 아무래도 외국에서 생활하다 보면 언어의 장벽으로 학교 적응에 힘들 수도 있는데 친구 문제까지 생기면 아이의 학교 생활은 정말 엉망이 되고 말 것이다. 리들리 국제학교에서는 BFF 프로그램을 통해서 새로운 친구를 알게 해 주고, anti-bulling campaign을 통해 아이들이 잘 챙기고 함께 성장하는 교육을 실천하고 있다.

Reedley는 자녀의 삶에 어떤 영향을 미쳤나요?

사실 영어는 모국어가 아니기 때문에 국제학교의 수업에 대한 부담감이 있었다. 또한 국제학교이지만 따갈로그(필리핀어) 수업이 있다는 것도 걱정이 되었다. 하지만 학교선생님들의 다양한 수업자료와 수업방식들은 은재에게 학업에 대한 흥미를 끌어올렸고 Term1에서 전과목 골드상을 받게 되었다. 한국에서 딸은 수학은 재미가 없고 싫은 과목이라고 말했다. 수.포.자가 될까 봐 걱정이 들 정도였다. 하지만 리들리에 다니면서 딸은 수학에 흥미를 가지게 되었다. 단순하게 문제를 푸는 것에만 그치지 않고, 다양한 활동을 통해서 수학을 즐기고 좋아하게 만드는 리들리의 수업 방식이 참 마음에 든다.

마닐라에서 국제학교를 찾고 있는 학부모들에게 전하는 엘리의 메시지는?

"자녀를 위해 좋은 학교를 찾는 부모에게 드리는 조언은 아이가 즐겁게 학교 생활을 즐길 수 있는 것을 최우선으로 찾으라는 점이다. 사실 리들리 국제학교는 대규모의 큰 국제학교가 아니다. 하지만 싱가폴과 미국 교수법을 맞춘 학습 교수법은 최고이며, 아이가 밝고 긍정적인 분위기에서 선생님과 친구들과 함께 즐겁게 학습할 수 있는 곳이다. 딸이 마닐라를 떠나지 않고 계속 살고 싶다고 말하는 이유 중의 하나가 바로 리들리와 학교 친구들이다. 이 글을 읽고 있는 여러분의 자녀들도 나의 딸처럼 리들리에서 좋은 경험을 쌓기를 응원한다.

ISM을 선택하게 된 계기 및 입학과정

남편이 필리핀으로 발령 결정이 나고 아이 학교를 알아보기 시작했다. 학교 선택에 있어서 우리는 남편 회사 전임자들의 아이가 어느 곳에 다니는지 알아보았다. 회사가 BGC에 위치해 있어서 비교적 선택은 쉬웠다. ISM은 우리 아이가 인도네시아에서 다녔던 JIS와 함께 IASAS에 속해 있고 학교의 커리큘럼이 비슷하다고 들었다. IASAS (Interscholastic Association of Southeast Asia Schools)에는 아래 6개의 학교가 속해 있다.

✔ **Taipei American School**, **International School Manila**, **International School Kuala Lumpur**, **International School Bangkok**, **Singapore American School**, and **Jakarta Intercultural School**

다행히 우리가 원서를 접수할 무렵에 우리 아이의 같은 반 여자아이가 마닐라로 간다고 들었고, ISM에서 입학 허가를 받았다고 들었다. 복잡한 입학 절차로 인해서 머리가 아플 즈음에 연락을 해서 대충 어떤 식으로 진행되는지 간단하게 물어보았다. 친절하게 수학, 리딩 시험을 보고 카운슬러와 함께 하는 인터뷰 일정이 있다고 알려줘서 부랴부랴 아이에게 문제집을 풀리고, 몇 주 동안 안 하던 공부를 조금 시켰다.

우리는 남편의 발령 확정을 4월초에 알게 되어서 늦게 입학 서류를 접수하게 되었다. 입학 원서 서류 접수를 하였고, 남편의 비자가 아직 나오지 않았지만, 국제기구 비자는 9E를 받기 때문에 그 항목에 체크를 하였다.

ISM 입학순위

ISM의 홈페이지에 보면 입학 우선 순위가 적혀 있다.
내 나름대로 재미로 우선순위를 해석해 보았다.

(1) **묻지마 입학:** 인터뷰도 하기 전에 자리를 배정한다고 들었다. ADB (Asian Development Bank)로 파견 나온 각국 주재원 또는 직원

(2) **환영해 입학:** 필리핀 최상위 특권층 (신문에 나올 법한 last name을 가지고 있는 장관 집안 또는 재벌)

(3) **들어와 입학:** 각국 대사관, 국제기구 직원들이 대상으로 입학 보장은 되나 가끔 대기할 수도 있다. 남편 회사 직원 아이는 한 학기 정도 대기하다가 겨우 들어올 수 있었다고 한다.

(4) **기다려봐 입학:** 각국 회사 주재원들이 대상으로 입학 보장은 안 되지만 TO가 있으면 들어갈 수 있다.

(5) **어쩌다가 입학:** 그 외 필리핀 현지 회사 직원, 사업가, 교포 등은 입학 허가를 몇 년 기다려야 한다고 들었다.

재미있는 얘기로 우리 아이 반의 한 아이는 학기가 시작하고 뜬금없이 그 다음주 금요일부터 다니기 시작했다. 나중에 얘기를 들어보니 학기 시작하고 주말에 학교로부터 이메일을 받았단다. 당장 다음주 월요일부터 학교 나올래? 이메일 체크를 잘 안 하는 그 엄마가 며칠후에 무심코 이메일을 열어보았다가 학교 입학 이메일을 보고 화들짝 놀라서 급히 금요일부터 다니기 시작했단다. 학기 시작하고 명단 파악하고 반인원이 확정된 후에 대기 명단에 있는 아이들에게 쭉 이메일 돌리다가 운 좋게 입학이 되었나 보다.

학교 입학원서 서류를 접수하면 이렇게 체크리스트를 점검해 볼 수 있다.

Application Form - one per child, signed and completed.
Application Fee - Payment will be required after we receive your child's Application Form. We will provide a reference number for payment. Your family will be contacted for payment instructions. This is a non-refundable processing fee that is valid for two academic years.
Report Cards/Grade Reports/Transcripts: For the previous two to three years, including current school year reports once issued. If necessary, school records must be translated into English and authenticated.
Student Questionnaire - Please have your child complete the Elementary School Student Questionnaire. This should be hand written.
Parent Questionnaire - Please complete the Parent Questionnaire for students entering Grades 1 to 4.
We will need **ONE Teacher Recommendation Form**. The teacher recommendation should be completed by your child's current teacher(s) for the present school year upon submission of the application.
If applicable, **the Learning Support Recommendation Form** from the Resource/Special Education Teacher. This recommendation is only for applicants who may be eligible for Learning Support services. Please note that not all parts of this recommendation form may apply to your child but as much information as possible is needed for an admission consideration.
Passport Copies - Father / Mother / Candidate
Valid Philippine Visa - A copy of the primary parent visa and the candidate(s) visa must be submitted prior to starting class. If you do not have your valid Philippine Visa at the time of application, please submit the

Certificate of Undertaking.
Letter of Guarantee (LoG) if your child's tuition and fees will be sponsored by an organization. The form requires two signatures and the percentage of sponsorship must be indicated. If your family will be billed directly, please submit a Certificate of Employment.

준비과정에서 아이의 반응

우리 아이는 JIS (자카르타 국제학교)에서 학교 생활을 시작했기 때문에 학교에 대한 애착이 강하고 반 친구들과 즐겁게 잘 어울렸다. 당시 우리가 다녔던 시내 중심부에 있는 JIS는 학교 규모가 작아서 한 학년당 두 학급이 있었다. 우리 아이는 만 4살에 유치원 과정에 입학해서 킨더를 보내고, grade1, grade2 과정을 보내면서 약 50명의 친구들과 골고루 친해졌다. 동남아 국제학교가 그렇듯 학교 공부보다는 예체능을 배우면서 즐겁게 학교를 다녔기에 ISM을 준비하면서 입학 시험이 있다는 사실에 나는 내심 불안했다. 유치원에 입학했던 4년전과는 달리 이제는 grade3 입학을 준비하기에 아이의 협조가 절대적으로 필요하기 때문이다.

남편의 마닐라 발령이 결정되고 나서 아이에게 4월초쯤 얘기를 했을 때 아이의 반응은 매우 부정적이었다. 국제기구 특성상 인도네시아에서는 4년만 거주할 것이라고 미리 얘기를 했기 때문에 grade 2를 마치면 다른 나라로 떠나야 한다는 사실 자체는 새로울 것이 없었지만, 막상 떠난다고 통보를 받으니 아이의 저항이 매우 심했다. 다니던 자카르타 국제학교에서 친구들과 12학년까지 마치고 싶다고 조르기 시작했다. 마닐라에 가고 싶지 않은 아이였기에 ISM 입학을 위해서 시험을 치르고, 인터뷰를 보고, 아이가 직접 손으로 써야 하는 질문지까지 제출해야 하는 긴 입학 절차가 나는 내심 너무 걱정이 되었다.

먼저 입학 서류를 제출하고 원서비를 내고 담임 선생님께 추천서를 부탁드렸다. 국제학교의 좋은 점은 담임 선생님의 모국어가 영어이기 때문에 부담 없이 추천서를 부탁드릴 수 있고, 매년 아이들의 이동이 많기 때문에 담임 선생님도 흔쾌히 추천서를 써 주신다.

입학 프로세스

입학 시험에 관해 문의를 하니 별 도움이 안 되는 걱정하지 말라는 응답만 받았다. 시험에 관한 정보는 아래 이메일에 적힌 내용이 전부였다. 나는 시험에 대한 아무런 정보가 없기 때문에 우리 아이가 당일 컨디션이 좋아서 최대한 무난하게 시험 보기만을 바랬다. 국제학교에서 우리 아이는 공부를 했고, 모국어를 영어로 사용하지만 아이는 아직 정형화된 형식의 시험을 본 경험이 없기 때문에 시험 준비를 하는데 어려움이 있었다. 급하게 싱가폴에서 출판된 영어로 된 문제집을 사서 조금 풀어보라고 시켰다.

✔ ISM 입학 시험

There will be two (2) tests:
1. English online test which the student may complete independently within forty-eight (48) hours receipt of the testing instructions;
2. Math online test which the student may complete independently within forty-eight (48) hours receipt of the testing instructions.

Each test is thirty (30) to forty-five (45) minutes long, hence a maximum of 1.5 hours should be allotted to complete both tests.

입학 시험은 시험날짜를 정하면 학교에서 시험을 볼 수 있는 링크를 보내준다. 받고 나서 48시간 이내에 제출하면 되었다. 어린 아이들의 경우 부모가 옆에서 지켜보면서 제대로 문제를 풀어가는지 도와줄 수 있다. 문제를 같이 풀어줄 수 없지만 기능적인 부분에서 함께 해 줄 수 있다. 예를 들면 마우스를 제대로 움직이고, 또 클릭을 제대로 해서 다음 문제로 잘 넘어가는지 말이다.

나는 매의 눈으로 좀 지켜보고 싶었으나, 우리 아이는 부담이 되는지 엄마는 빨리 나가라고 해서 시험 보는 내내 밖에서 대기했다. 살짝 문제를 보니, 아이의 수준에 비해서 난이도가 있었다. 객관식 문항이 30문제 정도 되는 것 같았다. 짧은 지문을 읽고 동의어, 반대어를 고르는 문제, 스펠링 문제, 문법 문제도 있었던 것 같다. 물론 우리 아이는 모르는 문제는 찍은 것 같기도 하다.

입학 시험을 그럭저럭 마치면, 몇 문제를 맞고 틀렸는지 곧바로 스코어가 나왔던 것 같다. 먼저 지원했던 한 친구의 얘기를 들어보니 그 친구는 수학이 좀 어려웠던지 학교에 입학하면 수학 도움을 좀 받으라고 피드백을 받았다고 하니, 입학 시험은 형식적인 시험이 아닌 아이들의 변별력을 가늠하는 평가 도구로 사용되는 것 같다.

✔ 인터뷰

입학 서류 중에 Parent Questionnaire 질문지가 있다. 아이에 관해서 부모 입장에서 간단히 서술하는데, 아이 인터뷰에서 카운슬러가 그 질문지로 인터뷰 진행을 하였다. 아이가 먼저 인터뷰를 간단히 하고 부모와 인터뷰를 진행하였다. 우리 아이는 인터뷰에 익숙하지 않은 지 단답식으로 계속 대답을 하고 눈을 똑바로 쳐다보지 않아서 내가 속으로 식은땀이 날 지경이었다. 나중에 부모 인터뷰때 아이가 혹시 소극적이지 않은 지 어떤 문제가 있는지 물어보아서 전혀 그렇지 않고, 활발한데 인터뷰가 익숙하지 않아서 그렇다고 변명해 주었다. 인터뷰 끝나고 아이의 행동 이유를 나름 생각해 보니 인터뷰 시간이 오전 8시였다. 아이가 전날 늦게 자서 바로 깨워서 인터뷰를 진행했는데 아이 입장에서 비몽사몽이었던 것 같다. 부모 인터뷰에서는 아이의 좋아하는 과목, 성격 등을 주제로 대화를 나눴다. 최대한 인터뷰는 밝고 활기차게 가져가는 게 포인트인 것 같다. 우리 아이에 대해서 적었던 부모 설문지를 사례로 첨부한다.

'Parents as Partners'

ISM Grade 1- 4 New Student Information Sheet

Please describe your child in three words:

Healthy, inquisitive, honest.

What are your child's strengths? What does your child love to do the most at home/school? When is your child happiest? What are you most proud of?

He loves to learn and is curious about the world around him. He likes to work on building and inventing toys of his own. He is full of original ideas, and likes to add on something new and creative to the instructions. He is happiest when he can actualize the ideas he has in mind. For example, he was able to outline the drawings of how to make

paper train what he imagined, and explained it to me and he was very happy.
He loves spending time reading. He likes to play with friends and easily socializes with classmates.
I am very proud that he is very healthy, fit and good at sports. He can lead his friends into playing sports such as soccer, and he enjoys it.

What are your main hopes/goals for your child this school year? Please think about academic, social/emotional and extracurricular goals.

Academic Goal	Social/Emotional Goal	Extra-curricular Goal
We hope he will further develop his love to read and write.	We hope he will be a contributing teammate and be able to express opinions confidently and politely.	We hope he will continue playing sports and will learn to play at least one music instrument.

추가서류

우리 아이는 JIS에서 speech therapy를 받았는데 담임 선생님께서 추천서에 따로 언급을 하셨는지 ISM 입학처에서 추가 서류를 준비해서 제출하라고 연락이 왔다. Speech therapist 선생님께서 지금까지 받았던 수업 평가서를 ISM으로 보내주셨다. 아이가 혹시라도 지속적인 학교 도움이 필요한지 알아보는 것 같았다.

합격 이메일

전반적으로 입학 서류 준비를 4월초 늦게 시작했기 때문에 합격 이메일을 6월 초에 받았다. 남편이 국제기구에서 일하고 같은 동남아 계열인 IASAS에 속해 있는 JIS에서 학교를 옮기기 때문에 입학 과정이 감사하게도 비교적 수월하였다.

입학과정에서 생각해 볼 점

Grade 3 이상만 되어도 아이는 자신만의 안정된 생활 환경에서 벗어나 다른 생활권으로 이동하는데 불안감, 또는 불편감을 느낄 수 있다. 학교를 옮기는 것은 그 아이의 생활에서 큰 비중을 차지하는 친구들과의 이별을 의미한다. 또한 입학 과정에서 아이에게 요구되는 시험, 인터뷰, 질문지 작성 등 절차도 만만치 않다. 발령이 결정되면 충분한 시간을 가지고 아이와 대화를 통해서 익숙한 환경에서 헤어짐에 대한 위로와 새로운 환경에 대한 기대감을 심어줘야 할 것 같다. 아이가 스스로 상황에 대한 납득을 할 수 있도록 시간적 여유를 주고, 마음의 준비를 시키는 게 좋다. 시험일정과 인터뷰 일정을 최대한 아이의 컨디션이 좋을 시간대로 선택해서 순조롭게 진행되게 돕는 것도 한 방법이다.

BRENT를 선택하게 된 계기 및 입학과정

자녀의 교육트랙 앞에서 방향을 정하다

아이셋을 대한민국 서울에서 키우며 나는 아이들이 커가는 것에 행복해하고 함께 즐기며 만족을 느끼는 그런 삶의 여유를 느끼지 못했다. 하교후에는 서너 개의 학원 스케줄을 위한 전투적인 라이드 일정이 기다리고 있었고, 아이들은 늦은 시간에 돌아와서도 숙제를 위해 나머지 시간을 내주어야 했다. 주말에는 학원 보강이나 예체능 학원들의 일정으로 바쁜 시간들을 보내곤 했다. 그나마 첫째와 둘째가 초등 고학년이 되면서 숙제는 스스로 알아서 해주고 성적 관리도 신경쓰기 시작해 셋째만 옆에 앉히고 케어하면 되는 것이 그나마 한결 나아진 삶이었다.

이렇게 학기를 보내고 나서 방학이 돌아오면 우리 가족은 방학만큼은 즐기자며 긴 여행을 떠나곤 했는데 돌아와서는 방학동안 열심히 공부한 학원 친구들을 따라가느라 두배로 힘든 시간을 보내기도 했다.

사실 학교보다는 학원에서 살아남기 위해, 학원에서 레벨업하기 위해 고군분투해야 하는 시간들이었다. 그래서 우리 부부는 마음속으로 언젠가 아이들이 좀 크면 이 교육열기에서 벗어나 대치동 학원가에서 벗어나 편안하게 즐기며 꿈꿀 수 있는 곳에서 아이들을 키우고 싶다는 생각을 종종 하곤 했다. 물론 이 모든 것은 선택의 문제이기에 한국에서도 충분히 그리 선택할 수 있음을 모르지 않지만 막상 모두가 열심히 앞을 향해 나아가는데 우리 아이들은 주변도 둘러보며 천천히 가도 좋다고 얘기해 줄 용기가 없었다. 그래서 나는 틈틈이 캐나다, 미국, 싱가포르 유학을 알아보곤 했다.

물론 이미 해외에 나가서 공부시키고 있는 지인들의 얘기를 들어보면 국제학교라고 공부를 덜 시키지도 않을뿐더러 어느 나라에서나 학구열은 한국 못지 않다는 얘기를 들은 적이 있다.

단순히 유학을 가면 모든 것이 달라진다고 생각하진 않았다. 다만 경쟁위주의 입시제도에서 벗어나 아이들을 다른 방법으로 더 이상적인 환경에서 공부할 수 있게 해주고 싶었던 것이다. 어디에서나 공부를 하는 주체는 결국 아이들이니까.

나는 혼자 아이들을 데리고 갈 수 있는 안전한 나라를 알아보고 있었는데 남편은 사업차 오랜 시간 머무르는 필리핀을 권했다. 사실 필리핀 국제학교에 대한 큰 기대가 없었기에 내키지 않았지만 몇차례 필리핀을 오가며 여행자로서가 아닌 미래의 거주자로서 바라보니 이전에 미처 보이지 않던 많은 장점들을 볼 수 있게 되었다.

더 솔직히 말하자면 나 혼자 아이들을 데리고 가는 유학이 자신 없었기에 남편과 함께 사는 필리핀이 더 나은 선택이라는 생각이 들었고, 무엇보다 아이들이 아빠와 늘 함께 한다는 것이 내 마음을 움직이게 했다. 좋은 학교가 우선이었다면 다른 나라에서 더 많은 국제학교들 중 선택할 수 있었겠지만 나는 가족이 함께 사는 것을 선택했고, 필리핀은 학비면에서는 가장 경제적인 국제학교에 속했다. 세아이의 국제학교 학비를 생각하면 이 점이 가장 큰 장점일 것이다.

국제학교 입학을 위한 준비 과정들

이렇게 결정하고 가족들은 6개월간의 시간동간 필리핀 마닐라로의 이주를 위해 하나씩 준비를 해 나갔고, 대략적인 이주 시기를 먼저 결정한 후 학교를 알아보기 시작했다.

아이들은 모두 영어유치원을 3년이상 다녔고 나름 자신감도 있었기에 영어에는 큰 부담을 느끼지 않았다. 그래서 4대영역을 고르게 배우던 학원을 그만두고 가기전까지 책을 많이 읽게 하자는 생각에 리딩 중심의 학원으로 옮겼다. 그러면서 남은 시간동안 수학 선행학습을 받도록 했다.

국제학교는 악기 하나쯤은 하는 게 좋다고 해서 둘째 딸아이는 바이올린 수업에 집중했고, 음악에 소질이 없는 셋째는 체스, 바둑, 농구, 축구 등의 스포츠에 더 많은 시간을 할애했다.

하지만 준비가 수월했던 것만은 아니었다. 다니던 학교를 떠나 낯선 나라에서 학교를 다녀야 한다는 사실과 친구들 혹은 자주 보던 친척들과 떨어져 살아야 한다는 사실에 첫째를 제외한 어린 아이들은 거부 반응을 보이지 시작했다. 아차 싶었고 너무 일방적인 어른들의 결정에 아이들의 의견은 배제한 것 같아 미안한 마음이 생겼다. 필리핀 여행을 좋아하던 아이들이기에 우리는 아이들도 당연히 너무 좋아할 것이라고 생각했는데

예상치 못한 일이었다. 그래서 시간을 두고 천천히 이해시키고자 했지만 마음속으로는 불안함과 걱정이 커져 갔다. 어떤 것이 옳은 결정인지에 대한 확신이 서지 않아 고민의 시간이 많았다.

몇달이 지나 아이들은 단순하게도 필리핀에 가면 많은 학원을 다니지 않아도 된다는 사실에 결국 마음을 열어주었다. 학원은 아이들의 공부에 도움이 되게 하고자 보낸 것인데 지금껏 우리는 아이들에게 어떤 삶을 살게 했었나 싶어 허무한 마음이 들기도 했다.

마닐라의 국제학교 리스트업

마닐라에는 많은 국제학교들이 있는데, 각 학교마다의 특징과 장단점을 가지고 있었고, 그 중 ISM, BSM, Brent, Reedley, Southville 등의 학교를 우선 순위로 두고 순차적으로 지원했다. 이들 학교 간의 큰 차이는 학비와 학교의 규모, 교육시스템에 있었다.

그 중 Brent를 선택한 이유는 매우 단순했다. 사실 마닐라 국제학교 입학에 대한 큰 어려움을 예상하지 못했던 터라 학교는 아이들이 선택할 수 있을 거라 착각했다. 학교 교정을 투어하고 커리큘럼에 대한 안내를 받고 학교를 선택하자 생각했지만, 앞서 이야기한데로 팬데믹 이후 2022년 8월 입학 기점으로 외국인들이 대거 입국하기 시작하며 학교 입학은 내 의지대로 선택할 수 없었다. 나는 이주 시기에 맞춰 입학이 가능한 학교를 우선순위로 두고 입학시험을 준비했다. 그래서 거주지역과 학교의 위치를 고려하여 우리 가족에게 최선의 선택지에 있는 Brent에 다니게 된 것이다.

Brent 입학과정

Step 1.
학교 사이트 내 Online Application을 통해서 입학하는 아이들의 기본 정보를 입력한다.

Step 2.
기본적인 정보를 입력 후 필요한 서류를 첨부하게 되는데 최근2년간의 성적표, 선생님들의 추천서, 출생증명서, 여권 및 비자, 예방접종증명원 등이 있다.

✔ 성적표는 한국학교에 재학하고 있다면 생활기록부를 번역 및 아포스티유(Apostille) 공증하면 된다. 단, 입학 시기에 따라 생기부가 아직 없는 학년이 있다면 각 학교 양식의 성적표 혹은 아이의 공부과정을 증명할 수 있는 교재 제출 등 별도의 자료를 요청하기도 한다. (모든 서류를 아포스티유Apostille 공증을 받을 필요는 없고 성적관련 서류만 해당된다.)

✔ 추천서는 입학 학년에 따라 조금 다르지만 2명의 선생님께 받아야 한다. 하나는 영어, 수학, 과학 등의 과목 선생님과 상담선생님이나 교장선생님께 받을 것을 요구하는데, 나의 경우에는 현 담임선생님과 전 학년 담임선생님께 부탁드렸었다. 선생님의 이메일로 양식을 전송하면 선생님이 직접 양식을 작성하여 학교에 발송하면 된다. (선생님의 연락처, 이메일 주소를 미리 받아 두면 좋다.)

✔ 출생증명서는 가족관계증명서의 기본증명서를 영문으로 발행하면 된다.

✔ 필리핀은 부모의 비자가 있어야 자녀의 유학이 가능하다. 따라서 부모가 비자를 취득해야 원서접수가 완료되며, 자녀의 비자는 차후 입학 진행을 하며 학교 내 비자발급부서에서 대행해주기도 한다. (2개월가량 소요)

Step 3.

필요한 서류 첨부가 완료되면 홈페이지에 안내되어 있는 입학처로 이메일을 보내 입학지원을 했음을 공유하면 입학처에서 첨부된 서류와 입력된 정보를 검토한 후 회신을 주고, 보완 서류가 있다면 알려준다.

Step 4.

서류 제출이 모두 완료되면 원서비 납부하라는 안내를 받게 된다. (USD200)

Step 5.

납부가 완료되면 테스트와 인터뷰 일정을 안내받게 되며 필기 시험으로는 MAP test가 활용된다. (해당 학년의 MAP test 모의 테스트지를 풀려보면 좋다.) 시험을 보고 바로 라이팅과 인터뷰가 진행되는데 라이팅 주제는 매우 일상적인 주제들이었다. 예를 들면, 가장 기억에 남는 여름방학은? 필리핀에 올 때 가장 기억나는 일은? 등 인터뷰는 라이팅을 토대로 이야기했다고 한다. 거기에 질문을 덧붙여서 질문하며 아이의 일상적인 회화능력을 평가하는 것으로 보인다. (G3-G5기준)

결과는 보통 7일에서 10일내에 이메일로 알려 주며, 합격통지를 받으면 좌석 예약을 위한 예약비를 납부해야 한다. (USD600)

이후 합격관련 제출서류와 등록금 납부를 위한 서류를 받아서 진행하면 입학은 마무리된다.

제3화 마닐라 국제학교 일상 (시간표, 학교생활, 방과 후 등)

- REEDLEY
- ISM
- BRENT
- BSM
- ISM
- BRENT

REEDLEY 국제학교 슬기로운 학교 생활 이야기

Reedley International School(RIS) 리들리 국제학교 커리큘럼

리들리국제학교는 싱가포르, 미국 그리고 필리핀 커리큘럼으로 구성되어 있다. 과목별로 최상의 수업 효과를 위하여, 수학과 과학은 싱가포르(Singaporean) 커리큘럼을 따르고, English Language Arts(ELA)는 미국(American) 커리큘럼을 따른다. 그 외 교과과정은 필리핀(Filipino) 커리큘럼으로 구성되어 있다.

< Basic Education Curriculum (BEC) 기본적인 교육 과정 >

- ✔ Kindergarten: Pre-K and Kinder
- ✔ Lower School: Grades 1 to 3
- ✔ Middle School: Grades 4 to 6
- ✔ Junior High School: Grades 7 to 10
- ✔ Senior High School: Grades 11 to 12

Reedley 로고는 네 줄에 두 그루의 나무로 구성되어 있다. 함께 자라는 나무는 협업의 정신을 나타내고 이는 학교 생활을 통해 증명된다. 선생님들은 학교에서 부모님들은 가정에서 함께 아이를 교육한다. 네 줄은 Reedley의 4가지 핵심 가치인 가족, 양육, 자기 훈련 및 자기 실현을 뜻한다.

리들리 국제학교 학교 수업과목

✔ MATHEMATICS 수학

과정은 싱가포르 수학 커리큘럼을 기반으로 한다. 생각보다 Assessment를 자주 본다. 우리나라 단어로 표현하자면, 쪽지 시험을 자주 본다. 한국에서는 수포자라고 수학을 싫어한다던 우리 아이가 요즘은 수학이 제일 즐겁고 쉽다고 한다. 한국에 비해 수학의 난이도가 낮고 게임이나 다양한 교육 자료를 이용해 수업을 진행하기 때문에 아이들이 수학을 즐겁게 배울 수 있는 것 같다.

✔ English language Art ELA 영어

Reading(읽기), Phonics(파닉스), Language and Grammar(문법), Writing(쓰기)에 대해 배우는 과목이다. 영어가 모국어가 아니기 때문에 학교 과목 중에서 힘들어 하는 과목 중의 하나이다. 같은 반 친구들 중에는 개인 튜터에게 ELA 과목을 과외 받는 학생들도 있다고 들었다. LOWER SCHOOL LANGUAGE ARTS 과정은 풍부하고 활동적인 학습 환경에서 다양한 문학 및 정보 리소스에 대한 형성적 노출을 통해 읽기, 쓰기, 말하기 및 듣기, 표준 영어 규칙에 중점을 두어 교육한다.

✔ SCIENCE 과학

과학 과정은 싱가포르 과학 커리큘럼을 기반으로 한다. 과학자들이 연구를 추구하는 것과 같은 방식으로 학생이 자신의 학습에 책임을 지도록 격려하는 프레임워크로 탐구를 사용한다. 비판적 사고와 문제 해결사인 Reesian으로 형성되는 과정을 통하여, 학생들이 현재의 과학적 문제를 해결하고 사회에 기여하도록 도전한다. 초등학교 과학 과정은 싱가포르 교육부(MOE)

에서 정한 기준을 따르고, 중학교 과학 프로그램은 캠브리지 레벨 기준을 따른다고 한다. Diversity(생물, 무생물 등 다양성), Cycles of Matter(물질의 종류) 등과 같이 한국에서 배우는 과학과 비슷하지만 개인적으로 한국에 비해서 과학의 난이도는 조금 높은 편이다. 과학 용어를 영어로 이해해야 하기 때문에 초반에 아이가 공부할 때 힘들어 해서 한국 과학 문제집으로 같이 공부하였다.

[Social Studies 사회, 역사, 문화에 관한 과목]

사회 연구 과정에 대해 배우는 과목이다. 시간, 연속성 및 변화, 연결 및 갈등, 지리, 문화, 사회 및 정체성, 정부, 생산, 유통 및 소비, 과학, 기술 및 사회의 표준을 다루고 있다. Geography, Communities, Culture에 대해 배우며, 미국에 기초한 역사를 주로 다뤘다. 아이가 처음 접해보는 내용이라서 처음에는 생소해했으며 수업에 따라가기 힘들어 했다. 유튜브로 관련 영상을 찾아서 함께 보면서 쉽게 접근할 수 있도록 도와주었다.

✔ LIFE SKILLS 도덕, 윤리, 가치에 관한 과목

LIFE SKILLS 과정은 세계보건기구(WHO, 1997)의 Life Skills 정의를 채택하였다. 이 과정은 학생들이 일상 생활에서 직면하는 문제를 극복하는 데 필요한 기술을 갖추는 것을 목표로 한다. 이 프로그램은 (1) 나선형 인성 교육 프로그램, (2) 괴롭힘 방지, 진로 탐색 및 약물 남용을 포함한 연령에 적합한 캠페인, (3) 자기 관리의 3개 영역에 중점을 두고 있다. Grade 3 과정에서 Be Proactive, Put First Things First, Citizenship, Compassion, Fairness, Honesty 등에 대해 배우며, 슬라이드 자료와 동영상 자료로 수업이 주로 진행된다. 수업을 팀을 나누어 팀 별로 진행되는 경우가 많았다.

✔ Physical Education (PE Physical Education (PE)

체육 교육 과정은 학생들이 건강하고 활동적인 라이프스타일을 영위하는 데 필요한 적절한 운동 기술과 스포츠 관련 기술을 습득하도록 보장하는 프레임워크를 사용한다. Grade 3 과정에서 온라인 수업 때도 줌으로 체육 수업을 진행하였다. 우리 나라로 비유하자면 국민 체조도 하고, 스트레칭 영상을 과제로 주고 아이에게 사진 촬영을 하여 숙제로 제출하게 하였다. 현재는 체육관에서 수업을 진행하고 있고 농구를 배우고 있다. 학년 별로 진행되는 수업은 조금씩 다르다고 들었다.

✔ Music and Art 음악과 미술

Reedley의 MUSIC AND ARTS 과정은 예술적, 음악적으로 창의적이고 자신을 표현하는 Reesian을 심미적 소양 및 예술/음악 제작 교육을 통해 문화적 정체성과 감상의 세계적 반영이 되도록 개발하는 것을 목표로 한다. 음악시간에는 선생님은 피아노로 수업을 진행하고 학생들은 멜로디언을 가져가고 수업한다. 피아노 과제 수업은 동영상으로 촬영하여 제출하였고, 멜로디언 시험은 학교에서 바로 진행된다. 피드백은 수업 당일 구글 클래스 룸을 통해 메일로 알람이 온다.

미술은 개인 준비물이 많지만, 수업 준비를 많이 하시는 미술선생님 덕분에 다양한 재료를 이용해서 수업이 이루어 진다. 낙엽을 주워서 가져가기도 하고 재활용품들을 가져가서 작품을 만들기도 한다. 콜라주에 대한 용어도 배우고 미술에 대한 용어도 많이 배우기 때문에 영어로도 인지하고 가기를 추천한다. 예를 들어 Lines and the Color Theory에서 배우면 색이나 선에 대한 미술 용어가 다 영어로 이해가 되야 한다. 초반에는 미술 수업인지 영어 수업인지 슬라이드를 보면서 딸아이와 과제를 하기 위해 한참을 고민했다. 아이를 국제학교에 보내면 엄마 공부도 많아진다는 점을 꼭 말해주고 싶다.

✔ Information Technology(I.T) 컴퓨터, 기술 과목

정보 기술 과정은 다양한 소프트웨어 응용 프로그램을 워드 프로세싱 절차, 시각적 프레젠테이션 작성, 데이터 조작, 사진, 오디오 및 비디오 편집, 웹 개발을 수행하는 데 도움이 되는 도구로 사용하는 절차에 중점을 두어 정보 기술에 대한 숙달도를 높이는 과목이다. Basic Picture-Editing (Paint), Keyboarding(타자), 그림판 사용법 등 주로 컴퓨터로 작업이 진행되어 개인 노트북이나 패드가 필요해서 미리 구입해 오기를 추천한다. 다행히도 한국에서 노트북으로 온라인 수업도 들어서 노트북 사용에 익숙한 아이라서 수업에 크게 어려움은 없었다. 과제는 수업 시간 내에 주어지기 때문에 정확도와 신속함은 필수이다.

✔ FILIPINO as a Foreign Language

리들리국제학교에서는 제2외국어 수업으로 따갈로그어(Tagalog) 채택하였다. 의사 소통에 중점을 둔 외국어로서의 필리핀어는 친숙한 주제에 대한 정보 및 아이디어의 프레젠테이션을 대상으로 한다.

학교에 입학하고 Term 1에 아이가 전과목 Gold award를 수상하였다. 하지만 두 번째 학기 때 아이의 발목을 붙잡은 과목이 바로 필리핀어 수업이다. 필리핀 친구들도 국제학교를 다니는 친구들도 따갈로그를 어려워하기도 해서 개인 튜터를 고용하기도 한다고 한다. 처음에 학교 수업만 잘 따라가면 되겠지 하고 마음을 놓았다가 낭패를 본 과목이라 다음 학기에는 같이 도와주려고 했는데 쉽지 않았다. 학교에서 성적표를 받고 다음 학기에 부모님 상담 시간에 필리핀어 선생님께서 AC 수업을 신청해 주셔서 월요일마다 추가적으로 보충 수업을 받고 있다. 다행히 엄마의 도움 없이 학교의 수업만으로도 잘 따라가는 것 같이 보이지만, 결과는 최종 성적표가 알려줄 거 같다.

✔ Center for Individualized Academic Programs (CIAP)

CIAP는 유치원부터 중학교 6학년까지의 학생들에게 제공되는 전문 학습 지원 프로그램이다. 이 프로그램은 학교의 학업 커리큘럼을 따르며 전문 CIAP 교사가 가르친다. 이 프로그램의 특징에는 소규모 학급, 학생에게 필요한 수정 및 조정이 포함될 수 있는 개별 학습 계획, 각 어린이가 개념을 더 잘 습득하도록 돕는 다양한 학습 주기, 기술 격차를 해결하고 집에서 심화 연습을 제공하는 모듈이 포함된다. 정규 수업에 따라갈 수 없는 학생의 경우, 별도로 신청해서 이 과정을 들을 수 있다고 한다.

✔ Small Class Program (SCP)

개인화된 관심, 면밀한 감독 및 적절한 지도를 통해 더 큰 규모의 학급에서 학문적으로 탁월하기 위해 필요한 학습 기술이 필요한 중학교(7~10학년) 학생에게 제공되는 프로그램이다.

✔ Late Students Program

공식 수업이 시작된 후 6주 후에 오는 학생들을 위한 학업 보충 세션을 말한다. 이 프로그램에 속한 학생들은 놓친 주제에 대해 토론하기 위해 방과 후 수업에 참석할 기회가 주어지고, 보충 세션의 수는 놓친 주 수를 기준으로 한다고 한다.

✔ English as a Second Language (ESL)

영어 능력 수준이 학년 수준 이하인 제2 언어 학습자의 인지 학습을 위한 의사 소통 요구를 충족하는 학업 보충 프로그램이다. 선생님이 외국인 학생들의 영어 능력을 평가하고 필요하다면 이 프로그램을 추천할 수 있으며, 3교시 ESL 세션은 매주 정규 수업 후에 진행되며 최대 12명의 학생이 정원이다.

RIS 리들리 국제학교 시간표

학교에 도착하면 Homeroom 시간에 한국으로 비유하자면 조례시간을 갖는다. 선생님께서 그 날 수업에 관한 전반적인 내용을 말씀해주시고 책을 읽기도 하고 수업 준비 시간을 갖는다. 수업은 유치원은 8시 30분에 시작하고 Grade 1부터는 8시부터 시작한다. 등교는 8시 전에 도착하는 것을 추천한다.

수업은 학년별, 반별로 조금씩 상이하게 진행되고 2교시까지 진행된 후 Recess 타임에 간식을 준비해 가서 먹는다. 팬데믹 이 후, 아직까지 리들리 국제학교에서는 카페테리아가 운영되고 있지 않아 도시락통을 준비해서 가져가야 한다. 요일별로 시간표가 달라서 초반에 하교시간이 헷갈릴 수 있으므로 잘 체크해야 한다. 시간표에 맞춰 등교할 때 학교 유니폼을 요일별로 다르게 입어야 한다.

✔ Reedley 드레스 코드(* DRESSCODE LS 3 기준)

MONDAY & WEDNESDAY: GALA UNIFORM

TUESDAY: SCHOOL SHIRT & KHAKI PANTS

THURSDAY: SCHOOL P.E. SHIRT & BLACK PANTS

FRIDAY: DRESS DOWN

PRE-K MELON

	MONDAY	TUESDAY	WEDNESDAY	THURSDAY	FRIDAY
8:30 - 9:00	ASSEMBLY	ASSEMBLY	ASSEMBLY	ASSEMBLY	ASSEMBLY
9:00 - 9:20	ELA	Learning Centers	Learning Centers	Learning Centers	MATH
9:20-9:40		Music & Movement	ELA	ELA	
9:40 - 10:00	Recess				Recess
10:00 10:20	Screentime Break	Recess	Recess	Recess	Screentime Break
10:20 -10:40 10:40-11 :00	MATH	Art	MATH	Project Time	Project Time
11:00 - 11:20	Indoor Play	Outdoor Play	Outdoor Play	Outdoor Play	Indoor Play
Dismissal 11:20-11:30					

→ ONLINE CLASS VIA

KINDER KIWI

	MONDAY	TUESDAY	WEDNESDAY	THURSDAY	FRIDAY
8:30 - 9:00	ASSEMBLY	ASSEMBLY	ASSEMBLY	ASSEMBLY	ASSEMBLY
9:00 - 9:20	ELA	Outdoor Play	Outdoor Play	Outdoor Play	MATH
9:20-9:40		Music & Movement	ELA	ELA	
9:40 - 10:00	Recess				Recess
10:00 10:20	Screentime Break	Recess	Recess	Recess	Screentime Break
10:20 -10:40 10:40-11 :00	MATH	Art	MATH	Project Time	Project Time
11:00 - 11:20	Indoor Play	Learning Centers	Learning Centers	Learning Centers	Indoor Play
Dismissal 11:20-11:30					

→ ONLINE CLASS VIA

LOWER SCHOOL 3 BERRY

CIAP

Term 3

	MONDAY	TUESDAY	WEDNESDAY	THURSDAY	FRIDAY
8:00-8:20am	HOMEROOM	HOMEROOM	HOMEROOM	HOMEROOM	HOMEROOM
8:20-8:40am 8:40-9:00am	SCIENCE	ART	SCIENCE	LIFE SKILLS	LS MORNING ASSEMBLY
9:00-9:20am 9:20-9:40am	SCIENCE	ART	ELA	SOCIAL STUDIES	MATH
9:40-10:00am	RECESS	RECESS	RECESS	RECESS	RECESS
10:00-10:20am 10:20-10:40am	MUSIC	MATH	SOCIAL STUDIES	ELA	I.T.
10:40-11:00am 11:00-11:20am	MUSIC	MATH	MATH	P.E.	PENMANSHIP
11:20-11:40pm 11:40-12:00nn	SOCIAL STUDIES	SCIENCE	MATH	P.E.	CLUB
12:00-12:20pm	LUNCH	LUNCH	LIFE SKILLS	HOMEROOM 12:00-12:10	
12:20-12:40pm					
12:40-1:00pm			HOMEROOM 12:40-12:50		
1:00-1:20pm 1:20-1:40pm	ELA	ELA			
1:40-2:00pm 2:00-2:20pm	ELA	FILIPINO			
2:20-2:30pm	HOMEROOM	HOMEROOM			

Uniform Guide :
Mondays & Wednesdays: Gala Uniform + leather shoes
Tuesdays: Maroon/Green Shirt + closed-toe shoes
Thursdays: P.E. Uniform + comfortable sports shoes
Fridays : School appropriate casual clothes

MIDDLE SCHOOL 4 ASPEN

MIDDLE SCHOOL

	MONDAY	TUESDAY	WEDNESDAY	THURSDAY	FRIDAY
8:00-8:20am	HOMEROOM	HOMEROOM	HOMEROOM	HOMEROOM	HOMEROOM
8:20-8:40am 8:40-9:00am	MORNING ASSEMBLY	SOCIAL STUDIES	ELA	ELA	I.T.
9:00-9:20am 9:20-9:40am	ELA	ELA	ELA	ELA	FILIPINO
9:40-10:00am	RECESS	RECESS	RECESS	RECESS	RECESS
10:00-10:20am 10:20-10:40am	ELA	ELA	SCIENCE	SCIENCE	MUSIC
10:40-11:00am 11:00-11:20am	MATH	SCIENCE	LIFE SKILLS	SOCIAL STUDIES	ART
11:20-11:40pm 11:40-12:00nn	MATH	SCIENCE	MATH	LIFE SKILLS	P.E.
12:00-12:20pm 12:20-12:40pm	LUNCH	LUNCH	MATH	LUNCH	P.E.
12:40-1:00pm					
1:00-1:20pm 1:20-1:40pm	SOCIAL STUDIES	MATH		MATH	LUNCH
1:40-2:00pm 2:00-2:20pm	SOCIAL STUDIES	MATH			CLUB

→ ONLINE CLASS VIA

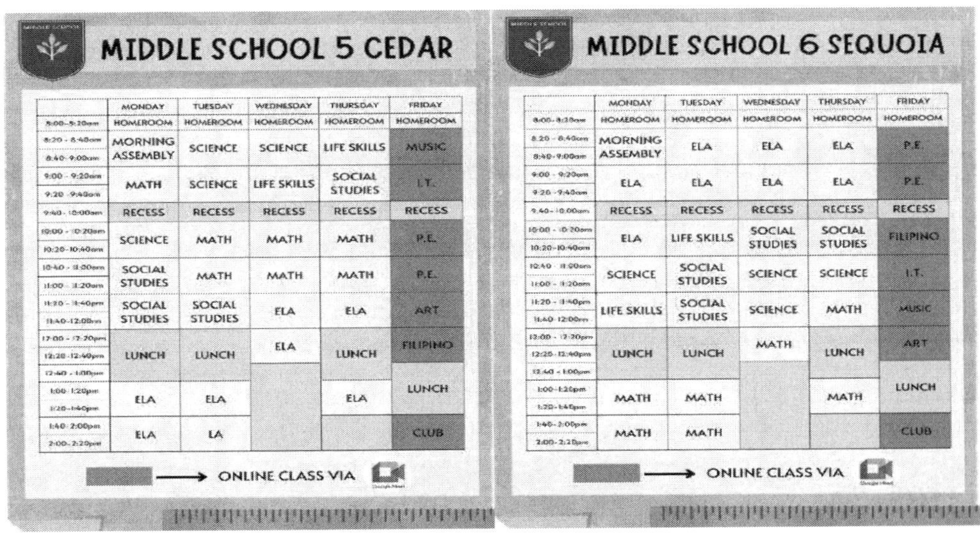

MIDDLE SCHOOL 5 CEDAR

	MONDAY	TUESDAY	WEDNESDAY	THURSDAY	FRIDAY
8:00-8:20am	HOMEROOM	HOMEROOM	HOMEROOM	HOMEROOM	HOMEROOM
8:20 - 8:40am / 8:40-9:00am	MORNING ASSEMBLY	SCIENCE	SCIENCE	LIFE SKILLS	MUSIC
9:00 - 9:20am / 9:20-9:40am	MATH	SCIENCE	LIFE SKILLS	SOCIAL STUDIES	I.T.
9:40-10:00am	RECESS	RECESS	RECESS	RECESS	RECESS
10:00 - 10:20am / 10:20-10:40am	SCIENCE	MATH	MATH	MATH	P.E.
10:40 - 11:00am / 11:00 - 11:20am	SOCIAL STUDIES	MATH	MATH	MATH	P.E.
11:20 - 11:40pm / 11:40-12:00pm	SOCIAL STUDIES	SOCIAL STUDIES	ELA	ELA	ART
12:00 - 12:20pm / 12:20-12:40pm	LUNCH	LUNCH	ELA	LUNCH	FILIPINO
12:40 - 1:00pm					LUNCH
1:00-1:20pm / 1:20-1:40pm	ELA	ELA		ELA	
1:40-2:00pm / 2:00-2:20pm	ELA	LA			CLUB

ONLINE CLASS VIA

MIDDLE SCHOOL 6 SEQUOIA

	MONDAY	TUESDAY	WEDNESDAY	THURSDAY	FRIDAY
8:00-8:20am	HOMEROOM	HOMEROOM	HOMEROOM	HOMEROOM	HOMEROOM
8:20 - 8:40am / 8:40-9:00am	MORNING ASSEMBLY	ELA	ELA	ELA	P.E.
9:00 - 9:20am / 9:20-9:40am	ELA	ELA	ELA	ELA	P.E.
9:40-10:00am	RECESS	RECESS	RECESS	RECESS	RECESS
10:00 - 10:20am / 10:20-10:40am	ELA	LIFE SKILLS	SOCIAL STUDIES	SOCIAL STUDIES	FILIPINO
10:40 - 11:00am / 11:00 - 11:20am	SCIENCE	SOCIAL STUDIES	SCIENCE	SCIENCE	I.T.
11:20 - 11:40pm / 11:40-12:00pm	LIFE SKILLS	SOCIAL STUDIES	SCIENCE	MATH	MUSIC
12:00 - 12:20pm / 12:20-12:40pm	LUNCH	LUNCH	MATH	LUNCH	ART
12:40 - 1:00pm					LUNCH
1:00-1:20pm / 1:20-1:40pm	MATH	MATH		MATH	
1:40-2:00pm / 2:00-2:20pm	MATH	MATH			CLUB

ONLINE CLASS VIA

리들리 국제학교 시간표(Grade 1~ Grade 6) 1

리들리 국제학교 클럽활동

리들리 국제학교에서는 일주일에 한번 Club Day 가 있다. 우리 나라 기준으로 하면 방과 후 수업이다. 방과 후 수업은 1지망, 2지망 원하는 수업을 신청하고 정원이 많은 경우 랜덤으로 배정될 수 있다.

✔ Junior Reeder Club (LS 2-3)

✔ Young Artists Club (LS 1-3) 미술 수업

✔ Lego Club (LS 1-3) 레고 블록 수업

✔ Save the Earth Movement (STEM) (LS 1-3)

: 재활용을 이용하여 다양한 활동을 하는 수업

✔ Glee Club (LS 1-3)

✔ Dance and Movement Club (LS 1-3) 댄스 수업

✔ *Coding Club (LS 1-3): 별도의 재료비가 추가되는 코딩 수업

✔ Young Explorers Club (LS 1-3): 과학 수업, 준비물이 많이 필요함.

한글처럼 외부에서 선생님이 오셔서 하는 것이 아니라 학교 선생님께서 클럽 활동을 진행하는 것이라서 수업의 질은 살짝 아쉬운 편이다. 내년에는 다양한 클럽활동이 많아 지기를 기대해 본다.

리들리 국제학교 학사일정(2022~2023 기준)

리들리 학사 일정 CALENDAR OF EVENTS

<TERM 1>

✔ AUGUST 23

✔ August 23: First Day of School

✔ September 2: Parent Chat

✔ Oct. 27: Multicultural Kick-off and Cause-Play

✔ Oct. 28 - Nov. 2

<TERM 2>

✔ NOVEMBER 14

✔ Nov. 25: Term 1 PTC

✔ Nov. 28: Term 1 ROH

✔ Dec. 17 - Jan. 8: WINTER BREAK

✔ 2nd-3rd week of February: BFF Lunches

✔ Jan. 13:LS 3 Virtual Trip

<TERM 3>

- ✔ FEBRUARY 20
- ✔ Feb. 27: Term 2 PTC
- ✔ March 6: Term 2 Reading of Honors
- ✔ March 17: LS 2 Virtual Trip
- ✔ May 26: Last Day of School
- ✔ June 5: Year-End ROH

리들리 국제학교 Q&A

Q) Reedley 학교 성적표 및 상에 대해 궁금해요!

리들리는 1년과정에 총 3 학기가 있다. Term 1, 2, 3 별로 성적표가 나오고 성적과 deportment 부분에 대한 award가 주어진다. 성적 우수상은 과목별로 주어지고, 전과목 Gold Certificate of Subject Excellence를 수상하고, Certificate of Deportment Excellence을 수상하게 되면 Headmaster's Pin이라는 교장 선생님이 주는 상을 수여받게 된다. 아이가 Term에 전과목 골드상을 수상하였으나, Deportment에서 A-받아 아쉽게도 Headmaster pin을 받지 못하였다. Term 2에서는 Deportment A+를 받았지만, 필리피노 수업에서 골드상을 받지 못하였다. Headmaster's Pin을 받기 전까지는 필리핀을 절대 떠나지 못한다는 아이의 굳은 의지처럼 다음 학기에서는 좋은 결과를 기대해 본다.

<TERM AWARDS>

- ✔ Silver Certificate of Subject Excellence
- ✔ Gold Certificate of Subject Excellence

- ✔ Certificate of Deportment Excellence
- ✔ Headmaster's Pin

일 년 과정이 끝나게 되면 학업 부분에 대한 수상과 문학, 예술, 체육 부문에 대한 상도 있다고 한다. 일 년 과정이 끝날 무렵, 학교에서 "Nominations for distinguished medal of achievement" 관련 이메일이 왔다. 학교 외부에서 수상을 한 경우 수상내역과 상장을 첨부하여 후보로 등록을 해야 나중에 학교에서 Extra-Curricular Awards 상을 수여한다고 한다.

<YEAR-END AWARDS>

(1) Academic Awards

- ✔ Bronze Medal of Subject Excellence
- ✔ Silver Medal of Subject Excellence
- ✔ Gold Medal of Subject Excellence
- ✔ Deportment Excellence Medal
- ✔ Headmaster's Medal

(2) Extra Curricular Awards

✔ Medal of Distinguished Achievement

✔ Athletic Award

"WELCOME TO S.Y. 2022-2023! FIRST DAY OF SCHOOL IS ON AUGUST 23, 2022."

2022년 기준으로 8월 23일에 개학을 하였다. 개학식 전에 7월 말에 오픈하우스를 열어 학교에 대한 소개를 하였고 8월에는 오리엔테이션을 진행하였다. 오프라인으로 참석이 힘든 경우에는 줌으로 동시 진행하여 한국에서 온라인으로 들을 수 있었다. 학교에 입학하게 되면 수업과 관련된 내용은 구글을 통해 전달받을 수 있고 실시간으로 교사와 학부모 간의 피드백이 가능하다.

학교 수업은 노트북과 패드를 통해 진행되므로, 한국에서 필리핀으로 올 때, 전자기기는 필수로 준비해 오기를 추천한다.

ISM 국제학교 학교 생활 이야기

우선 학교 생활 들어가기에 앞서 가장 궁금한 엄마들의 고민을 살펴보자.

✔ 아이의 학교 스케줄은 어떻게 되나요?

3학년인 우리 아이는 7시 30분에 하루 일과가 시작되고 2시 15분에 학교 수업이 끝난다. 학교에서 무료로 제공되는 방과 후 수업은 매일 2시 15분부터 3시 15분까지 있다. 우리 아이는 학교 체스팀에 소속되어 있는데 일주일에 세번 3시 15분부터 4시 30분까지 교육을 받고 온다.

Time	Monday	Tuesday	Wednesday	Thursday	Friday
7:30-7:45	Word Inquiry	Word Inquiry	Late Start	Word Inquiry	Word Inquiry story
7:45-8:30	Writing	Reading		Writing	Writing
8:30-9:15		Music	Reading		
9:15-9:45	Recess Break				
9:45-10:30	Reading	Inquiry	Inquiry	Art	Reading/Word Inquiry
10:30-11:15	PE				PE
11:15-12:00	Lunch Break				
12:00-12:45	Math	Math	Math	Inquiry	Math Games
12:45-1:30					
1:30-2:15	Library	SEL Closing Circle	Music	PE	Community Building Closing Circle

GRADE 3 시간표 1

✔ 각반에 한국 아이들은 몇 명, 영어를 모국어로 사용하는 아이들은 몇 명인가요?

3학년에는 7개 반이 있다. 각반마다 정원이 23명이다. 그 중 한국 아이들은 각반마다 2명부터 7명까지 있다. 학교에서는 영어가 아직 익숙하지 않은 한국 아이들을 되도록이면 한국 아이들이 많은 반에 배정해서 친구들의 도움을 받을 수 있도록 한다. 그래서 새로운 한국 친구들이 한반에 몰리는 경우가 있다. 우리 아이 반 같은 경우 순수한 한국 국적 아이는 한 명도 없다. 필리핀에서 태어나 살고 있는 아이들이라도 미국 국적인 경우가 많아서 ISM에서는 미국 국적 아이들이 제일 많다. 영어를 모국어로 사용하는 아이들이 과반수는 되는 것 같다.

반에는 중국, 싱가폴, 일본에서 온 아이들, 네덜란드, 덴마크에서 온 아이 등 다양한 나라에서 온 아이들이 섞여서 공부하고 있다. 프랑스, 독일 아이들은 잘 볼 수 없는데, 마닐라 남쪽으로 가면 프랑스, 독일 학교가 있기 때문이다.

✔ 엄마들의 고민: 우리 아이 학교 도시락

ISM에는 Elementary Kantina와 Middle/High Kantina가 분리되어 있다. Elementary 아이들은 학기 초반에 ISM Bear card ID를 지급받는데 부모가 현금을 충전시키면 아이들이 점심을 사 먹을 수 있다. 아이가 무슨 점심을 사 먹었는지 부모가 기록을 살펴볼 수도 있다.

나는 처음부터 도시락을 싸지 않았다. 우리 아이는 도시락이 식으면 먹기 힘들다는 이유로 학교 급식을 선택했다. 새벽에 일어나기 힘든 나는 너무 감사하게도 아이 수저통, 물통하고, 간단한 간식만 챙겨서 학교에 보낸다.

매주 금요일 다음주 메뉴가 통신문에 적혀서 나온다. 아이 말에 의하면 매주 메뉴는 동일하다고 한다. 학교에 가끔씩 들려보면 도시락 싸오는 아이들이 절반, 학교 급식 먹는 아이들이 절반인 것 같다. 다른 한국 아이 엄마는 아이가 학교 급식을 거부해서 도시락을 매일 싸서 보낸다고 하니 아이들의 선호도가 있는 것 같다.

ES Kantina Menu

ES MENU – May 8-12	MONDAY	TUESDAY	WEDNESDAY	THURSDAY	FRIDAY
Pasta	Classic Baked Mac – P85	Creamy Chicken Alfredo – P85	Baked Ziti – P85	Spaghetti Bolognese – P85 (Chicken)	Mac and Cheese – P85
Meat Viand	Creamy Parmesan Meatballs – P95	Chinese Lemon Chicken – P95	Creamy Rosemary Chicken – P95	Chicken Adobo – P95	Chicken Barbecue – P95
Vegetable Viand	Buttered Corn & Carrots – P65	Cheesy Potato Balls – P65	Vegetable & Tofu Barbecue – P65	Korean Vegetable Pancakes – P65	Buttered Peas & Corn – P65
Starch	Plain Rice – P15	Plain Rice – P15	Plain Rice – P15	Plain Rice – P15	Plain Rice – P15
Snack 1	Cajun Chicken Fingers – P85	Cheesy Quesadilla – P80	Chicken & Vegetable Spring Roll – P80	Chicken Tacos – P80	Cheese Pizza – P90 Pepperoni Pizza – P95 Italian Sausage Pizza – P95
Snack 2	Egg Waffle / Bread – P50	Egg Waffle / Bread – P50	Egg Waffle / Bread – P50	Egg Waffle / Bread – P50	Egg Waffle / Bread – P50
Snack 3	Sloppy Joe Slider – P90	Mini Burger – P90	Cheese Sticks with Marinara Sauce – P90	Fish and Chips – P90	Egg and Vegetable Sushi – P90
Dessert	Fresh Fruits – P50	Fresh Fruits – P50	Fresh Fruits – P50	Fresh Fruits – P50	Fresh Fruits – P50
Beverage	Fresh Lemonade – P50 Fresh Melon Juice – P50 Fresh Coconut – P120	Fresh Lemonade – P50 Fresh Melon Juice – P50 Fresh Coconut – P121	Fresh Lemonade – P50 Fresh Melon Juice – P50 Fresh Coconut – P122	Fresh Lemonade – P50 Fresh Melon Juice – P50 Fresh Coconut – P123	Fresh Lemonade – P50 Fresh Melon Juice – P50 Fresh Coconut – P124

CORNER TREE CAFE - ELEMENTARY SCHOOL MENU
WEEK 2 - MAY 8-12, 2023

WEEK 2	MONDAY		TUESDAY		WEDNESDAY		THURSDAY		FRIDAY	
Carbohydrates	Baked Mac & Cheese	90.00	Aglio Olio	90.00	Buttered & Cheese Pasta	90.00	Pad Thai	90.00	Pancit Vegetarian	90.00
Vegetables	Mashed Potato with Vegan Gravy	60.00	Buttered Carrots & Corn	60.00	Hummus w/ Veggie Sticks	60.00	Stir Fry Mixed Veg (sayote, carrots, chinese cabbage)	60.00	Corn in a Cob	60.00
Protein	Tofu Dumplings	90.00	Arroz A La Cubana	90.00	Tofu Finger w/ BBQ Sauce	90.00	Tofu Kebab	90.00	Tofu Meatballs	90.00
Snacks	White Cheese Sandwich	90.00	Chickpea Sandwich	90.00	Strawbelly Jelly Sandwich	90.00	Cheese Pitadilla	90.00	Pizza Day	99.00
Fresh Fruits Smoothie	Watermelon	65.00	Mango	65.00	Strawberry Banana	65.00	Mango Banana	65.00	Mango Banana	65.00
Fresh Fruits Drinks Box	Calamansi	50.00	Calamansi	50.00	Calamansi	50.00	Calamansi	50.00	Calamansi	50.00

ES Kantina Menu 1

✔ 방학은 언제인가요?

ISM의 1년은 8월 둘째주에 시작해서 6월 첫 주에 끝난다. 10월말에 일주일 정도 짧은 가을 방학이 있다. 이때는 대부분의 가족들이 여행을 떠나는데 비행기표와 여행 계획을 여름전에 세우니 미리 계획을 하는 것이 좋다. 12월 중순에 시작하는 3주정도의 겨울방학이 있고 1월 둘째주에 2학기가 시작된다. 겨울 방학에는 대부분의 가족들이 고국에 돌아가니 크리스마스 성수기 비행기표를 대비하기 위해서 여름전에 계획을 세우는 것이 좋다. 3월말에 부활절 방학이라고 일주일 정도 짧은 연휴가 있고, 6월초에 학년이 끝난다. 여름방학은 두 달 정도 된다.

✔ 학교 소식은 어디서 듣나요?

1. 매주 금요일 학교에서 보내주는 통신문에는 학교 행사, 학부모 상담 일정 등 각종 정보가 담겨있다. 꼼꼼히 읽고 챙기면 도움이 많이 된다.

Elementary School Parent Bulletin

WHAT?
ES Parent Workshop: Transition
- For
- When
- Where Zoom Link
- Why

WHAT?
Grade 3 & 4 MAP Results
- For
- When
- Where
- Why

WHAT?
Grade 1 Concert
- For
- When
- Where
- Why

LEAVING ISM?
Friday, May 12, 2023

HELPFUL LINKS
ISM Parent Portal

Student-Led Conferences (SLC)

There was a wonderful feeling around campus this week as Preschool to Grade 4 families joined our SLCs. Children were both empowered and delighted to share their learning with you. Thank you for being active listeners, asking great questions and promoting your child's metacognition as they shared and reflected upon their own learning. This truly is one of our most favorite and rewarding school events of the year, and your participation is appreciated.

Re-enrollment and Withdrawal for SY 23-24

Please make the time to re-enrol your child/ren at ISM. Please also note that 12 May is the date for families who are leaving to advise admissions of your withdrawal.

RETURNING FOR SY 23-24
ONLINE RE-ENROLLMENT
is
CLOSING on MAY 19
Scan the QR code to re-enroll NOW!

IMPORTANT DATES

May 16	ES Parent Workshop: Transition
May 26	Grade 1 Concert
June 2	Final ES Assembly (Kindergarten to Grade 4)
June 5	Final ES Assembly (Kindergarten and Preschool)

International School Manila

학교에서 발행하는 통신문 1

2. 담임 선생님께서 매주 금요일 보내주시는 한주간의 학교 생활은 읽어보면 대략적으로 무엇을 배우는지 알 수 있다. 특히 read aloud 시간에 어떤 책을 읽는지 알려주시는데 이 정도면 그 학년 아이들이 이해할 수 있겠다고 해서 책을 고르는 것이니 그 책을 참고해서 아이들의 리딩 실력을 올리면 좋을 것 같다.

3. 반 학부모들이 속해 있는 VIBER GROUP이 활성화되어 있으니 반 대표 학부모들에게 궁금한 점을 물어보아도 좋다.

ISM에 입학하고 나서 학교생활을 간략하게 월별로 알아보고자 한다.

2022-2023 ISM Calendar 1

8월

✔ **신입생 오리엔테이션**: 개학하기 한주전에 신입생 오리엔테이션 안내 이메일을 받았다. 아이를 데리고 오리엔테이션이 시작하는 9시에 맞춰서 학교에 도착하니 줄이 길게 늘어서 있었다. 들어가기 위해서 신분증을 내고 방문자 패스를 받아야 한다는 거다. 미리 안내를 받지 못한 대부분의 학부모들과 아이들이 30분 정도 기다려서 겨우 학교 안으로 들어갈 수 있었다. 오리엔테이션 날에는 시간 맞춰서 가지 말고 미리 학교에 가서 줄 서는 것도 방법이다. 간단한 학교 소개를 받고 아이들은 각자 교실로 흩어져서 담임 선생님과의 만남이 있었다. 새로운 친구들과 인사도 하고 아이스 브레이킹 시간도 가지면서 아이들의 불안감을 해소해 주려고 학교에서 많이 노력하는 것 같았다. 부모는 그 시간에 학교 신분증을 만들고, 아이들 유니폼도 살수 있었고, 간단히 학교 투어도 했다.

✔ **Athletic teams (team and competitive sports)**: Elementary school 에는 방과 후 활동 이외에 팀스포츠가 있다. 지원할 수 있는 팀스포츠는 태권도, 짐내스틱, 체스, 탁구, 유도 및 태권도가 있다. 그리고 수영팀도 따로 운영되고 있다. 우리 아이는 학교 체스팀에 관심이 있어서 8월 중순에 실시하는 AYR Team tryouts에 지원하였다. Elementary school에서 8명을 뽑는데 20명 정도 아이들이 지원하였던 것 같다. 나중에 학교 홈페이지에 아이 이름이 뽑혔다고 올라와서 아이가 너무 기뻐했던 기억이 있다. 체스팀은 일주일에 세번 훈련을 한다.

✔ **ES Activities (방과 후 활동)**: ISM은 방과 후 활동이 무료다. 아이들이 하고 싶은 활동을 정해서 학부모가 SIGN UP 해서 선착순으로 배정된다.

따라서 SIGN UP 하는 날이 공고되면 학부모들이 초 긴장한다. 오후 4시에 SIGN UP 홈페이지가 오픈되면 인기있는 방과 후 활동은 4시 1분에 이미 마감된다고 한다. 다자녀를 둔 집은 부모 모두 힘을 합쳐서 SIGN UP을 해야지 아이들 순으로 하다 보면 끝에 SIGN UP 하는 아이는 인기있는 방과 후 활동은 이미 마감될 수 있다.

9월

✔ **OPEN HOUSE:** 각 반에서 담임 선생님이 학부모들과 구체적으로 1년 동안의 커리큘럼을 미리 보여주고 어떤 것들을 배우게 될지 알아보는 시간을 가졌다. 선생님과 소통하면서 궁금했던 수업시간을 자세히 알아볼 수 있어서 유익한 시간이었다.

✔ **MAP TEST:** ISM에서는 3학년 이상 학생들은 한학기에 한 번씩 1년에 두 번 의무적으로 MAP TEST를 본다. Grade 3인 우리 아이는 리딩과 수학을 보았다. 아이의 개인별 학업 성취도도 알 수 있고, 학년 평균과 미국 공립 평균 점수를 비교하면서 학교 자체 내에서도 학년 커리큘럼을 조정하는데 참고한다고 한다. 시험 보고 나서 한달이 지나면 결과지를 받을 수 있다.

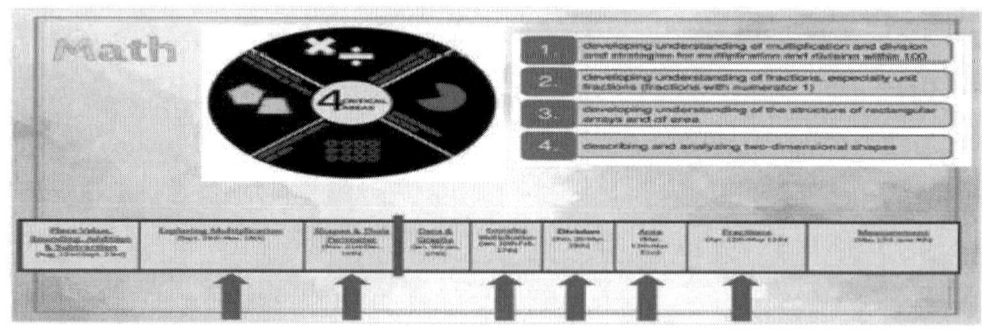

Grade3 Math 1년 계획표 1

10월

✔ **PTC (Parent Teacher Conference)**: 10월 중순이면 학부모 교사 상담이 열린다. 이제 학기 시작하고 두 달쯤 지난 시점이라 선생님도 아이 파악이 좀 되었고, 학부모도 아이의 학교 생활이 궁금한터라 질문을 미리 준비해서 가면 도움이 된다. 학년초 상담이기 때문에 아이에 대한 정보를 최대한 많이 선생님께 드리는 것이 좋고 15분 정도의 시간이라 짧게 지나갈 수 있으니 미리 써가면 좋다. 미리 적어볼 수 있는 아이에 대한 질문지를 아래에 공유한다.

➢ *Things you may want to share with your teacher.*

- What do you feel are your child's strengths? (School subjects? Non-academic strengths?)
- What areas do you feel your child needs to develop? (School subjects? Other areas?)
- What social skills would you like to see your child develop?
- What concerns does your child have about school?
- What is your child's out-of-school activities?
- Describe a successful year in Grade 3 for your child.

1월

✔ **Semester One reports**: 1월 새학기가 시작되고 나면 8월부터 12월까지의 아이 학교 생활 리포트 카드를 받아볼 수 있다. Reading, writing, math, social studies, science가 포함된 아카데믹 성적부터 음악, 미술, 체육의 교과목까지 리포트를 받아볼 수 있다. 아이가 학년에 맞게 잘 따라가고 있다면 그 영역에서 Proficient를 받을 수 있다.

Evaluation Key

Each standard is assessed based on the expected learning outcomes of the grade level for this reporting period. The level of proficiency indicates your child's current level of understanding and degree of independence in relation to the targeted learning outcome.

Emerging	The student is in the beginning stages of understanding and requires support with most of the learning
Developing	The student is at a developing level of understanding and working with growing independence
Proficient	The student is working with a good level of understanding and with minimal assistance
Exemplary	The student is working with a sophisticated level of understanding and independently
Not Evaluated	

The comment on student learning is an overall statement written by the class teacher highlighting your child's strengths, stages of development, and goals.

Learning Skills		
Communication	Speaks, listens, reads, and writes with attention to audience and purpose to understand and convey ideas and emotions effectively.	*Proficient*
Collaboration	Works effectively and respectfully with others in diverse settings and reaches consensus or produces a shared outcome.	*Proficient*
Self-Management	Organizes time and their resources to direct their own growth.	*Proficient*
Reading		
Readers Have Thoughts As We Read	Uses prior knowledge to make connections to a text.	*Proficient*
	Asks and answers questions to deepen understanding of a text, referring to the text for evidence.	*Proficient*
	Reads with sufficient accuracy and fluency to support comprehension.	*Proficient*
Getting To Know Characters At A Deeper Level	Describes character traits, motivations and feelings.	*Proficient*
	Describes how characters change over the course of a story.	*Proficient*
	Explains how aspects of a text's illustrations contribute to what is conveyed by the words in a story.	*Proficient*
Exploring The World of Nonfiction Texts	Determines the main idea of a text; recounts the key details and explains how they support the main idea.	*Proficient*
	Uses text features to navigate information texts.	*Proficient*
	Uses information gained from illustrations and from words to understand a text.	*Proficient*
	Determines, with the use of tools where necessary, the precise meaning of words and phrases.	*Proficient*
Writing		
Reading Like A Writer	Identifies the techniques other authors use.	*Proficient*
	Tries out new techniques in their own writing.	*Proficient*
	Produces writing in which the development and organization are appropriate to task and purpose.	*Proficient*
	Writes routinely over short and extended time frames for a range of tasks, purposes, and audiences.	*Proficient*

아이 성적표 발췌 1

✔ ES BOOK WEEK: 매년 한주간을 Book week로 정해서 책과 관련한 행사를 일주일 내내 연다. 하이라이트는 금요일에 있는 Book Character day다. 아이들 코스튬을 구하느라 어려움을 겪을 수 있으니 미리 사 놓으면 좋다. 해리포터, 엘사, 스타워즈 캐릭터가 인기가 많다.

ES Book Week
SY 2022-2023

Open Books Open Minds
January 24-27, 2023

Monday: No School
Tuesday: D.E.A.R.
(Drop Everything and Read)
Wednesday: Bookmark Making
Thursday: Share a Book
Friday: Book Character
Weeklong: Book Fair &
Mystery Reader

ISM ES Book Week 진행 1

2월

✔ ES Sports day: 하루 종일 야외 운동장, 실내 체육관, 그리고 수영장에서 신나게 노는 날이다. 수영장에서는 아이들이 릴레이 경주도 한다. 잠시 지켜보니 수영이 수준급인 아이들이 많고, 대부분의 아이들이 자유형을 할 수 있어서 동남아 국제학교에서는 수영이 필수 과목임을 다시금 느끼게 되었다.

✔ Writing celebration day: 3학년인 우리 아이 담임 선생님이 학부모를 초청해서 아이들이 쓴 글을 발표하고 들어보는 시간을 가졌다. 아이들이 방학동안 자신의 경험담을 쓴 글을 참석한 부모들과 돌아가면서 나누는데, 너무 재밌었던 건 아이들의 글 안에서 세계 유명 관광지가 한 번씩 다 언급이 된다는 점이다. 파리 디즈니랜드는 기본이고, 런던, 독일, 뉴욕, 호주, 보라카이, 홍콩, 싱가폴이 한 번씩 다 언급된다. 해외 여행이 이 아이들에게는

일상 생활처럼 자연스럽게 스며들었구나 느끼게 되었다.

3월

✔ Parent Teacher conference: 두번째 학부모 교사 상담을 하였다. 이번에는 아이가 함께 참석하여 아이 주도로 상담 시간을 가진다. 아이가 지금까지 배운 노트를 보면서 수업 시간에 배운 점들, 느낀 점들, 또 부족한 점들을 부모와 나누는 시간이다. 미리 수업 시간에 준비해서 적은 노트를 보면서 아이가 진행한다. 나는 선생님께 따로 여쭤보고 싶은 질문들이 많았으나 아이가 보는데 얘기를 할 수가 없어서 눈치만 보다가 왔다. 이 시간은 지금까지 수고한 아이에게 공개적으로 부모와 교사가 칭찬하고 격려하는 시간인 듯하다.

✔ International Day: 학교에서 열리는 가장 큰 연중 행사이다. 아이들이 자신의 국가와 관련된 옷을 입고 부모를 초청해서 열심히 준비한 댄스와 합창 콘서트를 연다. 한복이나 국기가 그려진 옷을 미리 주문해서 가지고 있으면 좋다. 나라별 음식을 가져와서 아이들이 서로 나눠 먹는 시간도 있다.

Grade 3 Overview of the Day

7:25 am	Flag Ceremony
8:00 am	Students transition to classrooms
8:30 am	Grade 3 Concert in the FAT: Grades 1,2,4 to attend
9:15 am	Break
10:00 am	Grade 4 Concert: Preschool, Kindergarten, Grade 3 to attend
11:15 am	Lunch - Grade 3 hallway - cultural lunch
12:00 pm	Class time - Photo shoot
12:45 pm - 2:00 pm	International Day Activity #1 - 20 mins
	International Day Activity #2 - 20 mins
	International Day Activity #3 - 20 mins
	International Day Activity #4 - 15 mins, in homeroom classes
2:00 pm	International Day Read-Aloud

G3의 학교생활 일과 1

BRENT 국제학교 학교 생활 이야기

Brent International School Manila는 메트로 마닐라의 외곽인 Binan Laguna라는 지역에 위치하고 있다. 우리나라 사람들에게 소개할 때 한국의 도시 혹은 지역과 비교하면 이해가 빠르기에 경기도 분당 혹은 판교 즈음이라고 설명할 수 있겠다.

Brent에 재학하는 학생들의 거주지는 매우 다양한데 학교 앞에는 Brent Village가 있어서 교사들과 일부 학생들이 거주하고 있다. 가장 많이 거주하는 지역은 정확하지는 않으나 Alabang이라는 곳으로 학교에서 자동차로 약 20-30분정도 소요되며 내가 살고 있는 곳이기도 하다.

학교에서는 대형버스로 셔틀버스를 운행하고 있으며, 거주지역을 고려하실 때 스쿨버스 노선을 참고하시면 좋을 것이다. 우리집 아이들은 셋이라 드라이버를 고용해서 직접 라이드해주고 있다. 처음에는 나도 라이드에 동행했으나 약 한달정도 적응기간이 끝나니 이제 나 없이도 드라이버와 문제없이 잘 통학하고 있다.
학교 홈페이지를 열람하면 알 수 있는 기본 정보는 간단히 요약하고 학교 생활을 통해 알 수 있는 것들을 위주로 정리해보았다.

ACADEMIC

✔ Academic _ Learning

Brent는 한 학년에 2개~3개 학급이 있으며, 한 학급당 인원은 약 20명에서 25명정도이다. 보조 교사는 없으며, 학년마다 인원에 증감에 따라 새학기에 학급이 신설되기도 하고 축소되기도 한다. 국제학교인데 인원은 좀 많다는 생각이 들었다. 아이들이 다녔던 전 학교는 한학급이 20명이 안되었는데 그 보다 인원이 많아서 더 그렇게 느껴졌을 수도 있겠다.

학교는 ELC/LS/Middle/Upper로 나뉘는데 한국의 학년과 좀 다르니 입학 학년은 아이의 출생 년도로 확인하시면 가장 좋을 것이다.

(1) ELC (Early Learning Center): Nursery, G1-G2까지 해당. 유치원, 초등학교 저학년
(2) LS (Lower School): G3-G5까지 해당. 초등학교 고학년
(3) Middle School: G6-G8까지 해당. 중학교
(4) Upper School: G9-G12까지 해당. 고등학교

우리집 아이들은 현재 LS과 MS에 재학중이다. 여름이 방학이 끝나면 새로운 학년으로 올라가는데 아이들은 새 학년에 대한 부담감보다는 기대감이 큰 모양이다. 아이들은 제2외국어를 정하고, LS때 했던 경험을 통해 음악에서는 어떤 분야를 선택할지, P.E는 어떤 종목에서 선수로 지원해볼지를 스스로 정하고 스스로 계획하려 한다.

한국에서 늘 그랬듯이 부족한 부분을 도와주고 싶은 마음이 있으나, 조금 서툴러도 스스로 하도록 지켜보고 응원해주는 역할에서 더 이상 나아가지 않으려고 노력하고 있다.
이 선을 잘 지켜내는 것이 학부모로써 내 숙제인 듯하다.

✔ Academic _ Programs: ESL
국제학교를 준비하며 아이들이 영어를 어느 정도 하고 가면 좋을지 많이들 궁금해하신다. 학교마다 다르겠으나 브렌트에는 영어 지원 프로그램인

ESL이 있다. 브렌트의 ESL은 ELC, LS, MS까지 제공하고 있으며, US에서는 제공하지 않는다. 입학시험의 결과에 따라 ESL필요 여부가 결정된다.

보다 자세하게 안내하자면, ELC와 LS(유치원~G5)까지는 영어 초급자도 입학이 가능하다. 단, 일정 수준에 다다를 때까지 ESL프로그램을 이수해야만 하며, ESL학생들은 영어(Language Art)를 제외한 모든 과목에서의 주요 과목의 수업은 참여해야 한다. 따라서 영어 초급자라면 학교 외에 가정에서 영어 향상을 위한 별도의 지원이 필요할 것이다. 다른 과목 수업은 들어야 하기 때문이다.

MS의 경우는 영어 초급자는 입학할 수 없다. G6-7학년의 경우에는 학교에서 정한 중급이상의 실력이 되어야만 합격이 가능하며, G8의 경우에는 1학기 입학시에는 중상급이상의 영어 실력이 갖춰져야 하고, 2학기에 입학하기 위해서는 상급이상의 영어 실력이 필요하다.

세 아이 중 막내만 ESL수업을 듣고 있는데 다양한 영어 레벨의 친구들이 함께 모여 공부하다 보니 영어 학습에 대한 아웃풋은 다소 느린 편이다.
빨리 ESL을 마치고 싶다면 ESL선생님과 상의하여 부족한 부분을 개인적으로 보충해주는 것이 좋다.

✔ Academic _ Curriculum

해외 이주와 더불어 국제학교라는 새로운 교육 커리큘럼을 접하게 될 아이들을 위해 학교의 교육 시스템에 대한 기본적인 공부도 필요했는데 장기거주를 목적으로 이주하는 우리는 아이들의 대학 진학까지 고려하여 교육 시스템을 들여다보게 되었다.

국내로 대학 진학을 목표로 하지 않을 경우 미국, 영국, 싱가포르, 홍콩 등의 지역의 대학으로 진학을 염두하고 있다면 AP, IB, SAT 그리고 A레벨에 대한 기본적인 이해가 필요했다. 동남아시아의 대부분의 국제학교들은 대부분 IB 프로그램을 지원하고 있었고, 브렌트도 Upper(고등학교)에서 IB를 이수하게 되며, SAT시험에 대한 지원도 병행하고 있었다.

✔Academic _ Time Table

등교시간은 보통 7시40분~50까지 등교한 후 8시부터는 각 학급에서 수업이 시작된다. 매주 목요일에는 40분 늦게 등교한다.

보통 G5까지는 Homeroom Teacher가 있고 담임교실에서 주요수업을 진행하고 음악, 미술, 체육, 과학 등의 수업은 별도의 교실에서 진행된다.

수업종료는 전 학년 동일하게 2시35분에 하교한다.

각자 과제를 하거나 After School이 있는 경우 하교 시간은 다르기에 스쿨버스는 하교 시 3타임 운영된다. (2시40분, 3시40분,4시40분)

G6부터는 Homeroom Teacher는 별도로 없고 1주일에 한번씩 교실에 모여 공지사항 등을 들은 후 각 수업의 교실로 시간표에 맞게 이동하며 수업에 참여하는 방식이다. 학생들은 가방을 거의 메고 다니며, 본인의 locker room을 사용할 수 있다. 학교에서 공용 태블릿이나 노트북을 제공하지만 대부분의 학생들은 개인 디바이스를 가지고 다닌다.

마닐라에 와서 가장 놀라운 변화는 기상 시간이다. 한국에서는 집에서 5분 거리의 학교를 다녔기 때문에 기상 시간과 아침 시간이 여유로웠다. 하지만 이곳에서는 7시10분에는 집에서 출발하기에 아이들은 6시 20분에 기상한다. 일찍 일어나야 하기 때문에 취침시간이 빨라진 것은 반가운 일이었다.

보통 6시 20분에 일어나서 아침식사를 하고 학교 갈 준비를 한 다음 집에서 7시10분에 출발하여 학교에 7시 35분~40분쯤 도착한다. 도착해서 친구들과 약10분간 자유시간을 갖고 교실로 함께 이동한다. (교실로 바로 등교하지 않는다. 모든 학생들은 7시50분까지 학교 광장에 모여 자유시간을 보내다가 벨이 울리면 함께 교실에 이동한다. 이것도 참 낯선·풍경이었다.)

✔ Academic _ Activities: Second Language

MS부터는 제2외국어를 선택하게 된다. MS에서는 프랑스어, 스페인어, 타갈로그어, 중국어가 있다. US에서는 프랑스어, 스페인어, 중국어 그리고 한국어가 있다. (모든 수업은 초급반과 중급으로 나뉘어지기 때문에 학기중에 입학하는 경우에도 크게 부담 갖을 필요 없다.)

✔ Academic _ Activities: Music & P.E

LS와 MS에서는 음악 시간에 Music 혹은 String, Band 중 하나를 선택해야 한다.

- Music: 피아노, 연기, 노래
- String: 현악기
- Band: 관악기, 드럼, 기타

(참고로 초급자(입문자)에 대한 지원이 충분치 않다. 지원 시 아이가 초급이상으로 기본기가 되는 수준의 장르로 결정하는 것을 추천한다)

P. E시간에는 시즌 별 다양한 스포츠를 배울 수 있는 기회가 제공되고 이 스포츠들은 하우스별 경기로 마무리되기도 한다.

- Swimming/Badminton/Kick Ball/Cross Country 등

브렌트는 매 학기마다 다양한 스포츠를 경험할 수 있다. 자신이 가장 자신 있고 집중하고 싶은 종목을 정해서 선수로 지원하면 좋다. 특히 해외 대학을 염두해두고 있다면 음악과 스포츠 중 하나씩 정해 집중해서 꾸준히 마스터할 것을 권하고 있다.

어릴 적부터 성악 전공을 위해 오랜 시간 레슨받던 첫째는 콩쿠르라는 중압감을 이겨내기 못하고 예중 입시를 포기했는데 브렌트에 와서 선생님의 적극적인 추천으로 APAC Choir라는 중창단에 지원한다고 한다. 더불어 선생님께서는 대학에서 성악전공을 추천하기도 하셨다는데 결국 돌고 돌아서 아이가 가진 재능은 아이에게 한 번 더 기회를 준 듯하여 마음이 설레었다. 그리고 이젠 첫째도 즐기면서 참여하는 것 같아 마음이 놓인다.

둘째는 어릴 적부터 피아노를 배웠고 오케스트라를 위해 바이올린도 꾸준하게 했는데 브렌트에 와서는 뮤직을 선택했고 피아노와 연기를 해보겠다고 한다. 스트링을 선택하지 않아 엄마인 나는 아쉬움이 크지만 그저 그동안 배웠던 것들이 아이에게 큰 양분이 되기를 바랄 뿐이다.

셋째는 모든 운동을 좋아해서 P. E시간을 가장 행복해한다. 큰 아이들에게 향했던 노력과 욕심을 셋째에게는 쏟아내지는 않아서인지 이 어린이는 모든 것을 즐기며 하는 편이다. 즐기면서 잘했으면 하는 마음도 늘 한 켠에 있지만 엄마의 욕심임을 안다.

그 외 Brent는 기독교 학교로 주1회 Chapel수업이 있다.

✔ Academic _ Activities: After School Clubs

하교 후 1시간 정도 운영되며, 총 4개 텀으로 운영된다. 사전 신청을 받고 차후 신청자가 몰릴 경우 추첨을 통해 결정된다. 따라서 복수지원을 추천

한다. (방과 후 클럽 중 악기나 댄스, 합창 등은 이후 학교 음악제 및 축제 발표에 무대에 서기도 한다.) 방과 후 특별한 일정이 없는 아이들에게 방과 후 수업은 꽤 유용하고 의미 있는 시간이었다. 적극적으로 참여하기를! 별도의 비용은 없다.

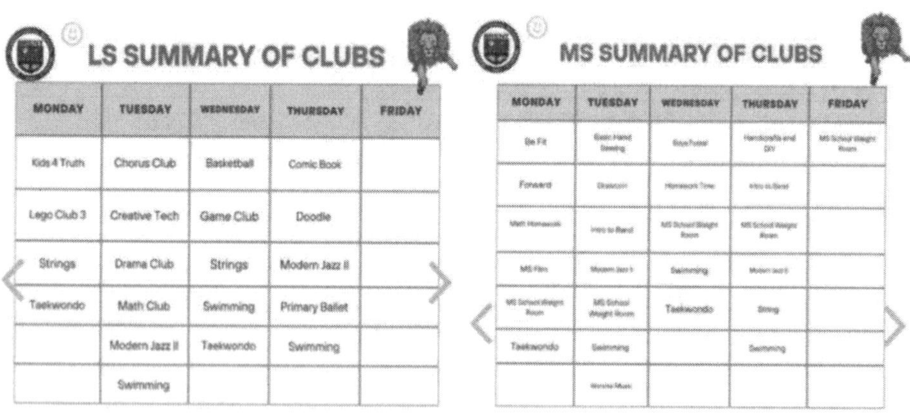

LS SUMMARY OF CLUBS

MONDAY	TUESDAY	WEDNESDAY	THURSDAY	FRIDAY
Kids 4 Truth	Chorus Club	Basketball	Comic Book	
Lego Club 3	Creative Tech	Game Club	Doodle	
Strings	Drama Club	Strings	Modern Jazz II	
Taekwondo	Math Club	Swimming	Primary Ballet	
	Modern Jazz II	Taekwondo	Swimming	
	Swimming			

MS SUMMARY OF CLUBS

MONDAY	TUESDAY	WEDNESDAY	THURSDAY	FRIDAY
Be Fit	[illegible]	[illegible]	Handicrafts and DIY	MS School Weight Room
Forward	[illegible]	Homework Time	Intro to Band	
[illegible]	Intro to Band	MS School Weight Room	MS School Weight Room	
MS Film	Modern Jazz I	Swimming	Modern Jazz II	
MS School Weight Room	MS School Weight Room	Taekwondo	String	
Taekwondo	Swimming		Swimming	
	[illegible]			

LS & MS After school Activities 1

✔Academic _ Activities: Visual and Performing Arts

MS와 US에서는 수업 외 다양한 예술 활동을 선택할 수 있다. (별도의 오디션을 통해 선발된다)

- Band: 플루트, 클라리넷, 트럼펫, 트럼본, 바순 등으로 구성되어 있다.
- Choir: APAC이라는 중창단이 있다.
- Orchestra: 스트링 악기들로 구성된 오케스트라가 있다.
- Theatre: 연극부가 있다.
- Dance: 댄스부가 있다.

✔ Academic _ Activities: Sports Team

MS와 US에서는 수업 외 다양한 스포츠활동을 선택할 수 있다.

- **First Season** - Baseball / Volleyball / Tennis / Country Cross / Taekwondo
- **Second Season** - Basketball / Soccer / Swimming / Tennis
- **Third Season** - Softball / Badminton / Basketball / Track and Field / Soccer
- **All Season** - Swimming / Taekwondo

시즌별로 다양한 스포츠를 선택하여 참여할 수 있으며, 선수 선발에 지원하여 학교 대표선수로 경기에 출전할 수도 있다.

✔ Academic _ Cafeteria

Lion's card(학생 ID 카드)에 충전하여 카페테리아를 이용할 수 있다. 매일 다른 메뉴의 점심을 제공하며 상시로 음료, 물, 아이스크림 등을 살 수 있다.
각 학년마다 운영되는 런치부스도 별도로 마련되어 있으며, 이것은 점심시간에만 운영된다. 점심 도시락을 싸오는 경우도 많다. .
아이들 이름으로 충전을 해 두면 학교에서 소소하게 음료도 사 먹고 간식도 사 먹는데 충전한 금액이 끝나도 사용에 제한이 없다. 경제관념이 부족한 아이들은 제한없이 사용했고 한달에 한 번씩 사용 내역이 학부모의 메일로 오는데 확인해보니 -2,000페소 혹은 -4,000페소라고 되어 있어 놀란 적이 있다. 이후 아이들에게 결재 후 영수증을 받아서 잔액을 확인할 것을 당부했고, 하루 사용금액을 각자 정해서 지켜볼 것도 권했다.

도시락통은 한국에서 다양하게 준비해 올 것을 추천한다. 우리집 아이들은 도시락을 싸서 가는데 메뉴에 따라서 다양한 케이스가 필요하더라. 그리고 손잡이가 달린 보냉 겸용 런치백도 꼭 준비하시기를. (아이의 기호에 따라 보온도시락을 가지고 다니는 친구들도 있다.)

아이들을 위한 엄마표 도시락 1

텀블러는 이 곳에서도 다양한 사이즈를 구입할 수 있었다.

✔ Academic _ House

모든 학생들은 브렌트에 입학하게 되면 Housc그룹이 정해진다. 3개의 House가 있으며 Azure, Gold, Emerald 등 컬러로 구별된다. 모든 Activity나 스포츠 경기는 House 대항전으로 펼쳐지고 학년이 끝나는 날 Moving up day에서 최종 우승하우스를 발표한다.

아이들은 본인의 하우스에 진심을 다하여 참여하고 있다. (보통 형제, 자매들은 같은 하우스에 배정된다.)

하우스 경기가 있는 날은 부모님을 초청하여 함께 관전하고 응원하도록 권하고 있다. 몇 번 하우스 경기를 관람해보니 경기자체가 대단히 프로페셔널 하거나 대단하지는 않다. 이걸 보러 온 건가? 하는 생각이 들만큼 그냥 체육시간에 하는 수업의 일환이다. 하지만 하우스 우승을 향한 아이들의 열정과 에너지가 아름답다. 나도 모르게 나의 하우스를 외치며 응원하게 된다! 조금 과장해보자면 프로야구경기 혹은 월드컵경기의 열기 못지 않다.

SCHOOL LIFE

✔ School Life: Uniform

유니폼은 학교 지하에 위치한 유니폼 샵에서 구입할 수 있다. 직접 피팅해보고 구입할 수 있으며, 길이 수선 등은 현장에서 바로 진행해준다. 교복은 더운 날씨를 감안하여 2벌 이상 준비할 것을 추천한다, 더불어 양말은 흰색, 운동화는 운동이 가능한 러닝화류, 슈즈는 블랙 혹은 브라운 가죽구두를 권하고 있다.

✔ School Life: Parents ID Card

학부모의 학교 출입은 자유로운 편이지만 사전에 학부모 혹인 아이의 등은 학교 출입이 가능한 출입증을 발급받아야 한다. 출입증이 없을 경우 신분증을 맡기고 임시 출입증을 받을 수 있지만 그 과정이 까다롭고 복잡하다. 미리 신청해 둘 것을 추천한다.

✔ School Life: Communications

학교와 학부모의 소통은 이메일로 하게 되며 매주 금요일 뉴스레터를 통해 다음주 학교 행사나 공지사항을 전달받을 수 있고, 담임선생님이 학급의 특별한 이벤트가 있을 경우에는 이메일로 공유한다. 문자나 채팅 앱은 사용하지 않으니 이메일 알람을 설정해 놓을 것을 추천한다.

학생들은 각 과목 선생님과 구글 클래스룸으로 과제와 일정을 공유하고 있으며, 학교에서 스스로 확인하고 부모에게도 공유한다. 하지만 LS까지는 학부모도 함께 열람하여 공유할 것을 추천한다. 아이가 전달해주지 않아 놓치는 경우가 종종 있다.

LS에서도 G3까지는 숙제나 과제가 거의 없는 편이나 G4가 되면서는 조금씩 집에서 해가야하는 숙제들이 생겨난다. 이후 MS은 조별과제나 개인과제가 거의 매일 하나씩은 있으며 이를 제출하지 않거나 기한을 넘길 경우 학부모의 메일로도 상황이 공유되어 푸시 메일이 도착한다.

이메일을 확인하고, 클래스룸을 공유하여 아이들의 학습과정을 열람하고 과제들을 놓치지 않게 언급해주는 역할이 학부모가 할 수 있는 가장 큰 롤인 듯하다.

✔ School Life: Report

Brent는 중간 혹은 기말시험같은 정해진 시험은 없다. 하지만 학기 내내 과목 선생님들이 진행하는 단원평가 혹은 쪽지시험 형태의 크고 작은 평가들이 있고, 꾸준하게 관리해야만 학기말 리포트에서 좋은 결과를 받을 수 있다. 한번에 크고 중요한 시험이 없어서 부담은 덜하나 학기 중 성적관리를 못하면 한번에 만회할 기회를 갖기 어려운 것이다.

아직 아이들이 입학한지 4개월차라 학교 홈페이지 정보를 참고하여 학교를 소개해 보았다. 내가 처음에 학교를 지원하며 궁금했던 것들에 대한 기억을 되살려 정리했는데 도움이 되시길 바란다.

학교 생활은 점점 익숙해져갈 것이고 아이들처럼 나도 하나 둘 배워 나갈 것이라 기대가 크다.

초, 중, 고등으로 구분된 교복

우리 아이들이 BSM에 입학할 2022년 당시의 학년은 Year 6 (2011년생 남아), Year 3 (2014년생 여아) Primary 초등학생이었다. 당시 4월말에 입학했으니 학교 스케줄상으로는 Term3 시작할 때 입학하게 된 것이었다. 보통 한 학년을 기준으로 Term1,2가 1/2학기, Term3,4가 나머지 2/2학기의 기간을 차지한다. 학교 입학일이 정해진 후 등교일을 며칠 앞두고 부랴부랴 교복부터 구매하러 학교내에 위치한 교복 구매처를 방문했다. 여름나라라서 하복만 있을 것이라는 생각과 달리 나름 짧은 옷, 긴 옷 등 계절복으로 나뉘어져 있기도 하고, 게다가 방과 후 수업에 입어야 하는 각종 스포츠(축구, 태권도, 럭비, 수영복 등) 유니폼, 그리고 학교에서 공통 스포츠 과목이 있는 날 입어야 하는 PE(Physical Education) 유니폼이 컬러별로 나뉘어져 있었고, 아이들은 내가 속한 PE 컬러가 무엇인지를 배정받아서 빨강, 노랑, 파랑 등의 유니폼을 입고 등교를 한다. PE 컬러는 학년 중간 중간 진행되는 대항 별 체육대회에 포인트를 단체로 얻어 나중에 따로 승자를 가리는 학기 이벤트이다. 아마도 교복을 다양하게 구매하게 하려는 나름의 전략이 아닐까 싶기도 했지만, 다행히도 두아이가 모두 노랑색을 배정받아서 PE체육복 정도는 오빠가 여동생에게 물려줄 수 있을 것이란 생각도 동시에 들었다.

BSM 학교 전경 1

	남자	여자
초등 유니폼 (Y1-6)		

중등 유니폼 (Y7-11)	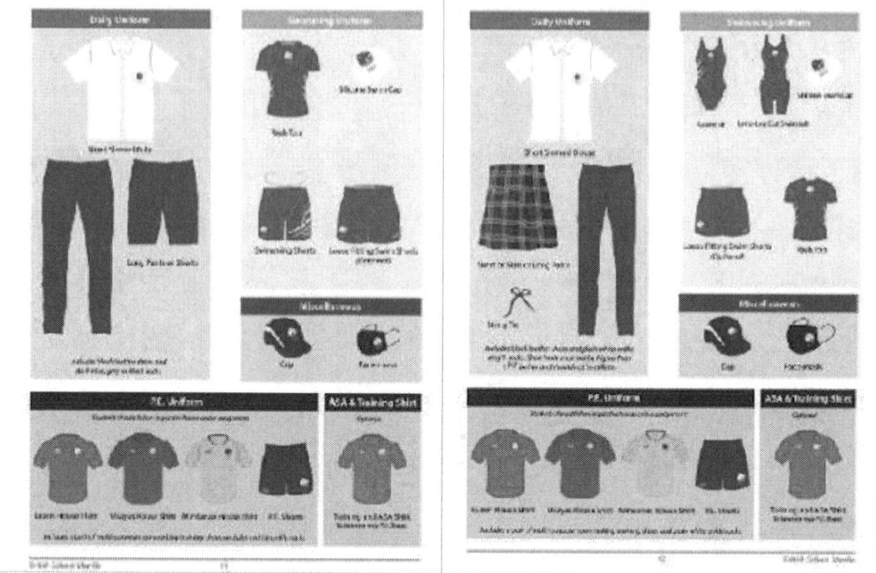
고등 유니폼 (Y12-13)	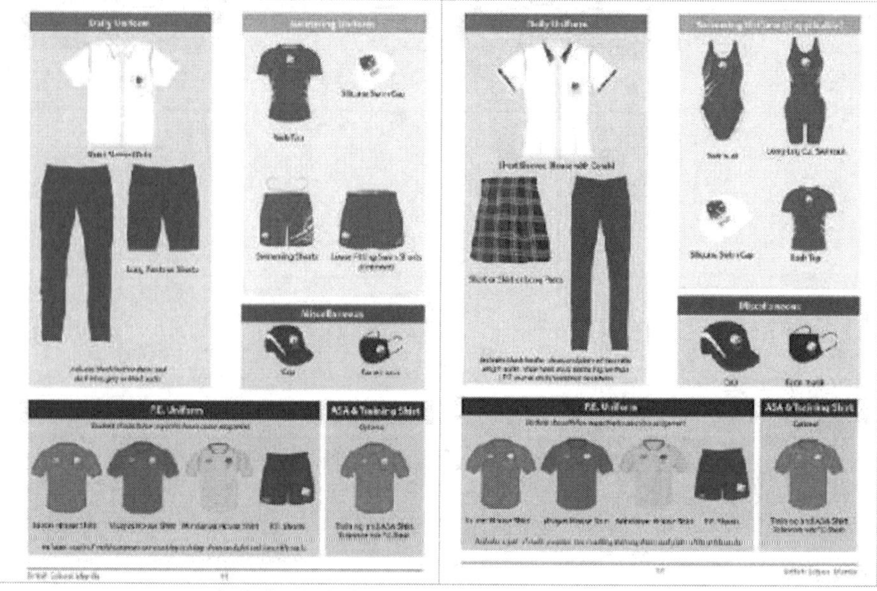

학년별 남학생, 여학생의 유니폼

여자 학생의 경우 머리, 추가로 악세서리, 화장 등에 대한 규율 규정도 있었다.

✔ Hair

- The school actively discourages hair dye/colored highlights.
- Hair should be kept neat and clean. Primary students with long hair should have it tied back at all times, and senior students should have it tied back in all practical lessons.
- Simple hair accessories for girls are allowed in navy blue only. Head scarves are not allowed.

✔ Jewelry

- Students may wear one item of simple and discrete neck jewelry. This must be worn inside the shirt/blouse/dress.
- Students may wear a simple pair of stud or flat earrings in the ear lobes.
- Bracelets and rings are not allowed, except for one school or house baller band.
- Students may wear a watch.
- Other jewelry may only be worn if of religious or cultural significance and following a written request by parents.

✔ Make-Up

- Make-up is not allowed in any primary class. In the senior school, make-up is discouraged but if applied should be minimal and discreet. Nail varnish should be clear.
- Body piercing, art and tattoos are discouraged and, if worn, should not be visible.

학교에서 보내오는 다양한 입학 공지 안내서

입학을 앞두고 학교에서 Parent guide book이라는 명목으로 다양한 공지가 쏟아졌다. 앞서 이야기한 교복 구매가 그랬고, 학교 규정, 생활 가이드, 각종 부모/학생을 위한 학교 시스템 이용 방법, 학교 이메일 만들기(부모, 자녀), ID카드 만들기(학생, 부모, 헬퍼, 운전기사) 등이 며칠 새에 속속 도착했고, 이를 하나하나 자세히 읽으며 보내는 시간도 만만찮았다. 학교 전체 공지와 동시에 각 학년 선생님들로부터 웰컴 메시지와 함께 전달되는 공지 이메일도 소화해내며 아이들 등교 준비물, 학교 수업 시간표, 낯선 학교 용어들을 이해하기 위해 애써야 했고, 뿐만 아니라 아이가 두명이라 각 아이별로 배정되는 낯선 선생님들 이름까지 매칭해야 되다 보니 정신없기는 매한가지였다. 게다가 이 무렵에는 임시숙소에 머물면서 정착할 집도 알아봐야 하고, 낯선 마닐라 생활에도 익숙해져야 하다 보니 이중 삼중으로 정신없었던 시기가 아니었나 싶다. 학교에 선배님 그룹이라도 미리 알면 도움요청이라도 할 수 있었겠지만, BSM의 특징이라면 특징이랄까? 한국인 가족이 동 학년에 많아야 한 두 가족이 전부였고, 이 마저도 서로 한국인임을 별로 알리고 싶어하지 않는 눈치라서, 우리 가족의 경우 알아서 학교에 정착한 후가 되어서야 학교내에 한국인 그룹이 있다는 것을 뒤늦게 알 수 있게 되었다. 우리가 적극적이지 않아서 그랬는지 모르겠지만 BSM은 한국인 커뮤니티가 크게 활성화되어 있지 않은 느낌이었다. ISM의 경우 학년마다 한국인 반톡이 있다고 듣기도 했지만, BSM은 한국인 숫자가 많지 않아서인지 학교 전체 학년을 대상으로 하는 커뮤니티만 있었을 뿐이었다.

학교 급식 제공 방법

학교에서 보내온 폭탄 같은 안내 내용과 학비납부, 학교 행정절차 과정 등을 거치고 나면 무엇보다 중요한 과정을 준비해야 하는데, 바로 아이들의 먹거리인 간식과 점심을 어떻게 준비하느냐에 대한 고민을 하게 된다. 우리 아이들은 한식파라서 스위스 국제학교 재학시절에도 매일 아빠표 도시락을 직접 준비해서 가져갔었는데, 필리핀에 막 도착한 우리 가족의 경우 당시 임시숙소에 머물면서 스위스에서 보내올 이삿짐을 기다리고 있던 터라 마땅한 주방용품 등이 구비되어 있지 않기도 했고, 무엇보다 한창 정착하느라 이것저것 정신없는 기간이기도 해서 집을 구하고 이삿짐을 받기 전까지의 처음 두 달 간은 학교 급식을 신청했다.

학교급식은 크게 두가지로 나뉘어져 있는데, 카페테리아에 가서 본인이 원하는 식사를 돈을 내고 사 먹는 방법과, 학교와 연계된 급식 서비스 회사로부터 급식(Lunch box)을 제공받는 방법이 있었다. 이 마저도 Y6 이상인 학생들은 학교ID카드에 부모가 비용을 충전(Top up)해줘서 ID카드로 점심이며, 간식이며 자유롭게 학생이 원하는 음식을 자유롭게 구매해서 먹을 수 있었지만, 당시에 우리 아이들은 Y5, Y2였던터라 학생 스스로 이용할 수 있는 카페테리아 이용은 불가능하게 되었고, 학교 급식 시스템을 이용하여 간식과 점심식사를 제공받는 것으로 결정했다.

Meal Manage라고 불리는 학교와 연계된 급식 서비스 업체는, 한달분의 식단을 미리 공개해서 부모가 자유롭게 그날그날 2-3가지 식단을 아이 입맛과 건강에 맞게 선택할 수 있으며, 이는 서비스 업체가 제공하는 온라인 사이트에서 주문을 할 수 있었다. 당연히 매일 아침 간식을 준비해야 하는 번거로움과 식단을 고민해야 하는 일에서 해방돼서 편리한 아침 생활을 맞이할 수 있으나, 단 한가지의 단점은 바로 비용이다. 점심식단 중에 하나를 고르고, 간식으로 과일과 우유, 그리고 음료수 등을 추가로 하면 한달에 20

여일 기준, 아이 한 명당 급식비용으로 7,350페소 (약 15~20여만원, 2022년 기준)을 지출해야 하고, 우리집 같은 경우 아이가 두명이다 보니 16,000페소(약 30~40여만원)을 매달 급식비용으로 지출하는 일을 고민해야 했다. 아직 필리핀 마닐라에 이사오지 않은 가정이라면 합리적인 비용으로 보일 수 있겠지만, 한달 스테이인(Stay-in, 상주 가사도우미) 헬퍼가 아침 6시부터, 밤 9시까지 근무하며 받는 월급이 10,000~15,000페소인 것을 감안하면, 한끼 점심식사와, 간식으로 두아이에게 지출해야 하는 비용이 상당히 부담스러운 금액이라는 것을 알 수 있다. 오죽하면 이 비용이면 차라리 집안에 요리사를 채용하는 게 어떻냐고 생각할 정도였으니 말이다.

INSTITUTE OF CULINARY MANAGEMENT - BRITISH SCHOOL MANILA
LUNCH ORDER DETAILS FOR MAY 2022

STUDENT NAME: [illegible] ORDER BY: PARENT
ORDER DATE: [illegible] ORDER AMOUNT: [illegible]

MONDAY	TUESDAY	WEDNESDAY	THURSDAY	FRIDAY
2 21 - HONEST KIDS GRAPES 50.00 25 - COWHEAD LOW FAT MILK [illegible] M1 MEATBALLS WITH GRAVY, MASHED POTATOES & VEGETABLES 210.00 W2 - WHOLE BANANA 30.00	3 M2 - PORK ADOBO, RICE & VEGETABLES 210.00 W2 - WHOLE BANANA 30.00 22 - HONEST KIDS FRUIT PUNCH 50.00 25 - COWHEAD LOW FAT MILK 66.00	4 25 - COWHEAD LOW FAT MILK 66.00 M2 - BEEF WITH BROCCOLI RICE [illegible] W2 - WHOLE BANANA [illegible] 23 - HONEST KIDS LEMONADE 50.00	5 25 - COWHEAD LOW FAT MILK 66.00 W2 - WHOLE BANANA [illegible] 21 - HONEST KIDS GRAPES 60.00 M1 - ROASTED CHICKEN WITH GRAVY, HASSELBACK POTATOES & VEGETABLES 210.00	6 W2 - WHOLE BANANA 35.00 22 - HONEST KIDS FRUIT PUNCH [illegible] 25 - COWHEAD LOW FAT MILK [illegible] M2 - PAN SEARED CHICKEN WITH MUSHROOMS, MASHED POTATOES & VEGETABLES 210.00
9 **NO ORDER**	10 W2 - WHOLE BANANA 35.00 25 - COWHEAD LOW FAT MILK 50.00 21 - HONEST KIDS GRAPES 50.00 M2 - BEEF TERIYAKI RICE & VEGETABLES 210.00	11 22 - HONEST KIDS FRUIT PUNCH 50.00 W2 - WHOLE BANANA 35.00 M1 - [illegible] MUSHROOM GRAVY, MASHED POTATOES & VEGETABLES [illegible] 25 - COWHEAD LOW FAT MILK [illegible]	12 W2 - WHOLE BANANA 35.00 25 - COWHEAD LOW FAT MILK 50.00 M2 - BEEF IN LEMON [illegible] SAUCE, RICE & VEGETABLES 210.00 23 - HONEST KIDS LEMONADE [illegible]	13 W2 - WHOLE BANANA 35.00 M2 - CHICKEN WITH 40 CLOVES OF GARLIC, RICE & VEGETABLES 210.00 21 - HONEST KIDS GRAPES 50.00 25 - COWHEAD LOW FAT MILK [illegible]
16 25 - COWHEAD LOW FAT MILK [illegible] M1 SWEDISH MEATBALLS, MASHED POTATOES & VEGETABLES 210.00 W2 - WHOLE BANANA [illegible] 22 - HONEST KIDS FRUIT PUNCH 50.00	17 W2 - WHOLE BANANA 35.00 25 COWHEAD LOW FAT MILK 66.00 23 - HONEST KIDS LEMONADE [illegible] M2 - BEEF WITH SOY LEMON SAUCE, RICE & VEGETABLES 210.00	18 21 - HONEST KIDS GRAPES 50.00 W2 WHOLE BANANA 35.00 25 - COWHEAD LOW FAT MILK [illegible] M3 [illegible] CHICKEN, RICE & VEGETABLES 210.00	19 25 - COWHEAD LOW FAT MILK [illegible] W2 WHOLE BANANA 35.00 22 - HONEST KIDS FRUIT PUNCH [illegible] M2 - PORK KATSU, RICE & VEGETABLES 210.00	20 M1 - [illegible], MASHED POTATOES & VEGETABLES [illegible] W2 - WHOLE BANANA 35.00 25 - COWHEAD LOW FAT MILK [illegible] 23 - HONEST KIDS LEMONADE 50.00
23 21 - HONEST KIDS GRAPES [illegible] 25 COWHEAD LOW FAT MILK 56.00 W2 - WHOLE BANANA [illegible] M2 - BEEF WITH [illegible], RICE & VEGETABLES 210.00	24 22 - HONEST KIDS FRUIT PUNCH [illegible] 25 - COWHEAD LOW FAT MILK [illegible] M1 - BAKED PORK CHOPS WITH ORANGE [illegible] SAUCE, RICE & VEGETABLES 210.00 W2 - WHOLE BANANA [illegible]	25 23 - HONEST KIDS LEMONADE [illegible] 25 - COWHEAD LOW FAT MILK [illegible] W2 - WHOLE BANANA 30.00 M1 - CHICKEN [illegible], MASHED POTATOES & VEGETABLES [illegible]	26 21 - HONEST KIDS GRAPES [illegible] 25 COWHEAD LOW FAT MILK 66.00 W2 - WHOLE BANANA [illegible] M1 - GRILLED ORANGE CHICKEN, HASSELBACK POTATOES & VEGETABLES 210.00	27 W2 - WHOLE BANANA [illegible] M2 MONGOLIAN PORK, RICE & VEGETABLES 210.00 22 HONEST KIDS FRUIT PUNCH 50.00 25 - COWHEAD LOW FAT MILK [illegible]
30 W2 - WHOLE BANANA [illegible] 23 HONEST KIDS LEMONADE 50.00 25 - COWHEAD LOW FAT MILK 50.00 M1 - [illegible] MEATBALLS, MASHED POTATOES & VEGETABLES [illegible]	31 M1 - [illegible], MASHED POTATOES & VEGETABLES [illegible] W2 - WHOLE BANANA 30.00 21 - HONEST KIDS GRAPES 50.00 25 COWHEAD LOW FAT MILK 66.00			

BSM 요일별 메뉴 1

학교 등교 시간

필리핀은 더운 나라 답게 상대적으로 덥지 않은 아침시간을 활용하느라 등교시간도 이르다. 학교에 오전 7시 반까지는 도착해야 하고, 만일 한국의 등교 시간표에 익숙해져 있는 가정이라면 한국보다는 좀 더 이른 기상시간과 좀 더 분주한 아침일과를 보내야 하느라 처음에는 적응기간이 좀 필요할 것이라는 생각이 든다. 반면 우리 가족의 경우 스위스 살던 시절에는 학교가 필리핀 등교시간보다는 조금 더 시작시간이 늦었으나 당시에는 스쿨버스를 타고 보다 먼 거리를 이동했어야 했기에 스위스에서나 필리핀에서 모두 기상시간은 비슷하고, 그 결과 이 곳에서의 기상시간과 스케줄이 어른이나 아이들에게는 크게 낯설지는 않았다. 매주 목요일을 제외한 월, 화, 수, 금요일에는 오전 7시 30분까지 학교에 등교하고 있고, 매주 목요일에만 30분 늦게 등원을 해서 8시까지 등교를 하고 있다.

THE SCHOOL DAY

Please check your acceptance letter for the specified starting date.
Students in Year 1 and Year 2 have a soft start from the morning school bell - 7:50 am initially. This will be reduced as the children become more independent. School finishes at 2:20 pm except on Thursday when it is 8:10am until 2:20pm.
For students in Year 3 - Year 13, the bell rings at 7:35am, classes begin at 7:40am until 2:30pm except on Thursday when it is 8:10am until 2:30pm.
After School Activities (ASA's) continue until 3:40pm or 4:40pm for students in Year 1-11.

✔중학교, 초등학교 정규 시간표

아이들이 등교를 하자마자 학교 담임선생님으로부터 시간표를 받을 수 있었다.

Year 7, 막 중학생이 된 큰아이는 학교에서 다양한 과목의 수업에 참여하고 있다. 매일아침 Tutor Time(담임선생님과의 조회시간)을 마치고 나서 정규수업으로는 Math(수학), Science(과학), English(영어), Mandarin (중국어)/French(불어)/Spanish(스페인어), PE(Physical Education 수영, 농구, 배구 등 스포츠), Music(음악; 합창, 연주), Art (미술; 만들기, 그리기), Technology(컴퓨터), Drama(연기), Humanities(사회), Well Being(토론), PSHE(personal, social, health and economic사회경제) 등의 수업을 마치 대학교 수업처럼 각각 다른 교실로 옮겨 다니며, 오전 7시 40분부터 오후 1시 30분까지 각각 다른 선생님들과 함께 수업을 진행한다.

	7:40-7:55	7:55- 8:45	8:45-9:40	9:40-10:05	10:05-10:40	10:40-11:35	11:35 - 12:40	12:40 - 1:25	1:25 -2:30
M	Wellbeing	Maths (Support)	English		DRAMA (Week A) (10:05 - 10:50) Guided reading (Week B)	Guided reading (Week A) (11:00 - 11:35) Feedback time (Week B)	11:35 AG SM	LIBRARY	SWIM
T	Registration	PE 7:55-9:00 (outside)	Maths	KP duty CC	Wellbeing	English		Science	Science
W	Registration	ART 7:55- 8:45	Maths		English	ICT 11:05-11:35		GEC	PE (Inside)
TH	Wellbeing	English	Maths (Support)	AG CC	Guided reading	MUSIC	KP duty NH	MANDARIN	GEC
F	Wellbeing	Maths	English		Wellbeing	Feedback time/Maths Catch up		Finishing off time	Assembly

BSM 초등학교 4학년, Y4 정규 수업 시간표 1

Year 4, 아직 초등학교 학생인 작은아이는 중학생 큰아이에 비해서 아직 학업스케줄이 다양하지는 않지만 마찬가지로 Math(수학), English(영어), Mandarin(중국어)/French(불어)/Spanish(스페인어), PE(Physical Education 수영, 농구, 배구 등 스포츠), Music(음악; 합창, 연주), ICT(컴퓨터), Drama(연기), Well Being(토론), GEC(체험수업) 등 큰아이 못지 않게 하루 일과를 알차게 보내고 있다.

P	Monday A	Tuesday A	Wednesday A	Thursday A	Friday A
Tutor 7:40	Tutor Time Year7 OOO EN3	Tutor Time Year7 OOO EN3	Tutor Time Year7 OOO EN3		Tutor Time Year7 OOO EN3
Period 1 8:05	Mathematics 7Ma3_ITA OOO MA6	Science 7Sc1_TLU OOO SC2	English 7En1_RGV OOO EN3	Tutor Time Year7 OOO EN3	Tutor Time Year7 OOO EN3
Period 2 9:10	Mandarin 7Mn3_YNA OOO WL1	Physical Education 7PE13_Net/Racket_SSH OOO MAHA	Mandarin 7Mn3_YNA OOO WL1	Mandarin 7Mn3_YNA OOO WL1	English 7En1_RGV OOO EN7
Break 10:10					
Period 3 10:35	English 7En1_RGV OOO EN1	Technology 7Te1_CKA OOO Te 2	Art 7Ar1_GUT OOO Moore	Science 7Sc1_TLU OOO SC2	Music 7Mu1_SAR OOO Lennon
Period 4 11:40	Drama 7Dr1_PHA OOO Behn	Mathematics 7Ma3_ITA OOO MA6	Well Being 7WB1_SSH OOO WBR	Humanities 7Hu1_PDO OOO HU4	Physical Education 7PE13_Net/Racket_SSH OOO MAHA
Lunch 12:40					
Period 5 13:30	Humanities 7Hu1_PDO OOO HU4	Humanities 7Hu1_PDO OOO HU4	Science 7Sc1_TLU OOO SC2	Mathematics 7Ma3_ITA OOO MA6	Science 7Sc1_TLU OOO SC2
Week B [WB]					
P	Monday B	Tuesday B	Wednesday B	Thursday B	Friday B
Tutor 7:40	Tutor Time Year7 OOO EN3	Tutor Time Year7 OOO EN3	Tutor Time Year7 OOO EN3		Tutor Time Year7 OOO EN3
Period 1 8:05	English 7En1_RGV OOO	PSHE 7Pp1_EWA OOO	Mandarin 7Mn3_YNA OOO	Tutor Time Year7 OOO	Mandarin 7Mn3_YNA OOO

BSM 중학교 1학년, Y7 정규 수업 시간표 1

BSM이 소문과는 다르게 주변의 다른 국제학교에 비해 학업스트레스를 심하게 준다 거나, 숙제가 많은 편도 아닌 것 같다고 생각하는 것이, 두 아이 모두 초등학교 시절일때는 학교에서 가져온 책을 읽는 정도가 숙제의 전부였을 정도로 '이렇게 해도 되나' 싶은 걱정과 우려가 많았는데, 중학생이 된 큰아이의 학업스케줄을 보니 학교에서 숙제도 점점 많이 내주고, 그룹이 함께 해야 할 과제도 점점 많아지는 걸 보고나서, 적어도 중학생이 되어야 본격적으로 공부에 대한 준비를 시작하는구나를 알게 되었다.

✔중학교, 초등학교 방과 후 수업 (ASA, After School Activities)

국제학교의 장점 중의 하나는 바로 방과 후 활동에서 이뤄지는 다양한 방과 후 커리큘럼이 아닐까 싶다. 보통 정규 수업이 끝나는 오후 1시반부터 한시간 단위로 1교시 또는 2교시 정도 추가로 요일별로 방과 후 수업을 신청하고 있고, 과목에 따라 무료수업도 있고, 외구 교육기관에서 학교와 계약을 맺고 진행하는 유료 수업도 있다. 크게 나눠보면 스포츠활동, 예능활동, 체험활동, 공부활동 등으로 분류되고 아래 표를 참고하면 쉽게 커리큘럼에 대해 이해하기 용이하다.

	스포츠	문화, 예술	체험, 놀이	공부
종류	수영 (초/중/고급) 농구 축구 배구 럭비 배드민턴 Gymnastic 태권도 유도 클라이밍	드로잉 만들기 발레 힙합댄스 재즈댄스 줌바댄스 노래 드라마 오케스트라 Rock밴드	코딩 게임개발 사진 3d 모델링 미디어 레고 보드게임 체스 등	토론 발표 올림피아드수학 독서 국제단체 등

	티볼 테니스 등	바이올린 피아노 등		

뿐만 아니라 과목별로 학교별/지역별/국제대회별 대항전에 참가하여 성과를 도전하는 목표도 갖고 있는 활동 들도 있고, 국제단체 등에 활동하며 성과를 도전하는 활동들, 그리고 매스 올림피아드처럼 학업과 관련한 성과를 도전하는 활동 등까지 이어지면서 아이들의 꿈과 희망에 대한 목표를 확대해 나가는 과정까지 연계되어 있다.

단순히 몸으로 노는 활동으로 보기에는 선생님과 학생 그리고 부모님들에 대한 열정이 대한하고, 나아가 별도로 가정에서 특별과외까지 연계하면서 목표를 더욱 뚜렷이 만들어 가는 모습을 보면서 매우 진지하게 접근하는 가족들도 심심치 않게 만날 수 있는 곳이 바로 국제학교이다.

이곳 마닐라 BGC 생활에서 한가지 아쉬운 부분은 이사 오면서 아이들이 활용할 수 있는 자전거며, 킥보드며, 줄넘기며 등등 신체활동을 할 수 있는 도구들을 많이 가져오게 되었는데, 아무래도 더운 날씨를 비롯하여 안전의 이유 때문에 집밖으로 나가는 일이 많지 않게 되다 보니 자연스레 스포츠 활동 도구들을 자주 활용하지 못하는 부분은 아쉬움으로 자리하고 있다. 콘도의 공용공간에 스포츠센터며, 간단한 스포츠 활동을 할 수 있는 공간이 있기는 해도 믹싱 국제힉교 힉교 생활이 빠듯하다 보니 예전치럼 미냥 노는 시간을 풍부하게 만들어 줄 수도 없을 뿐만 아니라, 노느라 공부와는 다소 거리가 멀었던 여유로웠던 스위스에서 보다 공부환경이 더 부담스럽게 갖춰져 있는 동남아시아 국제학교에 다니다 보니 아무래도 스포츠 활동은 학교 방과 후 수업으로 한정을 짓고, 오히려 공부활동을 어떻게 하면 더 체계적이고 규칙적으로 시킬 수 있을까에 좀 더 초점이 맞춰져 있는 삶을 살고 있게 되는 것 같다.

✔아쉽게도 BSM에는 영어 초보자를 위한 ESL 프로그램은 없다

BSM은 입학시험 단계를 두어서 최소한 일정 수준의 영어를 사용할 수 있는 학생을 대상으로 입학을 받고 있어서, 일부 다른 국제학교에서 교내 수업 중의 하나로 제공하고 있는 영어가 낯선 학생들을 위한ESL(English as a Second Language) 프로그램이 존재하지 않다. 하지만 BSM역시 영어가 모국어가 아닌 학생들이 상당 수 차지하고 있기 때문에 정규수업 과정으로 영어과목이 있어서, 아이들에게 끊임없이 영어에 대한 중요성을 강조하고 있는 활동을 지켜볼 수 있다.

기억을 뒤돌아, 아이들이 BSM을 입학하게 되면서 받았던 테스트를 언급하자면 당시에 BSM측에서 우리 아이들이 온라인으로 테스트를 할 수 있는 인터넷사이트를 전달해주어서 이전학교의 선생님 관리 감독하에 영어, 수학, 과학 등 몇몇 과목에 대한 레벨테스트를 진행했다고 들었다. 테스트 결과에 대한 답변은 부모는 전달받지 못했다.

✔학기(Term)마다 전달되는 학업 리포트

BSM은 여느 국제학교와 마찬가지로 여름학년제를 운영하고 있고, 학년을 4구간으로 나누어서 Term1~Term4까지 4학기를 운영한다. 보통 큰방학을 전후로 해서 여름방학이 지나면서 새 학년을 맞이하는 시즌에 Term1~2가 진행되고, 그리고 겨울방학이 지나면서 Term3~4가 진행되면서 학년을 마무리한다. 매학기가 종료되는 시점에 학교에서는 아이들에 대한 리포트를 부모에게 전달해주는데, 담임평가와 과목별 선생님 평가가 이뤄지고, 아주 잘함, 잘함, 기대에 준함, 노력필요의 네가지 형태의 평가와 함께 특히

중학생이 된 큰아이의 경우 직전학기 대비 향상도와 현학기에 대한 좋았던 부분, 아쉬웠던 부분, 노력해야 할 부분 등의 객관적, 주관적 평가가 더해져 결과가 제공된다.

Y4 초등학생 작은 아이의 스쿨 리포트를 보면 크게 두가지로 담임선생님에 대한 과목별 평가와 기타 과목에 대한 과목별 선생님 평가로 구성되어 있다.

Name:	[illegible] Elly [illegible]	December 2022
Class:	4KP	Class Teacher: Katie Pearson

How your child is developing as a learner

Elly has happily settled into Year 4. Initially, she was a little unsure about making herself heard but now, she is a confident advocate for her ideas. Indeed, she will also comment on mistakes or behaviours she deems unfair. This is a good example of understanding how being an upstander can really make a difference.

Elly has a very close friend in Tiffany. They work well together and love doing so. They collaborated over their Book Week and their Science Fair project. Elly is heavily involved in the school's ASA program, taking part in rugby, hip hop, climbing, tennis, gymnastics, and Maths Olympiad. I would love her to use these platforms to make a larger group of friends. She could also use these to really consider the skills she personally wants to develop as she found choosing a Passion Project very challenging.

Elly always listens well in lessons, focuses on the task at hand and perseveres. She is developing her reflective strengths well. Most importantly, she is kind to her peers and is truly an asset to the class.

Reading

* Elly enjoys reading in a variety of scenarios: independently, with a friend or with the whole class.
* When studying our recent book 'The boy at the back of the class', she read loudly and confidently with expression to the whole class.
* She can choose quotes and lead into them with a sentence, to support her inferences.
* Elly can also choose important events and characters to include in a summary.
* Elly is working at greater depth.

Next Steps

* To improve even more, Elly, explain how your quotes back up your ideas using phrases such as 'this shows that' or 'which tells us'.
* Also you could find words chosen by the author for effect and start explaining why they were picked.

Mrs Pearson

Writing

* Elly loves to think of magical stories with her friends and coordinate their writing and always wants to produce her best.
* One of her favourite pieces of writing was about a talking cat in which she linked her ideas with connectives.
* She writes quickly and neatly in cursive writing so her work is appealing to the reader.
* Elly can also write sentences with accurate punctuation.
* Elly is working at the age-expected standard.

BSM Y4 스쿨리포트 1

반면 Y7 중학생 큰 아이의 경우, 스쿨 리포트를 보면 나름 꼼꼼하고 주의를 일으킬 만하게 리포트가 구성되어 있어, 몇 년 후 다가올 입시와 관련해

Senior School Assessment 1
November 2022

Hyunho Leo Jang 7NBA

Please consult the accompanying report commentary to help you to interpret the grades. We encourage you to study our Approaches to Learning and Organisational Habits rubrics carefully so that you understand the basis for our judgements. You will then be in a strong position to discuss the awards with your child and also with subject teachers at the upcoming SLC.

Subject	SSA 1 November	Approach to Learning	Organisational Habits	Subject Comment
Technology Mr Calit	Meeting Expectations	Meeting Expectations	Meeting Expectations	Leo has made good progress in mastering Google Suite this term. The focus was to efficiently use Calendar and Gmail for organisation. We then looked at Google Sheets and Google Forms in collaboration with Maths for Data Collection. He should apply himself more in class.
Art Ms Utari	Working Towards Expectations	Working Towards Expectations	Meeting Expectations	Leo is making progress in Art and is beginning to use his sketchbook to record his creative process. He has had the opportunity to explore artists' works and to develop his own idea. Leo is strongly encouraged to focus in class to produce good quality work.
Drama Mr Hannon	Working Towards Expectations	Working Towards Expectations	Meeting Expectations	In Year 7 Drama, we have been exploring mind and body in Boal's Theatre of the Oppressed and Image Theatre. Leo enjoys theatre sports and warm up activities. However, he lacks consistent focus and thought. He should offer ideas and support others in creating meaningful performance pieces.
Music Mr Armstrong	Above Expectations	Meeting Expectations	Meeting Expectations	Leo is a confident pupil who has shown great joy in Music. He has a natural ability in music and has strong practical skills. It has been really great to see him develop on the bass this term. I hope that he continues to take part in music ASAs and performance opportunities throughout the year.
English Literature Ms Govender	Above Expectations	Meeting Expectations	Meeting Expectations	Leo is a lively young man who has settled well into our English class. He had some satisfactory information on his concept for the group activity. Leo must edit his writing carefully and develop his ideas more. Greater focus and time management next term will ensure that Leo stays on task.
English Language Ms Govender	Meeting Expectations	Meeting Expectations	Meeting Expectations	In English, an SSA grade is offered for both English Literature and English Language. The Approach to Learning and Organisational Habits grades are the same for both areas. A subject comment covering English Literature and English Language can be found with the English Literature grades above.

Subject	SSA 1 November	Approach to Learning	Organisational Habits	Subject Comment
Humanities Mr Doran	Working Towards Expectations	Working Towards Expectations	Meeting Expectations	Leo is an enthusiastic member of the class. His written work is developing and if he reflects on feedback it will continue to improve. His targets should be to listen carefully, ask for clarification if necessary and in extended writing, adhere to the structure and source more detailed evidence.
French Mr Bellahouel	Meeting Expectations	Meeting Expectations	Meeting Expectations	Leo is a curious and positive student who participates well and always shows a great sense of humour. His assessment demonstrates a good understanding of concepts and contexts. Leo's target is to expand his range of vocabulary and focus on conjugation as some verbs are sometimes missing.
Mandarin Mrs Nakpil	Working Towards Expectations	Meeting Expectations	Meeting Expectations	Leo has made good progress in Mandarin this term; his performance in speaking has been his best. In order to further improve, he must now focus on his writing, practising and revising the different formats and demonstrating his conceptual understanding of these in his writing.
Mathematics Mr Stanley	Above Expectations	Meeting Expectations	Meeting Expectations	Leo has recently been getting more from lessons. He has always been able to listen and contribute but his concentration is now improving when asked to complete individual work. He is beginning to apply his understanding to more complex, applied questions.
PE, Health & Well Being Mr Sherratt	N/A	Meeting Expectations	Exceptional	Leo has made good progress this year. In rugby, he made significant improvements to his ability to catch, pass and run into space during games. Leo would benefit from ensuring he demonstrates the correct technique for tackling during contact elements of rugby.
Science Mr Dragolu-Lucs	Meeting Expectations	Meeting Expectations	Meeting Expectations	Leo shows the most interest when performing a lab practical. He is motivated and helpful in group situations. However, Leo needs to work on avoiding distractions from others. He easily sways to acting up, and this behaviour prevents him from keeping up with taking notes.

Pastoral Comment — Mr Barker

It has been heartening in recent weeks to see Leo making a real effort to be positive. He will always greets me around school and has reacted positively to a challenging start to the year. It is nice to see the variety of sports ASAs he is involved in.

BSM Y7 스쿨리포트 1

서 마음가짐을 서서히 가지게 만들었다.

스위스에서 필리핀으로 이사 오게 되면서 아이들이 새로운 국제학교에 잘 적응할 수 있을 까가 가장 큰 고민거리 중의 하나였는데, 다행히도 아이들의 성격이 무난한 탓인 것인지, 반대로 무딘 것인지는 몰라도 즐겁게 학교 생활을 해주고 있음에 감사를 하고 있다. 학교에 입학하게 되면 학교에서도 아이가 낯설어 하지 않게 친구도 붙여주려는 노력도 진행해주었고, 금세 또래 친구를 만들어서 마음의 위안을 얻기도 했다. 반면, 학교 생활 밖에서도 친구를 만들어 주려고 노력을 하고는 있지만 아이가 밖에 혼자 다녀서는 안될 정도로 경각심을 갖고 있는 필리핀에서 코드가 맞는 어른들과 또래 자녀를 둔 가족을 찾기가 좀처럼 쉬운 일이 아님을 느끼고 있다. 다행히도 아이들이 한국친구, 외국인 친구를 가지리 않고 잘 지내고 있어 주고 있어서, 흔히 해외이주 초반에 남들이 걱정하는 부분을 갖지 않을 수 있어 역시 감사하게 생각하고 있는 부분이다.

ISM 국제학교 학교 생활 이야기

ISM 어때요?

ISM은 1920년 개교하여, 현재 필리핀에서 가장 현대화되어 있는 도시인 BGC(보니파시오 글로벌 시티)에 위치하고 있으며, 약 2만평(70,000㎡) 규모의 캠퍼스에 다양한 시설을 갖추고 있다. 400m 트랙과 3개의 경기장, 스포츠홀, 8개의 테니스 코트, 3개의 실내 체육관, 80,000권 이상의 책과 3개의 도서관, 920석 규모의 공연극장, 다목적 소극장, 영화제작실, 특수 교육센터, 유아 센터 등이 있다.

ISM의 학년 체계는 아래와 같다. *(2021-2022기준)*

✔ **ES(Elementary School, 초등)**: Preschool, Kindergarten, G1부터 G4까지, 약 588명
✔ **MS(Middle School, 중등)**: G5부터 G8까지, 약 550명
✔ **HS(High School, 고등)**: G9부터 G12까지, 약 725명

총 학생은 약 1,863명이며, 아시아계 학생이 60%로 가장 많고, 북미 25%, 유럽 11% 순이다.

교수진(Faculty) 국적은 미국이 42%로 가장 많고, 영국 18%, 캐나다 10%, 필리핀 5%, 호주 5%, 뉴질랜드 4% 등이다. 그 외 중국, 남아프리카공화국, 아일랜드, 인도, 스페인, 크로아티아, 프랑스, 이태리, 싱가포르 국적의 교사진도 1~2%의 비율로 있다.

HS의 경우, SAT평균 점수는 1,340점이며, ACT평균 점수는 31점이다. 165명 참여자 전원이 Full IB Diploma를 받았으며, 40-45점 비율이 44%이다. 진학 대학의 경우, 44%가 미국, 12%가 캐나다, 10%가 영국 순이다. *(2019-2021기준)*

자유분방한 존중

한국 공립학교를 다니다 온 아이에게 국제학교는 신기하고 새로운 점이 많았다. 특히, 자유분방한 교실 분위기에 가장 충격을 받은 듯했는데, 수업시간에 반쯤 드러눕다시피 있는 아이들의 모습, 그리고 무엇보다도 선생님보다 아이들이 훨씬 더 많이 말하는 수업 방식이 인상적이었다고 한다.

예를 들어, 3+5를 선생님이 칠판에 적고 정답이 무엇인지 맞추는 방식이 아니라, 8이 나올 수 있는 모든 덧셈식을 아이들이 앞다투어 말해보고 선생님은 그것을 칠판에 받아 적는 방식이다.

시(Poem)를 배운다고 해보자. 효율적으로 배우는 방법은 다음과 같다. 은유법, 직유법, 활유법 등 시적 기법을 배우고, 저명한 시인이 쓴 시를 읽은 뒤, 어떤 기법을 사용했는지 밑줄을 친다. 문제를 풀면서 다시 한번 정리한다. 한편, ISM에서 시를 배우는 방식은 시간이 좀 오래 걸린다. 시적 기법을 배우고, 원하는 표현 기법을 활용하여 자기만의 시를 짓는다. 여러 개의 시를 엮어서 각자 시집을 만든다. 시에 맞는 배경사진과 폰트를 정하고 시집을 디자인하는데 시간과 정성을 기울인다. 그리고 가장 마음에 드는 시를 한 편 골라 낭송회를 개최한다. 수 십 번을 연습하고, 학교 극장에서 학생과 부모 앞에서 발표를 한다. 30분이면 배울 수 있는 시적 표현기법 몇 가지를 배우는데 몇 달이 걸린다. 그리고 아이들은 시를 사랑하게 되었다.

하루 일과

무더운 동남아 특성 상 학교 등교 시간이 상당히 이르다. 수업은 7:30분에 시작하지만, 아이들은 7시 정도부터 학교에 도착하기 시작한다. 7:25분 전에는 교실로 들어갈 수 없으며, 아이들은 놀이터 한 켠에 가방을 던져 놓고 선생님이 휘슬을 불기 전까지 신나게 논다. 단, 수요일은 8시 30분에 수업을 시작한다. 선생님들이 오전 회의를 하는 날이다.

7:00 AM – 7:15 AM	Children arrive at school and wait in the Elementary Playground
7:25 AM	Whistle blows and children make their way to their classrooms
7:30 AM	Classes begin
8:45 AM – 9:15 AM	Morning Play for Kindergarten
9:15 AM – 9:45 AM	Morning Play for Grades 3 and 4
10:00 AM – 10:30 AM	Morning Play for Grades 1 and 2
11:15 AM – 12:00 PM	Lunch and Play for Grades 3 and 4
12:00 PM – 12:45 PM	Lunch and Play for Kindergarten, Grades 1 and 2
2:15 PM	Classes finish
2:15 PM	After-School Activities begin (Grades 1 to 4)
3:15 PM	Activities end

ISM ES(Elementary School, 초등) 시간표 예시

→ES는 7:30분에 수업을 시작하여, 2:15분에 종료한다.

✔ **킨더(Kindergarten)**는 8시 45분부터 30분 동안 Morning Play 시간이 있는데, 간식을 먹고 자유 놀이를 한다. 그리고 12시부터 20분동안 점심을 먹고, 연이어 25분 동안 자유롭게 놀 수 있는 쉬는 시간이 있다. 수업은 2시 15분에 마치며, 킨더는 에프터스쿨 수업이 없다. 대신 2학기부터는 매주 수요일마다 반별로 지정되어 있는 몇 가지 에프터스쿨을 체험해 본다.

✔ **ES(Elementary School, 1-4학년)**는 두 번의 쉬는 시간과 점심시간이

있고, 아이들은 모두 교실 밖으로 나간다. 보통 놀이터, 도서관, 칸티나 등에서 자유롭게 논다. 각 공간마다 담당 선생님이 상주하며 아이들의 안전을 보살펴주고 있지만, 누구와 어떻게 무슨 놀이를 하는지는 아이들끼리 정한다. 부모가 대신해줄 수 없는 아이만의 사회생활이다. 정규 수업은 2시 15분에 끝나고, 에프터스쿨(After school, 방과 후) 수업은 신청한 사람에 한해 2시 15분부터 3시 15분까지 수강할 수 있다.

✔ **MS(Middle School, 5-8학년)**은 9시 55분부터 15분 동안 쉬는 시간이 있고, 12시 40분부터 35분 동안 점심시간이다. 단, 수요일은 오전 쉬는 시간이 없고 11시부터 점심시간이다. 수업은 요일에 따라 3시 또는 2시45분에 끝난다. 에프터스쿨은 신청한 학생에 한해 3시15분부터 4시 15분까지 수강할 수 있다.

예체능에 진심인 국제학교 아이들

음악, 미술, 체육을 폭넓게 접해볼 수 있는 것이 국제학교의 가장 큰 장점이다. ISM은 뮤지컬, 합창, 악기연주 등 무대에서 공연을 하고, 미술 작품을 전시하고, 스포츠 경기에 출전해 볼 수 있는 기회가 많다. 학교 정규 수업뿐 아니라 운동부(Athletics)에 들어가거나, 또는 애프터스쿨 (After School Activities)을 통해서도 다양한 경험을 해 볼 수 있으니, 적극적으로 참여하는 것을 추천한다.

✔ **ISM 유튜브 채널(@ISManila1920)**에서 ISM 학년별 합창공연, 뮤지컬, 춤, 오케스트라, 학생들이 자체 제작한 동영상(영화, 뉴스) 등 다양한 활동을 볼 수 있다.

✔ ISM 페이스북 채널(@internationalschoolmanilaph)은 업데이트가 활발하고 최근 학교 소식이나 대표적인 활동을 확인할 수 있다.

✔ ISM Athletics는 별도의 웹사이트(https://athletics.ismanila.org)를 통해 주요 소식, 경기 및 연습 일정 등을 공유하고 있다. 배구, 크로스컨트리, 축구, 농구, 럭비, 터치풋볼, 테니스 골프, 배드민턴, 야구, 소프트볼, 체스, 짐나스틱, 수영, 탁구, 태권도, 암벽등반 등 다양한 종목별 운동팀이 있으니 적극 참여하는 것을 추천한다.

ISM은 MS(Middle School, 중학교)부터 음악과 제2외국어를 선택 과목으로 운영하는데, 곧 MS가 될 예정이라면, 악기나 제2외국어를 미리 준비해 보는 것도 고려해 볼 수 있다. 음악 커리큘럼의 경우 MS부터는 합창Chorus/현악기 Strings/관악기Band 중에 하나를 선택하도록 한다. 반드시 악기 수업을 선택해야 하는 것은 아니지만, 학교에서 악기를 할 수 있는 기회가 있으니, 하나쯤 배워보는 것도 좋겠다. 악기는 개인이 구매할 수도 있고, 학교에서 제공하는 유료 대여를 이용할 수도 있다. 제2외국어 커리큘럼의 경우에는 중국어, 불어, 스페인어 중에 하나를 선택하여 공부하도록 한다. 단, EAL 해당 학생의 경우 제2외국어 대신 EAP(English for Academic Purpose)라는 영어 과목을 수강하게 된다.

MS 필수 및 선택 과목

REQUIRED COURSES 필수과목
English Language Arts / Mathematics / Science / Social Studies / Modern Language / Physical Education / Wellness

ELECTIVE COURSES 선택과목		
GRADE 5	GRADE 6	GRADE 7 and GRADE 8
<Year-long> Band / Chorus / Strings		
<Semester-long> Chorus	<Semester-long> Chorus / General Music / IT iDesign	<Semester-long> Art Mud / Art Studio 2D / Art Studio 3D / Blueprint for Succes / Chorus / Dance Revolution / DigiArt / Drama - Comedy Blast / Drama - Acting Buzz / Drama - Technical / Food Technology / Innovation Tech / Journalism / Robotics

→필수과목은 영어, 수학, 과학, 사회, 제2외국어, 체육, 웰빙이다. 음악과 미술은 세부 과목을 구분하여 선택과목으로 운영한다.

애프터스쿨 활용법

ISM은 약 100여가지의 방과 후 활동, 애프터스쿨(AFAC, After School Activity)을 운영하고 있다. 학교 정규 수업이 끝난 후, 신청자에 한해 1시간 동안 애프터스쿨 과목을 수강할 수 있다. 애프터스쿨 수강은 무료이며, 분기별로 1년에 4번 선착순 수강신청이 이루어진다. 보통 과목당 주1~2회 수업으로 구성되어 있으며, 주 5일 매일 애프터스쿨을 수강하고자 한다면, 3과목 정도를 신청할 수 있다. 학교 정규 수업은 원어민 선생님이 담당하지만, 애프터스쿨은 필리핀 선생님이 진행한다.

✔ ISM 애프터스쿨 웹사이트 https://activities.ismanila.org

→100여개가 넘는 애프터스쿨 과목을 확인할 수 있다.

추천하는 활용법을 탐색, 연계, 사교 이렇게 세 가지로 구분해보았다.

먼저 자녀가 흥미와 재능이 있는 분야가 무엇인지 알아보기 위해 이것 저것 가능성을 탐색해 보는 것이다. 예를 들어 다양한 운동 종목 중에서 어떤 종목을 제일 좋아하고 잘 할 것인지 찾고 싶은데, 해 봐야 알 수 있을 것 같다고 하면, 애프터스쿨이 좋은 수단이 될 수 있다.

두번째는 연계이다. 예를 들어, ISM은 중학교부터 제2외국어와 악기 수업이 있으므로, 이를 대비하여 중국어와 바이올린을 배우기로 했다면, 에프터스쿨을 통해 시작해 보는 것도 좋다. 특히 에프터스쿨을 담당하는 필리핀 교사는 대부분 퇴근 후에 개인과외 튜터로 활동하기 때문에, 교사와 아이가 잘 맞는다면 해당 선생님과 협의하여 별도의 개인 수업을 추가로 받을 수도 있다.

세번째는 다양한 친구를 사귀기 위한 사교 목적으로 활용하는 방법이다. 아무래도 관심사가 비슷한 아이들끼리 모여 있기 때문에 비슷한 성향의 친구를 만날 가능성이 높다. 특히, 공연을 목표로 하는 활동의 경우 장기간 같은 친구들과 활동하면서 팀웍을 쌓고, 새로운 친구를 사귀는 좋은 기회가 될 수 있다.

ISM도 시험이 있나요?

시험지를 집에 가져오는 것은 아니지만, ISM에서도 단원 별 학습 내용에 대한 평가를 하고, 학기말에 Report Card(성적표)를 배부한다. 성적표 등급체계는 아래와 같다.

✔**ES**: 4단계, Emerging - Developing - Proficient - Exemplary

✔MS:7단계, Emerging - Developing/Emerging - Developing - Proficient/Developing - Proficient - Exemplary/Proficient - Exemplary

ISM은 학습 성취도와 참여 및 노력 정도를 모두 측정하려고 하며, 무엇을 알고 있고, 아는 것을 어떻게 적용하고, 협업과 자기관리를 하는지 평가한다.

✔**Map Test - 학년별 학업성취도 평가**

3학년부터는 Map Test라는 시험을 통해 수학과 영어 읽기 능력을 확인하고, 얼마나 향상하고 있는지를 점검한다. Map Test는 미국의 대다수 공립학교와 많은 미국계 국제학교에서 공통으로 시행하는 시험이다. 컴퓨터 베이스로 시험을 실시하는데, 문제를 맞추면 자동으로 난이도가 향상되어 본인 학년에 관계없이 현재 수준의 능력을 측정할 수 있도록 고안되어 있으며, 본인의 점수와 함께 퍼센타일도 성적표에 표기된다.

예를 들어 영어 읽기의 경우, 1학년은 170점 정도를 전체 대비 50% 수준, 200점 정도이면 99% 수준이라고 한다면, 5학년은 205점 정도가 50% 수준, 243점 정도를 99% 수준, 12학년은 224점 정도가 50% 수준, 278점이 99% 수준으로 나타나는 식이다.

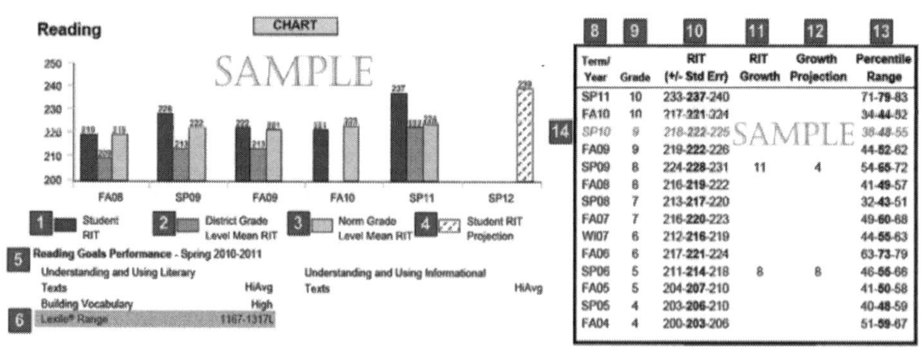

8 Term/Year	9 Grade	10 RIT (+/- Std Err)	11 RIT Growth	12 Growth Projection	13 Percentile Range
SP11	10	233-237-240			71-79-83
FA10	10	217-221-224			34-44-52
SP10	9	218-222-225			38-48-55
FA09	9	219-222-226			44-52-62
SP09	8	224-228-231	11	4	54-65-72
FA08	8	216-219-222			41-49-57
SP08	7	213-217-220			32-43-51
FA07	7	216-220-223			49-60-68
WI07	6	212-216-219			44-55-63
FA06	6	217-221-224			63-73-79
SP06	5	211-214-218	8	8	46-56-66
FA05	5	204-207-210			41-50-58
SP05	4	203-206-210			40-48-59
FA04	4	200-203-206			51-59-67

Map Test 성적표 예시

✔Mathematics Honors - 수학 우등 과정

MS 7학년부터는 Mathematics Honors라는 이름으로 수학 우등 과정을 운영한다. 수학적 재능이 우수한 아이들을 별도로 선발하여 보다 어려운 내용을 배우도록 한다. 7학년 수학 우등과정은 대수 추론, 선형 함수, 기하를 공부하며, 8학년 수학 우등과정에서는 이차함수, 연립이차방정식, 통계와 확률, 분수를 포함한 방정식과 부등식, 피타고라스의 정리와 응용 등을 다룬다.

BRENT 국제학교 학교 생활 이야기

HOUSE COLOR

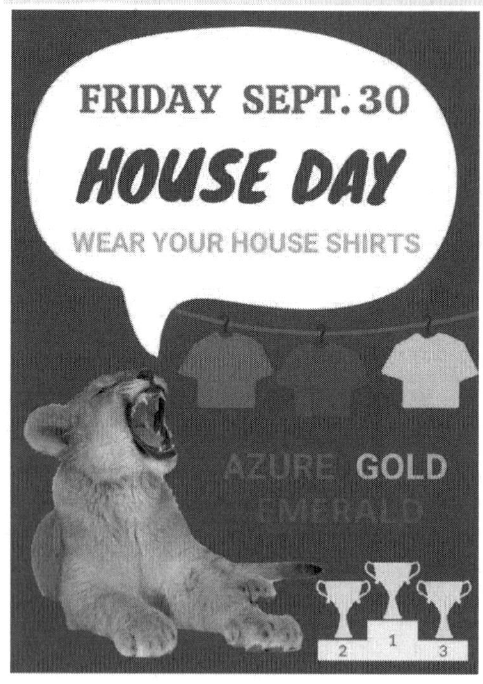

House Day 공지 1

Brent에는 House Color 세 가지가 있다. Emerald, Gold, Azure이다. 거창하게 비유하면, 해리포터의 그리핀도르, 슬린데린, 레번클로, 후플푸프로 나누는 것 같달까? 입학과 동시에 House Color가 정해지고, 일반적으로 형제 자매는 같은 House color를 갖게 된다고 한다.

이 House Color로 ELC에서는 단어 퀴즈를 진행하기도 하고(House Spelling Bee), 달리기 경주를 진행하기도 하고(House Cross Country), 수영대회를 진행하기도(House Swimming) 한다. P.E. 체육복(하의)에 매칭하여 입고 있다. 미리 선생님께서는 관련 행사가 있을 때 알림장 어플*을 통해 House 티셔츠를 입으라고 공지해 주신다. 이런 House 경기들은 아이들의 결과들로 차곡차곡 포인트를 얻게 되고, 학년말에 진행되는 마무리 세레모니(Moving-on Ceremony)때 어떤 팀이 승리했는지 발표하게 된다. 이 House 컬러로 ELC, LS, MS, US까지 다 한마음이 되는 계기가 된다. 아이들은 하나같이 기뻐하고(승리한 House), 하나같이 아쉬워한다.

알림장 어플: SEESAW

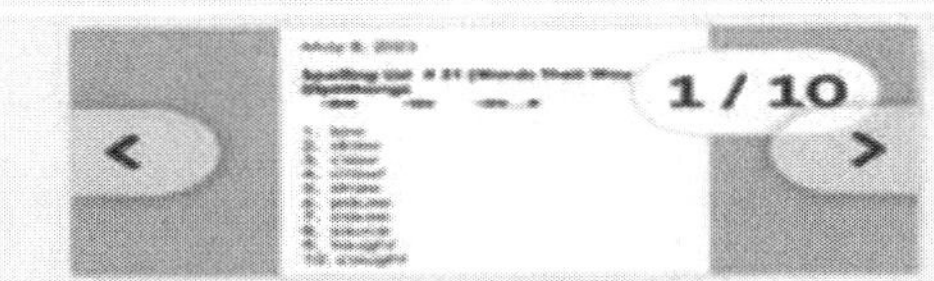

May 8, 2023

REMINDERS:

1. Prepare your swimming things for the House Swimming Event on Wednesday. If you cannot swim for some reason, please email me and Ms. Tina. Thank you.

2. Return ALL checked-out library books tomorrow.

3. Wear your P.E. uniform tomorrow and bring a house shirt and a small towel.

4. Review for the Chapter 12 Test tomorrow.

5. Study Spelling WTW List # 31.Review the past lists, too.

SEE SAW 어플의 공지사항 발췌 1

Brent에서 부모와 선생님의 소통의 창구는 'Seesaw'라는 어플이다. 선생님은 매일 오후 당일에 배웠던 수업에 대해 알려주신다. 학교에서 배웠던 교과목 중 관련한 링크를 보내주시어 가정에서 한번 더 복습할 수 있도록 해 주신다. 또 이 어플은 담임 선생님뿐만 아니라, 다른 교과목 선생님들과도 채팅을 진행할 수 있다. 공식적인 메일사용 외에도 이 어플을 통하여 선생님들과 채팅이 가능하다.

G1 아이의 학교 프로그램

국제학교 과목들은 한국의 과목들과 비교해볼 때 내용과 과정이 많이 다르다. 수학의 경우 초등2학년 수준의 내용을 배우기도 하고, 과학의 경우 초등3학년 수준의 내용이 포함되어 있기도 하다. 아래에 조금 자세한 과목을 설명해 보고자 한다.

✔ **Math**: 덧셈 뺄셈을 기본으로 비교하는 법(fewer, more, greater, less, same), 시계보는 법, 2&3 차원의 도형을 배우고 있다. 쉬운 내용이지만 온전히 한국말로 공부한 아이에게 Vocabulary 위주로 복습을 시키고 있

다.

✔ **Language Art:** 영어를 Language Art라고 표현하며 코스대로 영어를 학습한다. 빌음위주로 단어를 묶어 학습을 시킨다. 또, G1부터는 Writing이 들어가 짧은 일기 등을 쓰기 시작한다.

✔ **ESL(English as a Second Language):** 영어가 되지 않는 친구들이 듣는 수업으로 보다 쉬운 단계의 영어를 배운다. ESL시간에는 주로 쉽고, 반복이 많은 책을 읽으며, 단어를 반복하여 노출시켜주고 있다. 기본적으로 영어가 제1외국어가 아닌 타국에서 입학하게 되면 학교에서 ESL을 추천해주어 수강하게 된다.

✔ **Science/Social Study:** 과학은 Earth, 사회는 Relationship에 대해 배우는데 학년마다 심화되는 내용을 배우고 있다. 선생님은 관련한 영상링크를 학부모 쪽으로 전달하여 아이가 한번 더 복습할 수 있도록 해 주신다. G1 Science에서는 다양한 형태의 Landform들을 배우기도 하고, 7대륙과 5대양, 땅의 활용 등을 배우기도 하였다. G1 Social에서는 Communities라는 이름으로 가족 구성과 이웃사촌, 가정, 학교 사회 속에서의 상호작용 등을 배운다.

✔ **Library:** 매주 한번씩 도서관에 방문하는 시간이 정해져 있다. 이 곳에 들러 책을 빈납하고 새로운 책을 빌린다. ESL 도시관은 아기자기한 놀이방같이 생겨서 아이들이 좋아하는 곳 중 하나이다. 다양한 그림책들이 많고, 편안한 분위기이다.

ELC 빌딩 내부에 있는 도서관 1

✔ P.E.(Physical Education): 체육수업으로 수영, 농구, 달리기 등 다양한 체육활동을 하고 있다. 영어가 어려운 아이는 이 P.E.시간에 사력을 다하는 것처럼 보인다. 첫 P.E.시간이 지나고, 아이가 자랑스럽게 이야기하던 것이 떠오른다. "엄마, 나 맨 마지막에 출발했는데 내가 아이들을 다 역전하고 1등으로 들어왔어! 그래서 여기 손목에 스티커를 받았어!"

그 외 체육시간에는 아이가 땀을 내서 뛰어다니는 신체활동이 많기 때문에 갈아 입을 수 있는 여벌 옷, 작은 수건 등을 같이 보낸다. 또 이 시간에 햇빛에 노출이 많이 되기 때문에 꼭 선크림을 같이 넣어 얼굴과 몸에 바를 수 있도록 지도하고 있다.

ELC, Lower School, Middle School, Upper School이 돌아가면서 수영장을 사용하는 Swimming Unit의 경우, 아이들 케어를 위하여 코치들 세명을 추가로 충원하여 진행이 이루어진다. Swimming Unit이 있는 날에는 아이의 체육복 아래에 수영복을 입고 등원을 시켜야 한다. 수영시간이 있다는 얘기에 예쁜 원피스 수영복 두벌을 한국에서 준비해 왔었는데, 아무래도 화장실 사용이 어렵기 때문에 아이는 원피스 수영복 보다는 아래 위가 구별된 래시가드를 선호했다. 한국처럼 다양하고 예쁜 수영복이 없기에 한국에서 구입하는 걸 추천하지만 아이의 선호를 고려하여 래시가드 또는 원피스수영복 등을 준비하는 것이 좋을 듯하다. 물론 수경도 포함이다!

✔ ART: 물감, 색연필 등의 도구를 사용해 선생님이 제안해주시는 것을 자유롭게 그리는 시간이다. 예를 들어, 선생님께서 "엄마를 그려볼까요? 얼굴을 그려볼까요, 머리를 그려볼까요?" 하면 그에 맞춰 얼굴형, 머리길이 등을 각자의 엄마에 맞게 그리는 식이다. 색칠도구는 다양하며 학교에 구비되어 있기 때문에 별도로 준비할 필요는 없다.

✔ Music: 주로 노래와 율동을 배운다. 가사를 띄워 놓고, 선생님이 먼저 불러 주시고, 아이들이 따라하며 반복하다가 가사 없이 율동과 노래를 부를 수 있게 된다.

✔ Computer: 각자 컴퓨터 또는 PAD를 배정받고 타자를 쳐 보기도 하고, 책을 만들어 보기도 한다. 아이 말에 따르면 여러 그림이 있고, 그 그림을 누르면 단어를 들을 수도 있고, 그 그림을 길게 누르면 자신이 만드는 책에 삽입할 수도 있다고 한다. 컴퓨터수업은 아이의 최애 수업으로 시간 내에 끝내면 게임을 할 수도 있다고 한다. 또 컴퓨터 선생님은 ELC에서 유일한 남자선생님으로 아이들에게 인기가 많으시다. 컴퓨터 선생님을 놀이시간(ELC건물 내에는 Gym과 놀이터가 구비되어 있다)에 만나면 선생님께 매달리기도 하고, 같이 미끄럼틀을 타는 등 아이들과 재미있게 놀아 주신다고 한다.

대부분의 과목은 각각의 교실이 별도로 있어 이동하며 진행이 되고 Math, Science, Social의 경우에만 담임선생님께서 교실에서 진행해

주신다. 수업 시간표는 아래와 같다. 수업은 70분 기본 수업이 진행되며, 각자의 반 안에 화장실이 있어서, 자유롭게 화장실을 다녀올 수 있다. 1교시(Block 1)이후 간식을 먹어, 아이를 위해 과자 또는 과일을 싸주고 있다.

제4화 마닐라 국제학교 학교 밖 이야기 (홈스쿨링, 학원 등)

- ISM
- BRENT
- BSM
- REEDLEY
- BRENT
- ISM

ISM 국제학교 밖 생활 이야기

친구 사귀기

✔ 플레이 데이트

우리 아이는 grade 3로 ISM에 입학하였다. 새로운 나라, 새로운 학교, 새로운 반, 새로운 친구들과 사회 생활을 시작해야 하는 우리 아이는 어른 못지않은 불안감, 걱정을 안고 학교 생활에 적응하기 시작했다. 친구 사귀는데 도움을 주기 위해서 학부모들이 속한 Viber 반 톡에서 아이들 명단을 찾아보고 학부모에게 직접 연락하기도 하고 아이에게 직접 물어보기도 해서 마음이 잘 맞을 만한 친구들을 한 명씩 집으로 초대했다.

우선 우리 아이가 남자 아이라 남자 아이들 위주로 반 아이 명단을 추려 보았다. 그리고 아이의 의사를 물어보고 한 명씩 어머니들에게 연락을 해서 아이의 플레이 데이트 일정을 잡았다. 학년초이기 때문에 대부분의 어머니들이 흔쾌히 플레이 데이트를 긍정적으로 생각하고, 응답해 준다. 주말을 이용해서 친구 아이를 초대해서 놀거리를 마련해 주고 간식을 주면서 살짝 아이들이 노는 것을 관찰해 보기도 한다. 플레이 데이트는 2시간 정도면 너무 짧지도 않고, 길지도 않아서 적당한 것 같다. 간식을 제공할 때 미리 상대방 아이의 음식 알러지 여부를 꼭 물어보아야 한다. 외국 아이들의 경우 의외로 음식 알러지를 가지고 있는 친구들이 종종 있다.

✔ 생일파티

동남아 국제학교의 생일파티는 규모가 남다르다. 저학년일수록 반 전체를 초대하는 경우가 많으니 새로 온 전학생일수록 꼭 참석해서 아이들과 친해질 수 있는 기회를 만들어야 한다. 8월에 새로운 학년이 시작하고 운이 좋으면 9월에 생일파티가 열리는 경우가 있는데 이때 아이들은 서로 많이 친해진다. 또한 어머니들은 참석한 학부모들과 서로 눈인사를 나누며 자연스럽게 안면을 틀 수 있다. 수영장이 있는 주택에 살 경우 대부분 집을 생일파티 장소로 쓰는 경우가 많아서 반 친구의 집에서 즐거운 시간을 보내다 보면 더 가까워질 수 있고, 마음이 맞으면 플레이 데이트에 연달아 초대받기도 한다.

✔ 담임 선생님께 도움 요청

우리 아이는 학년 초반에 친구를 사귀는데 어려움을 겪었다. 내가 아이의 친구를 만들어주려고 그 반의 남자 아이들을 한 명씩 돌아가면서 한 번씩 집에 초대해서 플레이 데이트도 만들어 주었는데도 마음 맞는 친구가 반에 없었다. 이유를 알아보니 그 반은 ISM에 새로 입학한 남자아이들이 몇 명 있었으나 새로 입학 한 남자 아이 한 명은 다른 학교에서 전학을 왔고, 다른 한 명은 필리핀 아이라 이미 반에 알고 있는 친구들이 많았고, 다른 한 명은 친척이 학교에 다니고 있었다. 우리 아이만 아무도 모르는 곳으로 입학한 전학생이었다. 또한 이전 학년에서 같이 올라온 아이들은 몇 년씩 같은 반을 하면서 쭉 같이 자라왔던 아이들이라서 서로 친했다. 우리 아이 말에 의하면 너무 서로 친하다 보니 전학생인 자신이 들어갈 틈이 없다고 한다.

한 학기가 다 끝나고 1월 중순 새로운 학기가 시작된 지 얼마 안 된 어느 날 학교 생활을 잘 하고 있다고 생각했던 아이가 친구가 없어서 너무 외롭다고 잠 들기 전에 나에게 속마음을 털어 놓았다. 그 이야기를 듣고 나는 너무 걱정이 되어서 담임 선생님께 상담을 요청하였다. 담임 선생님께서는 예상을 못 하셨는지 깜짝 놀라셨고 학년 카운슬러와 함께 같이 면담을 했다. 아이가 학교에서 속마음을 내비치지 않았고, 잘 따라왔기 때문에 별다른 문제가 없을 것이라고 단정하셨나 보다. 마음이 잘 맞는 아이 한 명을 같이 팀 프로젝트를 할 때마다 짝 지어 주시기로 하셨고 학년 카운슬러도 반에서 inclusion이라는 주제를 가지고 토의를 하는 등 조금 더 신경을 써 주시기로 하셨다.

아이들도 새로운 곳에 정착할 때 오는 스트레스가 상당하다. 친구를 새로 사귀어야 하는 불안감, 걱정 등이 있는데 부모가 노력해서 친구를 사귈 수 있는 환경을 제공해야 한다. 소규모 플레이 데이트와 생일파티를 적극적으로 이용하고, 아이들의 속마음을 잘 들어주고, 필요하면 담임 선생님께 마음이 맞는 친구와 친해질 수 있게 수업시간에 짝을 만들어 달라고 요구하는 것도 좋다.

아이의 예체능 활동

✔ 음악 과외 - 피아노

국제학교 특성상 음악이 중요한 커리큘럼으로 들어간다. 아이가 특별히 음악에 관심이 있어 보이지 않고 심하게 거부를 해서 피아노를 예의상 주 1회만 시키고 있었다. 그런데 1월달에 받아온 전학기 성적표를 보니 아이의 음악 성적이 developing인 것이다. Developing 은 C에 해당한다. 학교에서 보내주는 리코더 연주를 보니 아이의 박자감을 도저히 들어줄 수 없었다. ISM은 음악에 관해서 진심이고 음악 성적이 대충 점수 매겨지는 것이 아니라 정말 잘하는 아이들에게 점수를 준다는 걸 느꼈다. 앞으로 grade 12까지 쭉 음악 수업이 있을 텐데 그 긴 시간동안 아이가 음악 수업을 싫어하고 즐기지 못한다면 힘들 것 같아서 아이의 피아노 수업 시간을 주 2회로 늘렸다. 그리고 피아노 수업만 대충 가는 것이 아니라 집에서 연습하는 시간도 신경을 썼다. 다른 행사가 있어도 되도록이면 피아노 수업 시간은 지키려고 노력한다. 아직 한국에서 국제학교를 준비한다면 되도록 악기 한 가지는 꾸준히 연습해서 오면 학교 생활이 더 즐거울 것 같다.

✔ 운동 - 축구

필리핀에서는 유소년 축구 클럽이 활성화되어 있다. 우리 아이는 학교에서 가까운 운동장에서 훈련을 하는 축구 클럽에 속해 있다. 일주일에 3-4번 2시간씩 연습하러 가기 때문에 시간 투자를 많이 한다. 또한 YFL (youth football league) 경기가 있는 주말에는 마닐라에서 알라방 축구 경기장까지 가서 경기를 뛴다. 이미 몇 년씩 축구팀에서 훈련을 받은 아이들이 있기 때문에 축구를 처음 시작한 우리 아이는 주전으로 뛰기 힘들었다. 몇 달 동안 꾸준히 시간 투자를 하면서 축구팀에 보냈는데 기량이 발전하지 않은 아이를 보면서 답답하던 차에 다른 학부모와 얘기를 할 기회가 생겼다. 대화를 나누던 중 알게 된 사실은 축구팀에 속한 아이들 대부분이 코치에게 개인 레슨을 받는다는 것이다. 처음에는 잘 이해가 되지 않았는데, 필리핀은 운동도 사교육을 받는다는 사실에 놀랐다. 축구팀에 속해 있어도 꾸준히 개인 기량의 발전을 위해서 개인 레슨을 받는다는 사실은 왜 우리 아이의 발전이 더딘지 설명해 주었다. 우리 아이도 이제는 코치에게 개인 레슨을 한다. 팀에서 충분히 훈련 받을 수 없는 패싱, 드리블, 슛을 일대일로 연습하니 개인적인 기술이 많이 늘었다. 이래서 부모들 간의 정보 교환이 중요하다.

개인 공부

국제학교에서는 책 읽기의 중요성을 강조한다. 학교 도서관을 매주 수업시간에 방문해서 아이들에게 책을 고르게 하고 빌리는 습관을 갖게 한다. 근데 문제는 아이들에게 책 읽는 것 자체를 강요하지 않다 보니 우리 아이 같은 경우는 만화책만 주구장창 빌려왔다. 책 읽는 재미는 자신이 책을 선택해야만 알 수 있다고 해서 나도 이 아이의 선택을 존중해 주었다. Grade 3가 되도록 글 밥 많은 책을 읽어본 적이 없는 아이를 믿어주고 국제학교의 커리큘럼을 믿어보았지만 아이의 언어 이해력은 늘지 않고 급기야 Maptest 리딩 점수는 바닥을 치기 시작했다.

한가지 깨달은 점은 국제학교에서의 초등교육은 자율에 맡기기 때문에 공부를 안 시킨다는 것이다. 영어를 모국어로 하지 않는 아이들의 경우 영어 실력 향상을 위해서는 집에서 부모의 관심과 노력이 필요하다. 나는 아이에게 만화책을 제외한 책을 집에서 30분씩 읽히기 시작했다. 수학 문제도 싱가폴 수학 문제집을 구해서 조금씩 풀리고 있다. 학교만 믿지 말고, 집에서 꾸준히 개인 공부를 해야 할 필요성이 있다.

BRENT 국제학교 밖 생활 이야기

가정학습 활동

✔ Personal Tutor

알파벳만 겨우 익히고 온 아이라 바로 개인 튜터를 알아보았다. 필리핀은 페이스북이 가장 많이 사용하는 메신저 중의 하나이다. 나는 튜터를 찾기 위해 'Tutor's Corner of the Philippines'이라는 이름의 페이스북 커뮤니티에 가입을 하고 튜터 구인 광고를 냈다. 메시지를 보내 준 사람들과 전화통화를 하며 몇 가지 요건으로 사람을 걸렀다.

그 요건은 다음과 같다. 1. 직접 대면하여 수업할 수 있을 것: 메시지를 보낸 사람들 중 반은 온라인으로 영어 교육을 진행하는 사람들이었다. 아이가 어린데다 아직 영어에 익숙하지 않기 때문에 온라인 교육을 진행하기보다는 아이를 붙잡고 공부시켜줄 사람을 찾았다. 2. 발음이 괜찮을 것: 필리핀 사람들의 영어는 대부분 나쁘지 않지만, 특유의 필리핀 발음이 있다. 직접 올 수 있다고 한 사람들과 전화통화를 하며 발음을 주의 깊게 들었다. 3. 마지막으로 최종 물망에 두 명의 지원자를 근처의 스타벅스에서 직접 만나며, 그들의 경력사항과 그들의 스케쥴을 주의 깊게 들었다. 내가 선택한 친구는 두 명 중 어린 친구였는데, 그녀는 코로나 이전에 Brent에 다니는 아이의 과외를 한 경험이 있었고, 집이 근처였기 때문에 오가는 것이 수월하다는 판단이 들었기 때문이었다.

튜터는 알라방에 살지만 이 빌리지에 살지는 않기 때문에 버스정류장(Public Transportation이 ATC의 마카티 슈퍼마켓 뒤편으로 있다)에서 픽업하여 데리고 오고, 내려 주고 하고 있다. 금액은 기본적으로 지역마다 정해진 가격이 있다고 한다. 아얄라알라방의 경우 1시간에 350-400페소가 기본이다. 처음에 그녀는 450페소를 제시하였으나, 400페소로 협의하여 진행하고 있다. 한국에서는 시간당 40,000원이었으니 훨씬 저렴한 금액임에는 틀림없다. 아이는 내성적인 편인데다 영어로 수업하기 때문에 처음엔 어려워하였으나 점차 파닉스를 익히게 되면서 나아지는 모습을 보이고 있다. 또 선생님은 아이의 문제점을 잘 파악하여 나에게 곧잘 피드백을 주기도 한다.

아이는 월요일부터 목요일까지 1시간 수업을 진행하고 있다. 딱딱한 방법으로 아이에게 영어 단어를 주입하기 보다는 아이가 좋아하는 컬러링을 하기도 하고, 컬러링한 것들을 함께 오리기도 하고, 게임도 하며 수업을 진행하고 있다.

튜터와 수업 후 ESL수업 시간에 아이가 받아쓰기 한 몇 가지를 소개하고자 한다. (튜터와는 따로 ESL 수업 때 배운 내용들을 복습하거나 예습하지 않는다. 튜터가 준비한 출력물로 파닉스, 단어, 문법 등을 배우고 있다) walr(where), sadlee(sadly), helmat(helmet) 등등이다. 앞에는 아이가 받아쓰기 한 것이며, 뒤에 괄호가 맞는 철자이다. 물론 아이가 많이 틀렸지만, 나와 남편은 엄청 고무적으로 받아들이고 있다!

방학을 이용하여 튜터와의 공부시간을 늘려 아이의 영어를 조금 더 잡아줄 생각이다.

✔ Academy

알라방근처에는 영어 학원들이 몇 곳이 있다. 실제로 아이의 친구는 과외 대신 1대 1로 진행하는 영어 학원에 다니고 있다. 아이의 엄마에게 물어보았더니, 영어 단어를 암기하는 등의 숙제가 많다고 들었다. 커리큘럼을 들어보니, 우리 아이가 버텨낼 수 없을 것 같아 학원 보내기를 포기하였다. 이제 막 열심히 적응하려는 아이에게 너무 큰 부담을 지우고 싶지도 않았다. 학원 수업의 장점은 아무래도 집과 다른 '학업'분위기에서 진도를 나간다는 것이다. 개인 과외 혹은 학원은 엄마의 성향에 따른 선택으로, 이름있는 학원을 소개하고자 한다. 한국인이 주로 가는 어학원은 두 곳으로 나이스어학원, 야베스어학원 등이 있다. 원장은 한국인이고, 선생님은 필리피노로, 1대1 수업을 받는다고 하는데, 아무래도 원장을 통하여 커뮤니케이션을 하다 보니 전달이 잘 되는지 확인이 어렵고, 학원에서 수업을 하기 때문에 어떻게 진행되는지를 확인하기 어려운 단점이 있다. 아이에 맞게 취사선택해 보는 것이 좋을 듯하다.

✔ 한국 수학: NOISY

개인과외를 월요일부터 목요일까지만 하는 이유는 금요일에 'Noisy'라는 수학수업을 온라인을 통해 듣기 때문이다. 이 수업은 초등학교 1학년부터 진행하는 사고력 수학수업이다. 필리핀에 오기 전 레벨테스트를 진행하여 필리핀에서 온라인으로 수학수업을 듣는다. 사이트 주소는 다음과 같다. (https://noisy.chungdahm.com) 초등학교 1학년이 배우기에는 어려울 것 같지만, 선생님께서 아이들의 참여도를 높일 수 있도록 '별'을 주시기도 하고, 출석체크도 하고(화면에 친구들 얼굴이 보인다), 온라인으로 직접 클릭하며 진행하는 게임과 교구들, 손들기 버튼 등을 이용하기 때문에 아이는 즐겁게 참여하고 있다. 필리핀의 경우 인터넷 사정이 좋지 않아 조금 느리긴 하지만 선생님이 아이의 상황을 고려하여 다른 친구들과 번 갈아가며 기회를 주신다. 특히 나는 '정은영'선생님을 추천한다. 필리핀 현지 인터넷 사정이 좋지 않아 보강을 통해 여러 선생님들을 만났는데, 이 선생님으로 정규 시간을 바꿔버렸다. 선생님께서는 도레미파 솔~음으로 아이들을 재미나게, 집중할 수 있게 도와주신다. 수업을 잠깐 들여다보면, 아래와 같은 문제들을 풀고 있다.
수업시간에 주시는 별은 'Jelly'로 바꿀 수 있는데, 이 것을 이용하여 본인의 아바타를 꾸밀 수 있다. 수업이 계속 진행될 수록아이들의 아바타는 함께 업그레이드되고 있다.

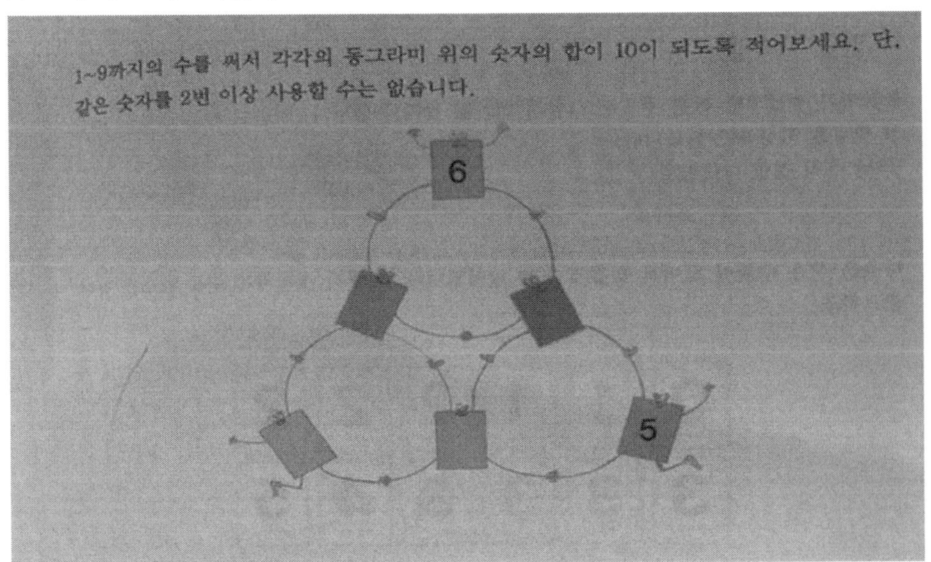

노이지 Workbook 문제 중 하나 1

✔그 외 가정 공부: KIDS A-Z

토요일마다 진행되는 한국학교가 있다고 들었으나, 아이는 영어에 포커스를 둬야 하는 시점이라 한국학교는 생각도 하지 않고 있다. 집에서도 현재는 한글로 된 책들을 보게 하기 보다는 영어책을 읽히고 있다. Brent에서는 'KIDS A-Z'라는 어플로 아이의 책을 읽을 수 있게 권고하고 있고, 덕분에 알게 된 이 어플을 활용하여 가정에서 책을 읽히고 있다. 이 어플은 선생님께 메일 또는 'Seesaw'로 요청을 한 뒤 선생님이 학생의 ID를 생성해 주셔야 가능하다.

접속해 보면 책은 Level별로 다양하다. 처음에는 원어민이 한 번 읽어주는 것을 듣는다. 이 때, 어떤 단어를 읽어주는지 형광색으로 나타내어 준다. 이렇게 다 읽고 나면, 별 10개를 받는다. 책을 듣고 나면, 따라 읽는 단계이다. 녹음 버튼이 있어 아이는 들었던 내용을 확인하여, 녹음버튼을 누른 뒤 책을 소리 내어 읽는다. 읽는 과정까지 끝내면 별 50개를 받는다. 마지막으로는 퀴즈 5문제를 푼다. 퀴즈를 다 풀어 다 맞추게 되면 별 150개를 받게 된다. 처음에는 퀴즈를 힘들어했다. 하지만 원어민이 문제와 답안을 직접 읽어 줌으로써 아이가 한번 더 책 내용을 되짚어 볼 수 있기도 하려니와, 책을 읽어보면 풀 수 있는 쉬운 문제가 대부분이다. 처음에는 나와 같이 책을 읽다가, 이제는 아이가 스스로 책을 읽고 있다. 우리는 매일 하루에 세권을 읽기로 약속을 했었다. 아이가 아파서 컨디션이 아주 안 좋은 날, 나갔다 오게 되어 많이 늦은 날을 제외하고는 책을 꾸준히 읽고 있다. 특히나 이 어플은 엄마의 후진(?!) 발음이 아닌 원어민 발음을 들으며 책을 읽을 수 있기에 정말 추천한다.

별을 많이 모으면, Noisy와 마찬가지로 아바타를 꾸밀 수 있고, 배경을 구입할 수 있다. 하지만 아무래도 외국에서 만들어진 어플이라 K-여자아이의 눈에 차진 않는 것 같다.

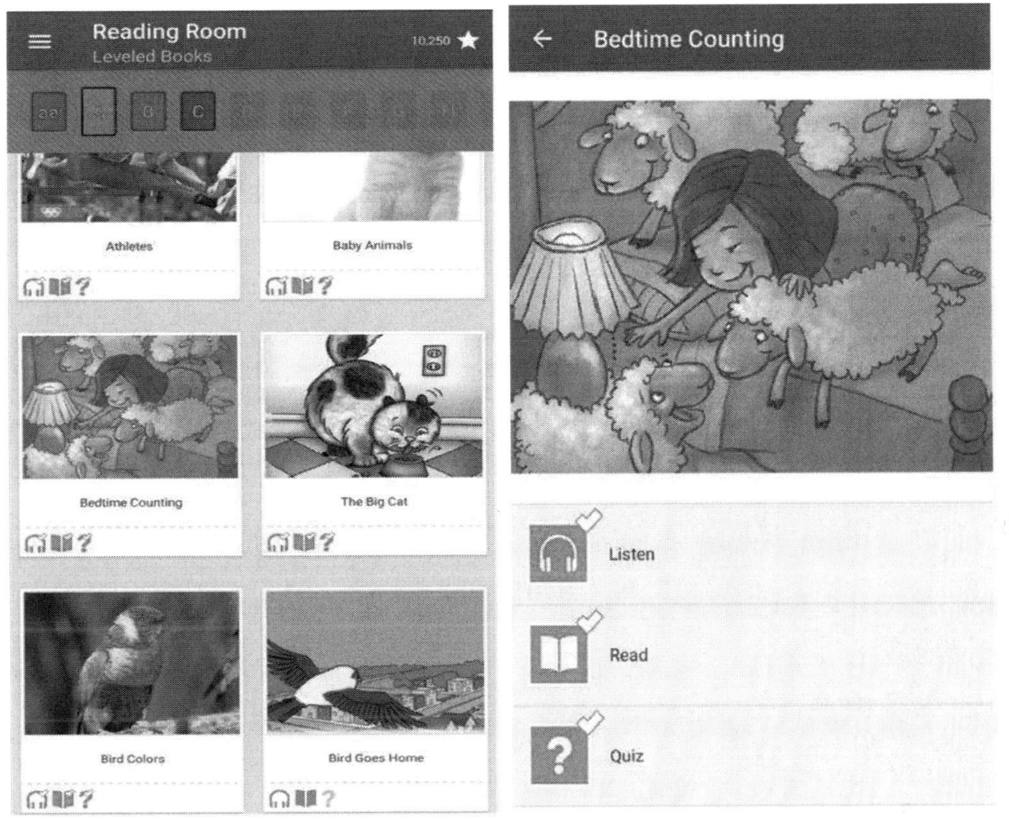

Kids A-Z 화면 캡쳐 1

위와 같이 레벨별로 책이 분류되어 있으며, 책마다 Listen, Read, and Quiz의 구성으로 되어 있다. 세 가지의 활동을 모두 마치고 나면 연두색으로 표시가 되니 읽은 책과 읽지 않은 책을 구분할 수 있다.

✔ 그 외 가정 공부

- IXL | Math, Language Arts, Science, Social Studies, and Spanish: Grade 별, Subject 별 압축된 내용들이 정리되어 있다. 영어가 아직 어려운 아이라면 추천하지는 않는다. 하지만 간단한 게임정도는 즐겨 볼만 하다.
- Browse Games | Education.com: 영어로 된 간단한 게임들이 있으며, Grade 별, Subject 별 게임이 다양하다. 모든 게임을 하고 싶다면 Premium 에 가입하여야 한다.

- Khan Academy: 한국에서도 유명한 어플로 다양한 책을 볼 수 있고 다양한 과목들을 영어로 게임처럼 설명해 주기 때문에 인기가 많다.
- PDF Drive - Search and download PDF files for free.: 위의 사이트에서는 무료로 책을 다운로드 하여 볼 수 있다.

도시락

1학년이기도 하고, 토종 한국인인 아이는 학교 캔틴의 음식들을 그다지 좋아하지 않는다. 그런 아이를 위해 점심도시락과 간식을 싸주고 있다.

도시락에는 늘 포스트잇에 아이를 위한 편지를 남긴다. 위에는 국문으로, 아래는 영문으로 아이를 위해 편지를 써주고 있는데 이런 나의 편지는 점심먹을 때 친구들이 돌려가며 본다고 한다. (아래 영문으로 번역하여 함께 써주어서 인 듯하다) 그래서 아이는 편지 내용도 신경을 쓰는 편이다. 처음에는 고군분투하는 아이가 짠해서 절절한 메시지를 썼다가 급기야 학교에서 눈물을 보였다는 이야기를 듣고, 그 이후는 아주 가볍고 신나고 밝은 내용이 주를 이룬다. 아이는 간식으로 과일, 작은 과자와 함께 꼭 미니 멘토스를 챙긴다. 아이들에게 인기있는 간식이라 맞바꾸자는 요청이 많이 들어온다고 한다. 아이는 으쓱하며 멘토스를 바꿔 주는 소소한 재미를 누리고 있다.

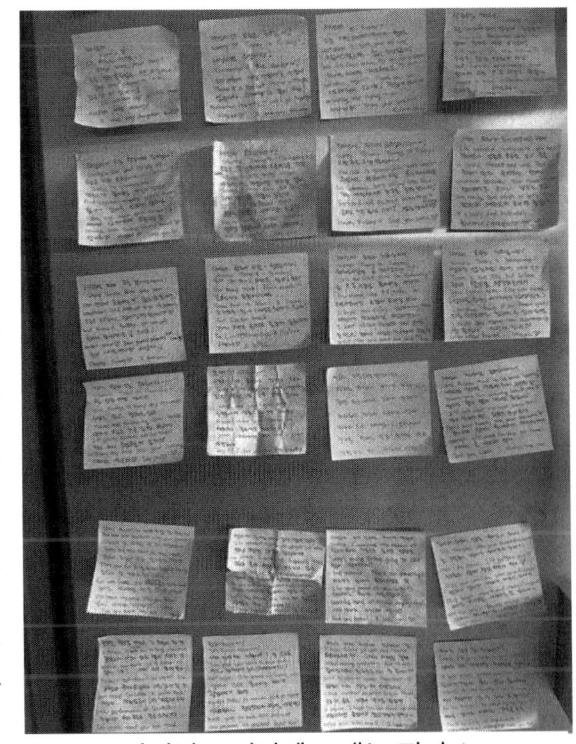

아이의 도시락에 보내는 편지 1

한국에서 별도로 준비하면 좋을 것들

필리핀은 한국보다 기성품들이 월등히 비싼 편이다. 특히 우리 아이의 경우 만드는 것을 엄청 좋아하는 편이라 한국에 오기 전 색종이, 색지, 반짝이 모루, 무늬펀칭기, 반짝이풀, 구슬, 스티커 등의 만들기 재료를 한국에서 다양하게 구입하였다. 또 레고, 클레이(플레이도우), 글라스데코, 레진아트 등

아이의 만들기키트를 챙겨와서 아주 즐겁게 활용하고 있다. 아이의 연령에 맞게 아이가 좋아하는 기성품을 챙겨오는 것을 추천한다. 필리핀에서 구입도 가능하지만, 사게 되면 금액이 월등히 비싸기 때문이다.

BSM 국제학교 밖 생활 이야기

유럽과 동남아시아의 학업 긴장도

두아이가 5년을 머물렀던 스위스 국제학교 시절에는 학교의 학업에 대한 긴장도가 그리 높지 않았다. 물론 지금보다 어린 시절이었으니 학업 난이도가 지금보다 낮기도 했을뿐더러, 한국보다는 동 학년 대비 학업 진도가 다소 늦은 편이라 수학 같은 부분은 부담 없이 대응할 수 있었다. 그렇기 때문에 당시에는 우리 아이들이 한국어가 아닌 새로운 언어를 사용해야 하는 새로운 학교와 새로운 나라에 잘 정착할 수 있도록 영어, 불어에 좀더 시간을 할애하는 것에 초점을 맞추기도 했다. 뿐만 아니라 유럽의 전반적인 특징이라고 볼 수 있는 것이 초등학교까지는 아이들이 학교에서 정서함양과 체험, 그리고 잘 먹고 잘 노는 것에 초점이 맞춰져 있어서 숙제라고 해봐야 고작 집에서 얇고 글밥도 적은 책을(예. 옥스퍼드 리딩북 같은) 한권 읽어 오는 것이 전부였다. 유러피언들은 그러거나 말거나 별로 자녀의 학업에 관심이 없어 보였는데, 아시아인, 인도 계열의 부모들은 이 상황을 늘 탐탁치 않게 생각해서 오죽하면 오히려 부모가 이 상황을 견디지 못해 집에서도 꾸준히 자녀들에게 학교 외 홈 스쿨링을 시키곤 했다. 우리집도 마찬가지였기 때문에 영어교육뿐만 아니라 아이들이 학교에서 돌아오면 한국에서 가져온 수학, 국어 문제집을 푼다 거나, 한글 받아쓰기, 한국어/영어로 된 책 읽기, 일주일에 한번 한글학교에 가기 등을 통해 언제 다시 한국으로 돌아갈 지 모르는 상황을 대비해서 막연한 불안함을 해소시키곤 했다.

필리핀으로 이사 오고 나서 느낀 학업 긴장도

필리핀 마닐라의 국제학교 전학이 결정되고 학교를 다닌 지 한달정도 지났을까? 학교에서 정기적인 테스트가 있었고, 결과를 바탕으로 선생님을 통해 상담을 들어보니 아이들의 수준이 반에서 보통정도 수준이라는 것을 알게 되었다. 스위스 시절에는 두 아이 모두 학교에서 또래에 비해 학업 진도가 선행이 되어 있고, 똘똘하다는 이야기를 많이 들었었는데 여기서는 그렇지 않은 것이었다. 물론 스위스 국제학교 CDL에서는 Grade라는 학년 단위를 사용하고, 필리핀 국제학교 BSM은 Year라는 학년 단위를 사용했기 때문에 갑자기 한 학년이 올라가 버려서 진도가 올라간 상황도 있었겠지만, 무엇보다 같은 반 친구들이 공부를 대하는 태도가 더욱 진지해 보였고, 반대표 엄마가 나에게 여러가지 학교 외 클래스, 학원 등에 대한 정보를 알려주는 것을 보아, 학교 외 수업도 다양하고 활기찰 뿐만 아니라, 이미 학부모 들이 이런 사교육 환경에 대해 관심과 참여도 많다는 것을 알게 되었고, 실제로 아이들을 통해 건네 들으면 누구 누구는 영어과외도 하고 수학학원, 수영수업, 체스수업, 피아노레슨, 심지어는 집으로 방문교사를 불러서 학교 외 수업을 바쁘게 시키고 있음을 알게 되었다. 필리핀 가족을 비롯하여 아시아, 인도 계열의 가족뿐만 아니라 이곳에 이사 온 그 외의 외국인 가족들 마저도 본인 자녀들을 위해 주중이며, 주말이며 스케줄을 바쁘게 소화해 내고 있는 것을 알게 된 후로, 확실히 동남아시아 초등, 중학교 학업 스케줄과 긴장감이 유럽에 있을 때와는 다르다는 것을 이사 오고 얼마 지나지 않아 쉽게 알 수 있게 되었고, 우리도 긴장감을 늦추고 있다 가는 우리 아이가 반에서 수업을 못 따라가는 아이가 될 까봐 슬슬 걱정과 우려가 앞서기 시작했다.

영어가 편해진 아이들, 하지만 실력은 아직 글쎄

스위스에서 5년을 국제학교를 다녔기 때문에 아이들의 영어실력은 학교에서 편하게 학교생활 할 수 있는 정도로 일정수준의 말하고, 듣는 레벨은 갖추게 되었다. 하지만 5년이 지나도록 공통적으로 학교에서 듣는 리포트 결과물에는 아이들이 영어실력은 편안하게 말하고 듣는 수준은 되었으나, 단어와 어휘력의 부족, 쓰기 실력 부족 등은 늘 한결같이 더욱 노력해야 되는 상황이라고 말하고 있었고, 늘 이 부분이 아이들이 지속적으로 해결해 나가야 하는 과제로 자리 잡았다. 하지만 스위스 제네바에서는 영어의 활용도가 프랑스어, 스페인어, 독일어들의 다음 순위로 여겨지다 보니 영어를 잘해야 하는 것에 부담과 긴장감이 높지 않았고, 학교 친구들도 자신들의 모국어 외에 프랑스어, 스페인어, 독일어 등에 더욱 익숙하다 보니 몇몇 친구들을 제외하고는 영어를 제 2외국어, 제 3외국어 정도로 받아들이며 상대적으로 부담을 덜 느끼는 친구들이 더 많았다. 하지만 필리핀은 상황이 달랐다. 동남아시아에서 영어를 모국어만큼이나 자연스럽게 받아들이고 사용하는 나라 중의 하나로써, 영어를 잘 하는 것이 모든 학업의 기초가 될 정도로 기대 이상의 영어 실력이 뒷받침되어야 한다는 것도 정착해 나가는 과정인 우리 주변 일상에서도 쉽게 알 수 있게 되었고 그리고 아이들이 학교를 다니면서도 이내 어렵지 않게 알 수 있게 되었다. 게다가 그나마 영어를 한국인 친구들보다도 조금 더 잘 할 것이라는 생각이 우리 아이들에게 유일한 장점이라고 여겨졌는데 알고 보면 한국인 친구들이 강력한 사교육을 바탕으로 영어 마저도 우리 아이들보다 훨씬 잘 할 것이라는 확신 때문에, 반대로 영어 마저도 일정 수준 이상으로 수준을 올려 놓지 않으면 언젠가 우리 아이들이 한국에 돌아가게 되었을 때 고생길이 훤히 보일 것 같아서 사실 해외생활의 부담감은 시간이 지나면서 더 적어진다기 보다는 오히

려 점점 더 훨씬 커져버리게 되었다.

마닐라에서 선택한 학교 외 수업들

(1) 방문 영어과외 수업

그런 이유로, 마닐라에 이사 오고 나서 가장 먼저 영어 과외 선생님부터 찾았다. 한국인이 운영한다는 학원이나 과외 선생님도 살펴보았고, 현지인이 운영한다는 학원도 찾아보았는데, 한국인이 운영하는 학원은 대부분 한국인이 관리를 하고 필리피노나 원어민을 채용해서 운영하는 방식이라 상대적으로 비용이 비싸면서 결국 만나는 선생님 그룹이 비슷할 테니 비슷할 것이라고 생각했고, 페이스북 등에서 대학교정도 졸업한 사람을 찾아보자니 당연히 비용은 상대적으로 저렴하겠지만 아무래도 필글리시(필리핀 사람들이 사용하는 영어 발음)가 많을 것 같았으나, 몇번의 인터뷰 끝에 결국 필리피노이지만 해외거주 경험이 많아 발음이 원어민 같은 선생님을 찾을 수 있었고, 게다가 집까지 찾아와서 수업을 해주는 방문수업까지지도 세팅할 수 있었다. 주로 단어와 어휘력 향상, 에세이 등에 초점을 맞추며 주 5일, 2시간씩 수업을 하고 있는 중이다. 더불어 나 역시도 일주일에 두 번 같은 선생님께 영어수업을 듣고 있기도 하다. 스위스에서는 너도 못하고, 나도 못하는 영어였는데, 이곳 필리핀에서는 영어를 못하면 여러 부분에서 생활하는데 불편함이 발생할 확률이 상대적으로 더 크기 때문이다.

(2) 방문 수영 레슨

필리핀은 무더운 나라 답게 수영은 누구나 즐길 수 있고, 배워 두면 유용한 스포츠 중에 하나이다. 마닐라 BGC콘도들과 주변도시 들의 주택에서는 수영장이 대부분 갖춰져 있어서 우리 아이들이 수영을 즐기기에도, 수영을 배우기에도 좋은 환경을 갖추고 있다. 게다가 국제학교에서도 수영장을 갖추고 있어서 많은 아이들이 방과 후 수업으로 수영 수업을 등록하기도 하는데, 수영을 배우거나 즐기는 것에 그치지 않고 학교 대항전 등의 경기 대회들에서 수상을 목표로 수영을 개인과외까지 해가며 진심으로 대하는 학생들도 만만찮게 살펴볼 수 있다. 모든 스포츠가 그렇듯 자세가 매우 중요하므로 우리 아이들이 기본적으로 생존수영을 할 수는 있었으나, 그럼에도 초반에 개인코치를 붙여서 영법이라던가 자세교정을 하는데 집중을 했고, 덕분에 학교 수영대회에 반대표 중의 한명으로 출전을 할 수 있었으나 중간정도 등수를 한 것을 보니 수상을 목표로 한다면 꾸준한 노력과 강습, 그리고 체력이 뒷받침되어야 진심으로 수영을 대하는 친구들과 경쟁을 할 수 있다는 것을 깨닫게 되었다. 우리 아이들은 수상을 목표로 한다기 보다는 자세가 흐트러질 무렵 코치를 불러 다가 레슨 하는 정도로 계획하고 있고, 오히려 나중에 기회가 되면 스쿠버 다이빙을 배워서 스킨스쿠버 초급, 중급 자격증정도를 취득하는 것을 목표로 세우는 것이 어떨까 라는 생각을 하고 있어서, 수영은 전문적, 주기적으로는 레슨을 받고 있지 않다.

(3) 수학 학원, 수학 교재

앞서 언급한 부분이 있었지만 대부분 한국에서 해외 학교로 입학/전학 온지 얼마 안된 학생들이 만국 공통어를 바탕으로 하는 더하기, 빼기, 곱하기, 나누기를 바탕으로 하는 수학 영역에 있어서 또래대비 연산을 빠르게 풀어내고 잘한다는 평가를 많이 받는다. 하지만 이면을 들여다보면 종합사고력을 바탕으로 하는 수학 전반적인 영역에서 잘한다고 하는 경우가 흔치 않고, 이 마저도 영어로 출제된 문제(또는 수학영어 단어)를 이해하지 못해서 문제가 조금만 길어지고 꼬이게 질문하면 대부분 어려움에 직면하는 경우

도 흔히 주변에서 살펴볼 수 있다. 그래서 해외이주를 계획하고 있다면 아이에게 수학영어를 빠르게 준비시키는 것도 아이가 수학을 더욱 자신감을 가질 수 있게 하는 방법이며 관련해서 수학영어단어, 수학영어 문제집 등의 다양한 국내외 교재들이 많으니, 한국에서 미리 활용하고 있다가 준비해서 가져올 수 있으면 좋다. 우리집은 한국 교재로는 '미국 교과서 핵심 영단어 (수학)'과 미국 교재로는 'THE BIG FAT (MATH)' 등을 활용하고 있다. 그 밖에 연산과 연습은 한국의 인강(인터넷 강의)도 병행하고 있는데, 강남인강과 EBS등을 통해 한국 교과과정을 따라가려고 노력하는 중이다.
영어와 마찬가지로 마닐라 주변과 BGC에는 싱가포르 수학학원도 있고, 한국형 수학학원과 개인과외 하는 한국인 선생님도 있고 다양하다.

(4) 집에서 꾸준히 책 읽기

독서만큼 영어실력과 단어, 어휘향상, 그리고 에세이 능력을 기르는 좋은 방법이 있을까 싶은데, 꾸준히 우리 아이들이 독서습관을 갖을 수 있게 집에서도 노력하고 있다. 흔히 이야기하는 명서들을 읽히게 하는 방법도 도움이 되는 것 같다.

(5) 한가지 이상 스포츠, 문화, 예술 등의 재능 펼치기

초등학교, 중학교 남자 아이라면 축구, 농구 등을 참여시켜 단체활동에 대한 경험을 축적시키게 하면 유익한 것 같고, 단체활동에 적성과 취미가 맞지 않다면 개인종목인 수영, 테니스, 탁구, 클라이밍, 골프, 태권도 등에 흥미를 갖게 해서 적어도 학교 방과 후 수업 중에 하나에서만큼 대회에 참여할 정도의 관심을 갖고 노력하는 것도 아이의 자존감 향상을 위해서 좋은 방법 중에 하나이다. 여자아이의 경우도 마찬가지로 배구, 농구, 치어리더

등의 단체활동이나 수영, 체조, 발레 등의 개인종목 활동 등을 추천한다. 뿐만 아니라 학교의 오케스트라 단원에 참여해서 피아노, 바이올린 등의 악기 수업에 참여해도 좋고, 댄스나 노래, 아트, 연극 등에 흥미가 있다면 마찬가지로 학교에서 주목받기가 쉽다. 학교에서 아이들이 'OOO 잘하는 아이'로 인식이 되면 아이들 무리에서도 자존감을 얻기가 용이해지고, 학교생활을 빠르게 적응해 나가는 방법 중의 하나이기 때문이다. 한국인 정서상 '이정도는 해야 잘한다고 할 수 있지'라고 생각하는 경우가 많은데, 막상 학교 이벤트나 공연에 참가한 다른 아이들을 보면, 오히려 반대로 이정도 수준으로 대회에 나온 것이 의아할 정도의 아이들이 있는데, 아이와 부모가 이벤트에 참여한 뒤 느끼는 자존감은 실력과 상관없이 높았다. 아이가 아주 조금이라도 어떤 분야에 재능이 있다면 부끄러워 말고 적극적으로 부모가 장려해주고 이벤트에 참여시키고, 격려해주는 것이 좋다고 생각한다. 초등학교 시절에는 골고루 잘해서 다양한 이벤트에 많이 참여하는 것이 좋은 것 같고, 중학교 이상 되면 골고루 잘하는 것보다는 한가지를 확실하게 잘하는 것이 나아 보인다.

(6) 제 2 외국어

필리핀 국제학교 BSM에서는 제 2외국어로 만다린어, 스페인어, 불어 등을 선택해야 한다. 이 선택은 입시까지 이어지므로 중요하게 고민해봐야 하는데, 한국인에게는 한자 문화권에 익숙한 만다린어가 좀 더 인기가 있을 것 같고, 반면 우리처럼 불어권에 살다가 온 사람들에게는 불어를 잘 못함에도 불구하고, 그래도 불어가 낫나 싶어서 망설임이 높은 상황도 있을 것 같고, 아니면 세계적인 추세를 놓고 중국어나 스페인어가 영어 다음으로 많이 사용할 대세 언어라고 생각하며 대비를 하는 상황도 있을 것 같은데, 사

실 아이에게 물어서 결정하게 하는 데에는 다소 무리가 있어 보이니, 부모의 개입이 조금은 필요한 부분이다. 관련해서 마찬가지로 학원이나 개인과외도 쉽게 찾아볼 수 있다.

선생님, 코치 찾아보기

이곳 마닐라에서 좋은 헬퍼와 좋은 운전기사를 만나려면 행운이 뒤따라야 한다고 말하는 것만큼 학업 과외 선생님, 학원, 스포츠 코치를 잘 찾아서 아이들에게 매치해 주는 것 역시도 선생님 찾기 능력과 더불어 약간의 행운도 뒤따라야 한다. 언뜻 필리핀이 인건비가 저렴해서 개인과외 시키기에 안성맞춤인 환경처럼 보이지만, 외국인과 한국인이 모여 사는 마닐라와 BGC, 그리고 주변 도시를 살펴보면, 심지어 어떤 경우에는 한국에서만큼이나 높은 사교육 비용지출이 필요한 경우도 있어서 너무 만만하게 생각해서는 안 될 일이다. 게다가 자녀가 한 명이 아닌 둘이나 셋일 경우에는 더욱 재정부담이 생기는 것도 사실이다.

일반적으로 인터넷 검색이나 블로그 검색 등을 통해서 학원 등을 알아볼 수 있고, 개인과외 선생님의 경우 지인을 통해서 소개받는 경우도 있는데, 막상 마닐라에 이사 온지 얼마되지 않으면 지인이라고는 고작 학교 커뮤니티나 회사 커뮤니티 정도에 기댈 수밖에 없다. 하지만 조금 특별한 상황이 있는데, 지인이라도 자기 선생님을 잘 소개하려 하지 않는 모습을 종종 보게 되었다. 이유인 즉 슨 선생님이 바빠지게 되면 내가 그 선생님을 추가로 활용할 수 있는 시간이 줄어든다고 생각하는 것인지, 혹은 그 선생님이 약간의 자만에 빠져 비용 협상에 문제가 생긴다 거나, 비용 형평성에 문제가 생긴다는 이유로 지인 소개는 특별한 상황에 의지할 수밖에 없다. 뿐만 아니라 가정마다 자라온 환경과 공부철학이 다르므로 우리집에 꼭 맞는 선생님이 다른 가정에게는 맞지 않는 경우도 있어서 소개를 조심스럽게 할 수 밖에 없다.

그 밖의 방법으로는 페이스북 커뮤니티를 활용하는 방법이 있는데, Official BGC Resident Group, BGC/Mckinley Hill Taguig Job Hiring, Manila Expat Market 등 다양한 그룹에서 현지인 선생님이나, 외국인 선생님을 찾아볼 수 있다. 하지만 페이스북 그룹이 엑스펏이 거주하고 있는 곳에 가까울수록 비용도 마찬가지로 비례한다는 단점도 있어서, 어떤 가족은 도심에서 조금 더 멀리 떨어져 있는 그룹에서 선생님을 찾아보기도 한다. 한국인 커뮤니티 그룹(카톡, 오픈채팅, 카페 등)에서도 학원, 개인과외, 클래스, 관련용품 중고거래 등도 활발히 이뤄지고 있어서 마찬가지로 참고하면 유용하다.

✔선생님, 코치 비용 결제 시 유의할 점

간혹 현지인 선생님들이 프로모션이나 개인의 사정을 이유로 선불을 요구하기도 하는데, 그들의 감정이나 상황에 절대로 휩싸이면 난처한 일이 발생할 수 있다. 비용이 조금 더 비싸지더라도 선불지급 등은 피하고, 후불지급 방법을 선택하는 것이 바람직하다. 뿐만 아니라 비용 지급을 은행이체나 G캐시(모바일 캐시) 등을 이용해서 지급 내역에 대한 근거를 반드시 남기고, 그룹 메신저 방을 만들어서 지급내역에 대해서 기록을 남겨두는 것도 중요하다. 선불지급에서 발생하는 피해 중의 하나는 몇 번 수업을 진행하고 나서 개인 사유 등을 거론하며 나머지 수업을 진행해주지 않는다 거나, 돈을 들고 도망가는 일이 주변에서 종종 발생하기 때문이기도 하고, 수업의 질 측면에서도 열정과 성의가 소홀해질 수도 있다.

REEDLEY 국제학교 밖 생활 이야기

홈 스쿨링

2013년 제일 처음 방글라데시로 파견되었다는 신랑의 이야기를 듣고 제일 먼저 걱정이 든 것은 아이의 교육이었다. 뱅골어를 쓰는 낯선 나라에서 돌이 갓 지난 아이가 바뀐 환경과 언어에 잘 적응하고 지낼지에 대한 걱정이 가장 컸다. 동네 엄마들의 조언으로 엄마표 수업이 가능할 수 있도록 몬테소리 영어, 교원, 아가월드 같은 교육회사의 부모교육을 빠지지 않고 참석했고, 교사수업을 들으면 도서 구입시 할인이 된다는 할인의 유혹에 빠져 교사 수업도 이수하고 방글라데시로 떠나게 되었다. 한국어도 낯선 아이에게 영어 교육에 대한 스트레스를 주기 싫어서 무조건 즐겁게 놀게 하고 플레이 데이트를 통해서 아이가 자연스럽게 영어에 빠져들게 하였다. 엄마표로 한글과 파닉스를 떼고 아이가 엄마에게 말했다. "이제 엄마표 말고 학원에 다니고 싶다고!!!"

두 번째 파견으로 필리핀에 오게 되었고, 아이가 초등학생이 되다 보니, 교육에 대한 고민에 빠지게 되었다. 한국에서 어학원을 다녔지만, 과연 아이가 영어로 진행되는 전 과목 수업을 잘 따라갈 수 있는지에 대한 걱정이 가장 컸다. 2022년 5월에 리들리국제학교 입학을 준비하였고 6월에 입학허가서를 받고 7월에 올티가스 빅3어학원이 몰려 있는 곳에서 아이를 5주간 8시간씩 영어 수업을 듣게 하였다. 아이는 숙제에 버거워하였고 나는 당시 교통사고로 한국에 있어서 아이를 제대로 케어 해 줄 수 없는 상황이었다. 아이는 아빠와 내니(야야)의 케어만으로 학교 입학을 준비하였지만, 엄마의 부재는 예상대로 아이의 학교 생활에 차질을 야기했다. 학교 첫 등교에 간식을 안 가져간 것은 아이 혼자만이었고 아이는 수업에 따라잡기 너무 힘들다고 울면서 전화가 왔다. 대학병원에서 급하게 시술을 받고 거의 누워서 필리핀에 입국했다. 아이의 홈 스쿨링을 위해 선택한 것은 한국에서 계속 하고 있던 홈런이었다. 국제학교 진도에 맞추어 홈런 기기에서 한국어로 학습을 하게 하였고 그런 다음에 학교에서 수업 받은 내용을 같이 읽어보면서 수업 이해도를 높였다. 과학 교재를 한 부 더 준비하여 영어 아래에 한국말로 번역을 하고 한국 문제집에서 관련 내용을 발췌하여 엄마표 노트를 만들어 주었다. 아이는 점점 자신감을 가지게 되었고 수업에 대한 어려움을 가정 학습으로 보완하였다.

국제학교를 보낸다는 것은 엄마도 아이와 함께 학생이 될 준비를 해야 된다는 것을 의미한다. 엄마의 노력과 열정에 비례하여 아이의 학교 적응기간을 훨씬 더 빨라지는 것 같다. 학교 수업 외에 특별하게 더 신경을 쓴 것은 학교 친구들과의 플레이 데이트와 학교 내부에서의 활동이었다. 아이가 마스터 핀을 받지 못해 너무 속상해해서 학교에서 봉사 활동을 할 기회가 있으면 적극적으로 나서서 하게 하였다. 또한 학교에서 홍보 영상을 위해 아이와 학부모 인터뷰를 요청했을 때 부담감은 너무 컸지만 아이와 나는 최선을 다해 준비하였다. 또한, 학교 친구들과의 플레이 데이트가 있는 날이면 어학원 수업에 빠지더라도 함께 어울릴 수 있도록 하였다. 같이 놀이공원을 가고 파티를 하고 밥을 먹고 노는 사이에 아이의 영어는 자연스럽게 향상되었고 선생님들도 잘 적응하고 있다고 말씀해 주셔서 참 뿌듯하였다. 아이의 영어 공부와 학교 공부에 어학원, 개인 과외도 중요하지만 친구들과의 교류도 참 중요하다는 것을 말해주고 싶다. 엄마가 영어를 잘 못해도 따갈로그를 못해도 같이 어울리고 만나려고 노력하는 의지가 정말 필요하다. 외국 엄마들과 모임을 하다 보면 개인 과외, 학원 수업 등 고급 정보를 얻을 수 있다.

학원

(1) 어학원

나는 현재 올티가스 빅3어학원이 몰려 있는 올티가스 아베뉴에 산다. 방학 때마다 단기로 어학연수를 오는 엄마와 아이들을 많이 보게 된다. 필리핀에 오기 전까지 한국에서 단기로 학생들이 어학연수 온다는 사실을 몰랐는데 처음에 보고 많이 놀랐다. 그 중에는 학교에서 인정 유학이 되지 않아 비인정 유학으로 즉, 학교장의 허락이 되지 않아 학교를 자퇴하고 오는 케이스도 보게 되었다. 엄마들이 많이 오는 올티가스에 위치한 유명한 어학원으로는 "아이캔, 점프하이, 엘리토피아" 세 곳이 있다.

✔학원명: ican academy

주소: 16 floor strata 100 building, Emerald Ave, Ortigas Center, Pasig, Metro Manila, 운영시간: 08:00 ~ 19:00

✔학원명: Jumphigh Academy Incorporated

주소: Unit 2104 Prestige Tower, Emerald Ave, Ortigas Center, Pasig, Metro Manila, 운영시간: 08:00 ~ 17:00

✔학원명: Elitopia Education Corporation

주소: 904 Prestige Tower, Emerald Ave, Ortigas Center, Pasig, 1605 Metro Manila, 운영시간: 08:00 ~ 19:00

(2) 예체능 학원 및 과외 정보

나는 한국에 친한 지인들이 열정적인 목동 엄마들이었다. 자연스럽게 별도의 정보 조사 없이 인맥을 통해 좋은 교육 정보를 많이 얻게 되었다. 필리핀에 와서는 반장 친구 엄마와 친해지게 되어 학원 정보를 많이 얻게 되었다. 필리핀에 와서 느낀 것은 생각보다 사교육을 많이 한다는 것이었다. 필리핀 친구들인데도 따갈로그(필리핀어) 개인 과외를 받고 학교 과목도 온라인, 오프라인 각자의 상황에 맞춰서 어떻게든 별도의 수업을 한다는 것이었다. 교육 정보를 알아보려면 미리 정착하고 있는 지인의 도움을 받는 것이 좋다. 하지만 필리핀에서는 정보 공유를 얻기가 생각보다 쉽지 않다. 개인 튜터를 소개해 주었다가 본인의 수업료가 올라가거나 다른 곳으로 옮기는 경우가 있었다고 들었다. 아무래도 그런 경우들이 발생하다 보니 정보 공유를 하지 않게 되었나 싶기도 하다.

오프라인으로 발레, 피아노, 바이올린, 보컬 수업을 찾는 분이 있다면 Beat&Steps art academy 추천한다. 거리가 가까운 분들은 한 번 무료 체험수업을 해보는 것도 좋을 거 같다. 안내문에 쓰여 있는 번호로 연락해서 수업 상담 받으면 된다. 필리핀에서는 우리나라에서 카카오톡을 많이 쓰는 것처럼 바이버(VIBER) 채팅 어플을 많이 이용한다. 바이버를 통해 수업 상담을 자세하게 안내받을 수 있다.

✔학원명: Beat&Steps art academy
수업과목: 발레, 피아노, 바이올린, 보컬
위치: Marius Acropoli Building, 142 Katipunan Ave, Lungsod Quezon, 1800 Kalakhang Maynila
전화: 0917-574-7131

✔ 바이올린 레슨 수업

온라인 수업으로 바이올린 레슨을 진행하다가 선생님이 바뀌고 수업 캔슬이 많아져서 수업에 대한 만족도는 높았지만 연속성이 높아지지 않아서 오프라인 레슨 선생님을 알아보았다. 마침 이웃집 필리핀 친구가 S 몰에서 학원수업을 진행하는 선생님에게 개인적으로 연락을 드려 방문 수업을 받는다는 정보를 얻었다. 외국인과 필리핀 현지인에게 가격 정보를 다르게 주는 게 흔한 일이다. 다행히도 친구 소개라고 말해서 동일한 수업료를 지불하고 시작할 수 있었다. 12회 기준(1회 1시간)으로 8,600페소로 바이올린 방문 수업을 시작하고 있다. 수업료를 지불할 때는 현금보다는 증빙 자료를 남기는 것이 중요하다. 지캐쉬(Gcash) 또는 계좌이체로 수업료 지급 내역을 남기도록 하자. 수업의 횟수가 많은 경우에는 날짜를 그 때 그 때 체크해서 나중에 논란이 없도록 잘 체크하기를 추천한다.

✔ 수영 수업

수영수업을 페이스북으로 알아보다가 너무 많은 메시지를 받고 결정 장애가 왔다. 마침 콘도에서 개인 레슨을 받는 사람을 보고 수영 코치에게 바로 물어봐서 수영 레슨을 시작하였다. 한국 사람을 많이 가르치는 분이시라 수업 캔슬도 적었고 수업도 잘 진행되었다. 요즘 수영 대회가 점점 진행되고 있어 하반기에는 아이의 수영 대회도 경험 삼아 참여해 보려고 한다. 필리핀에서 살면 좋은 점의 하나가 수영장을 자유롭게 이용할 수 있다는 점이다. 아이의 건강과 체력 향상을 위해 수영이나 복싱, 축구 등 아이의 취향에 맞춰 운동 한 가지씩 배우는 것을 추천한다. 수영 레슨료는 400페소에서 600페소 사이가 평균인 거 같으며, 외국인과 현지인들의 가격차이가 나는 것 같아 지인 소개로 코치를 찾기를 추천한다. 현재 아이는 8회에 7,000페소(45분 수업)에 수업을 진행하고 있고 그룹으로 진행하면 6,000페소(1시간 수업)으로 진행된다고 한다.

Valle Verde Country Club의 클럽 멤버인 반 친구 엄마의 추천으로 운 좋게도 멤버는 아니지만 수영 테스트를 보게 되었고 딸아이가 수영 선수팀에 합격하였다. 방학부터는 어학원 가는 시간을 줄이고, 수영 대회를 위해 매일 수영을 하면서 친구와 즐거운 시간도 가지고 체력도 쌓게 하는 것이 목표이다. 필리핀에서 멤버십을 신청하면 좋지만, 가격이 비싸므로 이렇게 친한 지인찬스를 통해 멤버만 이용할 수 있는 프로그램을 이용할 수도 있다.

온라인 교육 정보

필리핀은 코로나로 나라 전체를 셧다운 시켰다고 할 정도로 강력한 방역정책을 추진했다고 한다. 약 2년간 학교도 열지 않고 온라인 수업 위주로 진행해오다 작년 8월이 되어서야 학교들이 대면 수업을 부분적으로 시작했다고 한다. 그런 이유인 탓인지 온라인 수업이 엄청 활성화되었다고 한다.

✔예체능 정보

한국에서 계속 배우던 바이올린이나 음악 학원을 집 근처로 알아보니, 코로나로 인해 문 닫은 학원이 많았고 막상 페이스북을 통해 모르는 사람을 구하려니 위험한 것도 같고 쉽게 레슨을 다시 시작할 수가 없었다. 그러다가 학교 친구의 소개로 Pontem Music& Arts PH 학원에 대해 알게 되었다. 페이스북을 통해서 상담이 가능하다고 해서 상담을 받고 수업을 시작하게 되었다. 필리핀에서는 페이스북(Facebook)을 통해 전화, 메신저를 활용하는 사람이 많다. 우리나라로 치자면 카카오톡 역할을 담당하고 있다. 헬퍼, 드라이버, 튜터를 구하는 루트도 페이스북이 활성화되어 있다. 페이

스북을 통해 개인 정보가 노출될 우려가 있으므로, 계정을 하나 더 생성하기를 추천한다.

✔ 온라인으로 수업을 듣는 경우의 바이올린 레슨 비용(참고)

Please see the Packages for our Online Music & Arts Lessons:

- 12 lessons (1 hour/lesson) P8,000
- 24 lessons (30mins/lesson) P10,500 (4 to 6 yrs old)
- 24 lessons (1 hour/lesson) P13,500

YEARLY TUITION:

- 48 lessons (1 hour/lesson) P23,000 /96 lessons (1 hour/lesson) P40,000

INCLUSIONS:

- Lessons are 1-on-1 so you will have your personal music or art teacher.
- Coaches are experienced professionals and practitioners from the country's centers of excellence universities.
- Lessons can be once, twice, or thrice a week.
- The schedule depends on your availability.
- Free Books/Digital Resources/Real-Time Progress Reports
- E-Certificate (upon request)/ Free Recital

필리핀 한글학교

필리핀 한국국제학교(KISP)에서는 토요일마다 필리핀 한글학교를 운영하고 있다. 카카오톡으로 미리 상담을 받고 입학 신청을 했다. 반 학기 또는 일 년 과정 단위로 접수를 받고 있고, 선 접수하면 할인 혜택도 있다. 학년별 정원이 정해져 있고 인원이 다 차면 접수를 할 수가 없다. 2023년 기준으로, 입학금 1000페소와 자모회비 500페소를 납부하고, 교재비는 추가로 납부해야 한다. 아무래도 해외에 있다 보니 한글로 글을 쓰는 일이 많지 않은데, 매주 독서 기록장과 일기를 작성하니 참 좋다. 한국의 교과서로 수업이 진행되는 점도 마음에 든다. 한글학교에 가서 공부를 많이 하고 온다는 목적보다 한국친구들과 한국말도 하고 교류를 하라는 점에서 등록을 한 이유가 컸다. 한글학교를 다니면서 태극기 그리기 대회, 백일장 대회, 독서 대회 등을 통해 다양한 경험을 하고 있다. 대회에서 상으로 받아온 스타벅스 상품권을 아이가 선물로 주어 자식 키우는 재미를 느끼는 것은 덤이다.

마닐라 맘 엘리의 국제학교 적응하기 깨알 팁

학교 숙제나 일과가 끝나고 아이와 자유 시간에는 보드 게임으로 시간을 보낸다. 아이를 돌 봐주는 내니와 같이 영어로 게임을 하면서 영어 스피킹 훈련도 하고 휴식을 취한다. 한국에서 루미큐브, 우노, 우봉고, 다빈치 코드, 할리갈리, 등 아이들이 좋아하는 보드게임을 구매해서 오기를 추천한다. 학교 친구들이 집에 놀러 와서 처음 서먹할 때 같이 게임을 하면서 친해지는 것도 하나의 좋은 방법인 거 같다.

리들리국제학교에서는 필리핀어(따갈로그) 수업을 진행하고 있다. 자기 주도 학습을 목표로 아이가 스스로 계획하고 수업을 할 수 있게 진행하였는데, 하지만 자기 주도를 유도하기엔 낯선 언어라서 아이가 힘들어 했다. 아무래도 영어만으로 수업을 따라가기도 힘든 아이였는데 처음 접해보는 따갈로그 수업에 대한 부담감이 컸다. 필리핀 친구들도 개인 튜터를 쓴다고 하는데 따갈로그 수업까지 과외를 써야 하는지에 대한 의문이 생겼다. 그래서 집에 있는 메이드와 함께 따갈로그를 연습하기도 하면서 아이가 최대

한 언어에 대한 부담감이 없도록 도와주었다. 하지만 아이의 젬마가 두 번째 학기의 따갈로그 성적은 좋지 않았다.
리들리에서는 학기 별로 성적표가 발행되고 성적표를 기반으로 과목별 상담을 진행한다. 필리피노 선생님께서는 은재가 AC 신청을 해서 따갈로그 보충 수업을 진행하는 게 어떤지 물어보셨다. 매주 정규 수업이 끝난 다음에 AC 수업이 진행된다. 과목별로 요일에 맞춰 수업이 있고 수업에 대한 복습이 필요한 경우 별도로 신청해서 정해진 횟수만큼 무료로 수업을 받을 수 있다.
아이의 학교 적응을 위해 추천하는 것이 학교 친구들과의 플레이 데이트이다. 아이친구들을 집에 초대해서 같이 놀기도 했지만 여러 명을 초대하면 부담이 돼서 한 두 명씩 소수로 초대할 때는 집에서 노는 것을 추천한다. 하지만 아이가 친구 한 두 명을 초대하자, 초대받지 못한 친구들이 서운해하고 현지 친구들을 초대할 때 부모님, 내니까지 오게 되니 손님 맞이에 대한 부담감도 적지 않아 있었다. 그래서 여러 명이 모이는 경우에는 쇼핑몰에서 만나 오락실 체험, 아이스 스케이트 타기, 같이 밥 먹기, 놀이 공원 놀러가기를 통해 다양한 활동을 함께 하였다. 필리핀에는 쇼핑몰에서 할 수 있는 것들이 많아서 친구들과 정기적으로 모여서 함께 친해지는 방법을 추천한다.
아직 필리핀 살이 1년이 채 안되었지만, 고맙게도 부족한 엄마의 도움에도 아이가 학교에 잘 적응하고 학교 다니는 게 참 즐겁다고 한다. 필리핀에 오기로 마음먹은 분이 있으시다면 학교 공부도 중요하지만 아이의 마음을 잘 다독여 친구들과의 인맥 쌓기에도 노력하시기를 추천한다. 아이가 학교 생활이 즐거우면 자연스럽게 공부에도 즐거움을 느끼고 더 열심히 하려고 한다는 것을 직접 보고 경험해봤기 때문이다.

BRENT 국제학교 밖 생활 이야기

홈 스쿨링

아이들은 이곳에 와서 초반에는 학교 외 학원은 다니지 않고 자유롭게 하교 후 시간을 즐기며 지냈다. 외모는 점점 현지화 되어 구리 빛 피부가 되어 가고 있고 TV도 안 나오고, 집 앞 공원이 유일한 놀이터이고, 더우면 마당 한 켠 수영장에 뛰어 드는 것으로 더위를 식히는 것이 일상인 삶.

하지만 마닐라 생활 6개월차인 지금 아이들은 하나 둘 학교 외 수업을 시작하게 되었다.

아직 마닐라 생활에 익숙하지 않아 정보도 부족하고, 한편으로는 한국을 떠나온 지 얼마되지 않아 한국의 교육정보 중 활용할 수 있는 것들이 있어 현재 하고 있는 수업은 대부분 한국의 플랫폼을 활용한 수업들이다.

학습 관련: 영어/수학/과학 등

✔영어 튜터링(Writing)

셋째는 ESL수업을 듣고 있는데 라이팅이 좀 부족하다는 피드백을 받았다. 아이가 학교에서 제출한 에세이들을 훑어보니 단순하고 짧은 문장타입이 계속 반복되고 있고, 그래머가 다양하지도 않으며 사용하는 단어도 심플했다. 한마디로 흥미로운 에세이가 아니었다.

한국에서는 주제를 통해 에세이를 쓰면 선생님께서 첨삭을 해주시고, 아이는 리라이팅을 한 후 좋은 표현의 문장들은 암기하는 방식으로 수업했었다. 하지만 학교의 수업은 다양한 에세이를 통해 아이가 스스로 성장하고 발전할 수 있도록 천천히 진행되기에 단기간에 아웃풋을 기대할 수 없다. 물론 천천히 가도 문제는 없지만 이 선택의 순간에 나는 아이에게 튜터링

을 제안했고 현재 싱가폴에 사는 선생님과 온라인을 통해 주1회 영어 라이팅 수업을 진행하고 있다. (방학이 되면 주2회 진행할 예정이다.)
집중적으로 교정을 받으니 아이의 라이팅은 조금씩 변화하고 있고, 아이도 라이팅에 대한 자신감이 조금씩 늘고 있다. (처음에는 페이스북을 통해 찾은 선생님과 대면수업을 진행하였었는데, 선생님은 세컨잡으로 튜터를 하고 있었고 여러가지 이유로 수업이 미뤄지는 경우가 많았다. 수업 내용은 괜찮았고 아이도 좋아했지만 연속성이 떨어지는 수업을 이어가는 게 의미없다고 여겨서 그만 두었다. 보통 페이는 시간당 500p내외)

✔수학

한국에서 1:1로 수업 받던 선생님과 주1회 2시간씩 온라인으로 한국식 수학수업을 하고 있다. 한국식 수학의 장점이라고 하면 그 과정이 매우 체계적으로 짜여 있어서 개념을 이해하고 그 개념을 쌓아가는데 도움이 되지만 다소 맹목적이고 과도하게 난해한 점이 단점일 것이다.
싱가폴 수학이나 미국 수학의 경우 실용적이며 효율적이고 공식과 공식의 도출 과정을 이해하는데 많은 시간을 할애할 수 있어 생활적용면에서 더 큰 도움이 된다고 느껴졌다.
한국말이 익숙한 아이들이 수학을 좀 더 편하게 공부하면 좋겠고 그래서 한국수학을 병행하는 것인데, 다행이도 아이들 스스로 수학공부에 도움이 된다고 얘기해주어 당분간 꾸준하게 시켜 볼 생각이다.

✔과학

첫째는 과학을 어려워했다. 그래서 고민 끝에 물리, 생물, 화학, 지구과학을 통합적으로 연결하여 중등과학 3년 과정을 개념위주로 학습하는 계통과학 수업을 1년째 받고 있다. 온라인으로 진행되며 한국선생님과 수업한다.

요즘 청소년들 사이에서 핫한 플랫폼인 콴다과외를 통해서 선생님을 만났다. 물론 과학적 용어들은 영어로 한번 더 필터링 해야 하지만 개통과학의 특성상 전체적인 흐름을 이해하며 공부할 수 있어 도움이 될 거라 생각했다.
아이는 현재 공부하고 있는 중등과학의 대부분을 US과정에서 배우게 될 거라 예습한다고 생각하며 공부하고 있다.

예체능 관련: 바둑/축구/미술 등

✔바둑

12inEdu(12인 에듀)라는 온라인 플랫폼을 통해 수업하고 있다. 아이가 한국에서도 체스와 바둑 수업을 했었고, 아이의 집중력 향상에 체스와 바둑이 도움된다고 추천받아 온라인 수업을 시작했다.
현재는 바둑 수업을 진행중이고 선생님과 수준이 비슷한 학생 2명이 함께 수업하는 방식이다. 시뮬레이션을 통해 이론을 배우고, 마지막에는 학생들끼리 대국을 하고 마치게 된다.
온라인 바둑이나 체스를 검색하면 Gguge(꾸그)/12inEdu/Chesskid/Budbe(미국거주 원어민 선생님과 수업) 등 다양한 플랫폼이 있으니 참고하시면 좋을 것 같다.

✔축구

처음에 집을 둘러보고 가장 맘에 들었던 것이 집 앞 공원이었다. 캠핑을 해도 좋을 만큼 나무가 울창한 공원에 풋살장정도 크기의 축구장이 있고, 시소, 그네가 있다. 아이들은 몇 발짝만 뛰어 가면 언제든 공원을 만날 수 있다.

스포츠를 사랑하는 어린이는 어떤 운동이든 진심으로 하는 편인데, 지켜보니 집 앞 공원에서 매일 일정한 시간에 축구코치들이 와서 수업을 하고 있었다. 아이는 몇 주 관심을 가지고 지켜보더니 수업에 조인하고 싶다고 해 함께 얼마전부터 축구 수업을 시작하게 되었다. (1회수업에 1500p)
빌리지 내 농구코트 근처에 사는 학부모는 자연스레 농구코트에서 정기적으로 진행하는 농구수업에 참여하고 있다고 했다. 빌리지 곳곳에 스포츠 시설이 있어서 가까운 곳에서 수업이 있다면 언제든 수업에 조인할 수 있는 장점이 있다.

✔미술

둘째는 그림 그리는 것을 무척 좋아한다. 미술학원에 다녀 본적은 없고, 혼자서 영상을 찾아 가며 그림을 그리고 있다. 처음에는 책상 한가득 마카와 물감을 어지럽히거나 몇시간 동안 아이패드로 드로잉만 하고 있으면 화가 나서 잔소리를 하기도 했다.
하지만 혼자 그리는 그림인데 조금씩 발전해 가는 것도 보였고, 가장 중요한 것은 예민한 둘째가 혼자 몇 시간씩 그림을 그리며 스트레스를 풀고 있다는 것이었다. 생각하고 봐서 그런지 언제부턴가 그림에서 아이의 감정도 느껴졌다.
마닐라에 와서 미술선생님을 찾으려고 많은 노력을 했다. SNS를 찾아보기도 하고 학교 아트선생님께 지인을 추천해달라 부탁도 했는데 대부분 미술전공자들은 학교나 기관에 소속되어 있어 선생님을 만나기가 쉽지 않았다. 아이들이 유튜브 영상 보는 것을 허락하지 않는데 오직 둘째만 예외로 허락했다. 그래서 지금은 유튜브를 선생님 삼아 그림을 그린다.
한국이었으면 미술 학원이든 방문 선생님이든 바로 찾았을테지만 달라진 삶의 풍경이다.

마닐라에 와서 가장 크게 달라진 것이 있다면 교육 환경일 것이다. 좋은 커리큘럼은 세상에 너무나 많고 양질의 교육환경에서 아이들에게 다양한 경험과 배경지식을 자연스럽게 습득하도록 하고 싶은 것은 모든 부모들의 같은 마음일 것이다.
세아이를 키우며 갖게 된 나름의 교육적 소신이라면 현명한 선택과 그를 향한 집중일 것이다. 마닐라에서 살게 되었으니 언젠가는 한국에서 가져온 정보들도 내려 놓고 이 곳 삶에 맞는 선택과 집중을 하게 되겠지… 아직은 그 중간에서 균형잡기를 하고 있지만….

친구 만들기

세 아이 모두 전형적인 'E(extrovert)' 외향적인 성향이다. 리더십이 강하고 자기주도적이다. 하지만 외향적인 기질을 가진 아이들이라고 적응도 척척 알아서 해주지는 않았다. 모국어가 아닌 언어를 사용하는 나라에 와서 살게 되며 아이들은 다소 소극적으로 변했다.

둘째는 학기 중에 입학하다 보니 친해지고 싶은 친구들은 이미 친한 단짝 친구가 있기도 했고, 이미 서로에게 친밀감이 형성된 반 분위기 속에서 새로 전학 온 아이가 스며들어 친해지기가 사실 쉽지 않았던 모양이었다. 담임선생님께 외롭다는 이야기를 했다고 해서 마음이 아팠던 적도 있었다. 6개월차인 지금은 가끔 의견차이로 속상해하기는 하지만 친하게 지내는 친구들도 생겼고, 점점 나아지는 것 같아 다행이지만 예민한 여자친구라면 학기초에 입학하는 것이 더 좋을 듯하다.

셋째는 한 학년에 5-6명정도 한국 학생들이 있고 자연스럽게 한국친구들과 더 많이 어울리게 되었다. 물론 한국 친구들과 잘 지내면 좋지만, 선생님도 나도 다른 친구들과 섞이지 못하는 모습에 걱정이 많았다. 또 본인의 생각이 의도와는 다르게 친구들과 오해가 생겼을 경우 의사 표현을 완벽하게 하지 못하는 데에서 오는 억울함과 답답함으로 무척 힘들어 했다. 한국말을 조리 있게 논리적으로 잘하는 편이지만 영어 표현에서 한계에 부딪힐 때면 울거나 화를 내는 방식으로 표출되어 학교 Guidance, Principal과 상담도 많이 했다. (수업 시간이나 쉬는 시간에 갈등이 생기면 아이는 우선 Guidance과 이야기 나누게 된다. 이후 사태의 심각성에 따라서 메일로 내용을 공유 받기도 하고, 학교에서 대면 상담을 하기도 한다.) 어느 날은 '엄마 가슴속에 뭔가 무겁고 답답한 게 느껴져'라고 이야기해서 덜컥 겁이 난 적도 있다. 이후 아이와 나는 아동 심리상담 선생님과 상담도 시작했다.

심리상담

앞서 얘기한 바와 같이 둘째와 셋째는 학교 생활을 하며 각기 다른 어려움을 만나게 되어 지인의 추천으로 아동 심리상담 선생님과 온라인 상담을 시작했다.
선생님은 중고등학교를 미국에서 보딩 스쿨을 다녔고, 대학 졸업 후 한국에 오게 되었기에 헤외에 거주하며 겪고 있는 아이들의 복잡한 심리를 잘 이해했고 나에게 좋은 코칭을 많이 해 주셨다.

둘째는 감수성이 풍부하고 예민한 성격을 가지고 있다. 큰 변화에 가장 많은 심리적 변화와 긴장을 하는 아이이다. 아이는 매주 1회 30분간 영상통화를 하며 선생님과 마음의 이야기를 하는 시간을 갖고 있다.

엄마인 나는 둘째아이와 성향이 좀 달라서 아이를 완전히 이해하고 조언하는데 종종 한계에 부딪히곤 하는데 그렇다 보니 아이는 엄마에게 마음을 털어놓지 못하는 상황이 생기고 그 안에서 아이와의 갈등이 심화되기 했다. 아이와의 소통에서 가장 중요한 부분이 공감인데 아직 부족한 엄마라 늘 미안한 마음을 가지고 있었다. 상담이 끝나면 선생님께서는 상담일지를 나에게 보내주시고, 아이는 30분간 대화를 통해 마음의 답답함이 많이 해소된다고 하여 꾸준하게 이어갈 생각이다.

셋째가 겪는 어려움은 구체적이고 현실적인 코칭을 통해서 아이가 스스로 자신을 컨트롤하고 변화에 적응할 수 있도록 하는 솔루션을 받았다. 예를 들면 매주 등교하는 5일 중 3일을 울거나 화내지 않고 생활하는 것을 목표로 하여 아이가 가장 좋아하는 것을 보상으로 받았다. (아이가 원하는 보상은 의외로 아빠와 한시간 베이 블레이드 하기였다.)
그리고 완벽하게 표현하지 않아도 상대가 충분히 이해하고 있음을 지속적으로 이해시켰다. 매일 아침 주문을 외 듯이 아이의 마음을 보듬고 다듬어 등교시킨다.

심리상담은 다 아는 이야기 같지만 보석함 속에 숨은 보석 찾기와 같다. 자세히 들여다보면 그동안 찾지 못하고 놓친 것들을 찾을 수 있을 것이다.
해외생활을 하며 학부모도 아이도 심적으로 힘든 일이 종종 있는데 그럴 때마다 혼자서 담아 두고 참거나 자책하지 말고 온라인으로라도 심리상담을 받을 것을 권해본다.

기.승.전. 독서!

이미 많은 교육자들이 독서의 중요성에 대해 충분히 강조한 것을 알고 계실 것이다. 세아이를 키우며 나 또한 강력하게 추천하는 바이며 그를 위한 습관을 만들어 줘야 함을 이야기하고 싶다. 책을 읽기 위해서는 우선 책이 재미있어야 한다. 책보다 더 재미있는 것들이 많으면 아이는 결코 책을 읽는데 많은 시간을 투자하지 않는다.

TV도 없고 게임도 할 수 없는 주중에는 아이들은 밖에서 뛰어 놀다가 지치면 방에서 시원한 에어컨 바람을 맞으며 책을 읽는다. 정말 아직까지 주중에는 책보다 재미있는 것이 별로 없다. 한국에서 책을 꽤 많이 가져왔는데 어떤 책은 읽고 또 읽는다. 물론 한국어 책과 영어 책의 독서량이 수평을 이루어야 한다는 과제가 남아 있다.

아직까지 한국어 책 독서량이 월등히 앞서기에 영어책은 언제 읽을래? 싶지만 입장 바꿔서 생각해보면 이해할 수 있다. 결국 재미가 관건인데 영어책이 재미 있으려면 영어실력이 동반되어야 하기에 그저 기다려줄 수밖에 없는 것이다.

한국에 비해 양질의 독서를 하기 어려운 현실이다. 현지에서 다양한 책을 사기도 어렵고 비싸다. 가급적 한국어 책이든 영어책이든 많이 들고 오시는 것을 추천한다.

막내아이는 영어 온라인 독서프로그램인 Raz kids나 Epic등을 활용하기도 하는데 아직까지는 종이책 읽기를 더 권하고 있다. 아이가 14세 이상이 되면 종이책이 아니어도 괜찮다. E-book을 활용하기도 한다.

홈 스쿨링

아이들은 평일 저녁 7시부터 8시까지 다이닝룸에 함께 모여 공부하는 스터디 타임을 갖는다. 학교 숙제를 하기도 하고, 학원 숙제를 하기도 한다. 1시간은 꽉 채워서 함께 하기로 해서 공부나 과제가 끝나면 각자 가지고 온 책으로 독서를 한다. 나도 습작을 하거나, 독서를 하며 참여하고 있다.
(지난 두 달간은 이 책의 원고 작업을 했었다.)
마주 앉은 서로에게 방해가 되지 않게 배려하며 공부하고 그렇다 보니 온전히 자신의 공부에 집중할 수 있어 좋다. 또한 나도 늘 함께 참여하기에 아이의 공부 방향이나 부족한 점을 알고 도움을 줄 수도 있으며, 세아이가 서로에게 긍정적이고 좋은 영향력을 주고받을 수 있어 좋다.

ISM 국제학교 밖 생활 이야기

영어, 말하고 듣기가 우선

국제학교라는 새로운 환경에 던져진 아이 입장에서, 학교 생활 적응은 곧 생존이다. 학교에서 일어나는 모든 일은 오롯이 아이의 몫이다. 엄마는 교실 밖에 있을 뿐, 아이에게 이야기를 전해 듣는 것 외에 직접 할 수 있는 것이 없다. 따라서, 영어는 본인이 가능한 수준 내에서 최대한 준비를 하고 오는 것이 큰 도움이 된다. 물론 무리하게 준비하느라 온 가족이 힘들다면 그렇게까지는 할 필요가 없다. 어차피 국제학교에서 가장 크게 얻어갈 수 있는 것 중에 하나가 영어이기 때문이다.

초등학교 3학년 이상의 경우, 친구들과 어울릴 수 있을 정도로 말하기와 듣기가 가능하다면, 학교생활에 큰 도움이 된다. 초등학교 3학년 정도부터는 아이들의 사회성이 본격적으로 발달하기 시작하여, 서로 무리를 지어 놀기 시작한다. 이 때 간혹 무리에서 배제되는 아이들도 나타날 수 있다. 친구 문제로 인한 스트레스가 국제학교 생활의 가장 큰 부분을 차지한다는 점을 고려했을 때, 아이가 친구들과 어울릴 수 있을 만큼 영어 말하기 듣기 수준이 된다면, 학교 적응에 큰 도움이 될 수 있다. 만일의 경우 어떤 아이가 괴롭히거나 놀렸을 때, 이를 알아듣고 적절히 대응할 정도의 영어 회화가 가능하다면 학교 생활에서 발생 가능한 많은 문제를 사전에 예방할 수 있다. 또한 학교 수업이 일방적 전달보다는 학생들이 참여하는 방식으로 대부분 이루어지다 보니, 수업에 적극적으로 참여하기 위해서는 무엇보다 스피킹과 리스닝이 중요하다.

영어 책 읽기는 아무리 많이 해도 지나침이 없다.

말하기, 듣기, 쓰기, 읽기 4대 영역 중에 '읽기'는 한국에서도 충분히 미리 공부할 수 있고, 따로 학원이나 교사가 없이 스스로도 할 수 있는 부분이기 때문에, 가능하다면 영어 책을 최대한 많이 읽고 국제학교에 입학하는 것을 추천한다. 심지어 영어 원서는 필리핀보다 우리나라가 더 저렴하고 구하기도 편리하다. 우리는 한국에서 상당히 많은 영어 책을 사왔다. 물론 학교 도서관이 아주 잘 되어있어서 얼마든지 빌려볼 수 있지만, 내가 직접 학교도서관에 가서 책을 골라 오기도 번거롭고, 아이는 부모 마음에 들지 않는 만화책을 빌려 오기 일쑤이다. 아이 수준에 맞는 양질의 원서를 한국에서 많이 사온 것은 지금 생각해도 잘한 일이다.

인터넷 검색을 통해 아이 수준에 맞는 영어 원서가 어떤 것이 있는지 쉽게 찾을 수 있다. 또는 영어 원서 읽기에 대한 여러 도서도 시중에 잘 나와있으니 참고할 수 있다.

- ✔ 잠수네 아이들의 소문난 영어공부법 (이신애 저)
- ✔ 새벽달 엄마표영어 20년 보고서 (새벽달(남수진) 저)

영어 원서를 전문으로 취급하는 인터넷 서점에는 베스트 셀러가 읽기 수준별로 잘 정리되어 있어, 참고할 만하다. 읽기 수준에 따라 책을 분류하는 AR(Accelerated Reader) 또는 Lexile 지수별로 베스트셀러를 검색할 수 있는데, 자녀가 입학할 국제학교 학년에 맞는 AR/Lexile 수준까지 영어 원서를 무리 없이 읽도록 하는 것을 첫번째 목표로 정할 수 있겠다. 다만, 우리나라에도 학년에 비해 높은 수준의 책을 읽는 아이들이 많듯이, 국제학교 아이들도 제 학년보다 높은 수준의 책을 읽는 경우가 많기 때문에 독서는 아무리 많이 해도 지나침이 없다고 하겠다.

- ✔ **웬디북** (www.wendybook.com)
- ✔ **동방북스** (www.tongbangbooks.com)

ISM의 독서 교육

ISM은 전 학년에 걸쳐 책읽기를 매우 강조한다. 80,000권 이상 방대한 장서와 도서관 전담 인력을 중심으로 초, 중, 고등학교 각 3개의 도서관을 운영하고 있다.

> *"ISM Libraries help to produce a community of learners that are, skillful researchers, readers, critical thinkers, problem solvers, ethical, creative, independent and self-directed."*

학생들은 매주 도서관에 가서 책을 읽고 대여하는데, 이를 통해 매일 책을 읽는 독서 습관을 키울 수 있다. ISM은 책읽기에 친숙해지고 책을 사랑하는 아이로 자랄 수 있도록 여러가지 커리큘럼을 진행한다. 유치원(Kindergarten)의 경우에도 집에서 매일 최소 20분 이상 책을 읽을 수 있도록 강조하며, 매달 하루를 정해 아침 7:25분부터 20분동안 부모가 교실에 와서 아이와 함께 책을 읽는 시간을 가지기도 한다.

가정에서 아이와 책을 읽고 함께 해볼 수 있는 다양한 활동지(worksheet)가 있는 웹사이트를 소개한다.

- ✔ K12Reader (https://www.k12reader.com)
  → 다양한 Worksheet를 찾아볼 수 있다.

국제학교에 다니기만 하면 저절로 영어실력이 쑥쑥 늘 것이라고 생각할 수 있다. 그러나 간혹 국제학교를 한참 다녔는데도 영어실력이 좀처럼 늘지 않아 실망하는 경우도 있다. 사실 한국어를 모국어로 구사하는데도, 논술이나 국어학원을 다니는 아이들이 많고, 수능 국어 1등급 받는 것이 쉽지 않다는 사실을 생각해본다면, 국제학교를 다녔다는 것 만으로 영어 실력이 반드시 크게 느는 것은 아니라는 사실을 한편 이해할 수도 있을 것이다. 국제학교도 학년이 올라갈수록 사회 과학 지문 난이도가 높아지고, 문학을 읽고, 체계적인 에세이 라이팅을 공부한다. 따라서 국제학교에 입학한 이후에도 가정에서 꾸준히 공부를 하는 것이 필요하다.

해외에서 수학 공부시키기 너무 어려워요.

수학은 대체로 한국 아이들이 국제학교에서 두각을 나타내는 과목이다. 한국에서 제 학년 수준의 수학을 잘 했던 아이라면, ISM에서 수학 공부는 큰 문제없이 잘 할 수 있다. 다만, 영어로 된 문장제 문제를 풀고, 도형을 비롯한 수학 용어를 영어로 잘 알고 있어야 수업을 따라갈 수 있기 때문에, 만약 영어 실력이 부족하다면 수학 수업에서도 어려움이 있을 수 있다.

미국 수학 커리큘럼도 나쁘지 않지만, 개인적으로 한국 수학 커리큘럼과 문제집이 꽤 체계적으로 잘 되어있다고 생각한다. 특히, 입시 목표를 해외 대학으로 확정한 것이 아니라면, 국내 입시를 목표로 한다면, 해외에서도 최소한의 한국 수학 공부는 계속 해 나가는 것이 좋다.

그러나 해외에서 한국 수학 공부를 계속 하는 것이 사실 쉽지만은 않다. 시간도 부족하고, 한국처럼 학원이 많은 것도 아니다. 또, 외국 친구들은 우리만큼 수학공부에 매진하는 분위기도 아니라 아이들을 책상 앞에 앉혀 놓기가 쉽지 않다. 그래서, 가능하다면 마닐라에 오기 전에, 한국에서 수학 교과 선행학습을 하고 오는 것을 조심스럽게 추천한다. 교과 선행이 부담

스럽다면, 연산만 제 학년 이상 공부하고 오는 방법도 생각해볼 수 있다. 오기 전에 수학공부를 좀 해 두었다면, 여기에서 한국 수학에 대한 부담을 조금 덜어내고, 마닐라 분위기에 맞추어, 여기서만 해 볼 수 있는 다양한 활동을 좀 더 여유 있게 즐길 수도 있을 것이다.

★ 다양한 한국 초등 및 중등 연산 문제집

→다양한 종류의 연산문제집 중 아이 취향대로 선택할 수 있다.

마닐라에도 수학학원이 있다. 현지인이 운영하는 수학 학원도 있고, 한국인이 운영하는 한국식 수학학원도 있다. 또는 한국에 있는 선생님과 온라인을 통해 수학과외를 하거나, 한국에서 온라인으로 운영하는 학원 수업을 수강할 수도 있겠다.

✔ **눈높이**: Eye Level(2nd Floor, Serendra Piazza)
✔ **구몬**: Kumon(Unit 2 Bellagio 2, 2nd Floor Forbes Town Center)

✔ **BrainLight Learning Center** Singapore Math Philippines

✔ CMS 크레버스 Noisy: https://vlc.creverse.com

참고로 학년별 수학 문제를 무료로 손쉽게 접근할 수 있는 웹사이트를 소개한다.

★ **IXL Learning** (www.ixl.com)

→ 수학, 영어, 과학, 사회 과목의 문제를 학년별로 볼 수 있다. 각 학년별로 대략 어떤 수준의 공부를 하는지, 주요 용어가 영어로 무엇인지 볼 수 있다.

★ **일일수학** (http://www.11math.co.kr)

→ 학년별, 단원 별 연산문제를 제공. 부족한 부분을 보충하기에 좋다.

5화 마닐라 정착 이야기 (동네, 집구하기 등)

- BRENT
- BSM
- ISM
- BRENT
- REEDLEY
- ISM

(BRENT) ALABANG(알라방) 마닐라 정착 이야기

우리 가족은 해외살이나 해외이주 경험이 없었기에 모든 것이 새롭고 모든 것이 어려웠다. 사업차 필리핀 출장이 잦았던 남편도 늘 호텔 생활을 해왔기에 실제 생활부분에는 정보가 부족했고, 이런 저런 인터넷 자료들에 의지하며 계획을 세워 나갈 수밖에 없었다.
(나 또한 네이버 블로그 '제이전트in스위스'님과 '동글이'님의 블로그를 정독하며 공부했었다. 귀한 정보를 남겨 주셔서 진심으로 감사드린다.)

첫번째 고려 사항: Including Furniture VS Un-furniture

: 한국에서 가구를 모두 가져 갈 것인지 아니면 필요한 가전제품 및 생활용품만 가져 가고 필리핀에서 나머지 필요한 요건들을 충족시킬지를 결정해야 했다. 그래서 두 가지 옵션을 모두 고려하며 집을 둘러보았다.
하우스 투어를 마치고 내린 결론은 가구가 구비되면 당연히 월 렌트비가 올라가기에 만족스러운 집은 늘 예산 초과였고, 막상 가구들을 보니 그 상태나 퀄리티도 만족스럽지 않았다.

타인이 사용하던 가구에 대한 예민함이 있다면 가구 없는 집을 계약할 것을 추천한다. 또한 붙박이장이나 수납장이 많은 집은 매우 유용하다.
수납장이 많은 집으로 계약하게 되면서 침대프레임, 매트리스, 책장, 책상, 소파, 식탁 등으로 가져 갈 가구 목록을 줄여서 정리할 수 있겠다.
참고로, 필리핀 가구나 가전은 한국처럼 다양하지 않고, 가격이 비싼 편이다. (TV, 냉장고, 세탁기, 건조기, 오디오, 스타일러, 커피머신, 공기청정기, 에어프라이기, 제빙기, 오븐, 비데 등 필요할 만한 가전은 모두 가져올 것을

강력 추천한다.)

그렇기에 이주비용과 구입비용 등을 고려하여 예산을 편성하면 좋을 것이다.

두번째 고려 사항: Condo VS Village

: 아이가 셋이고 늘 시끄럽고 북적거리는 편이라 첫째, 둘째가 어릴 때를 제외하고 늘 1층에 살았다. 그 이유는 당연히 층간소음에 대한 우려 때문이었다. 처음에 콘도를 투어하고 다양하고 편리한 커뮤니티 시설과 주변상권과의 접근성에 콘도로 마음이 움직였으나, 이내 마음을 접고 빌리지 투어를 시작했다.

알라방/필린베스트 지역에는 많은 빌리지가 있다.
세대수는 빌리지마다 달랐고 내부도 외관도 각양각색이었다. 빌리지는 한국의 타운하우스와는 비슷하지만 약간 개념이 달라서 타운하우스처럼 관리되는 단독주택이라고 보면 된다. 게이트마다 보안시설과 인력이 있고, 약간의 공동 관리비가 부과된다. 선택하기 전 주변 집들도 둘러보면 좋다, 적어도 양 옆으로 어떤 사람들이 사는지 확인하고, 집 근처에 공원이나 체육시설 등이 있다면 매우 유용하게 이용할 수 있다.

다만 빌리지는 자연 친화적인 삶을 즐길 수 있어야 한다. 일단 각종 벌레가 매우 많다.
아주 작은 개미들은 늘 어딘 가에서 아이들이 흘린 달콤한 과자의 냄새를 맡고 모여들고, 도마뱀은 늘 함께 살고 있다. 수영장이 있다면 수영장 관리인을 매주 3-4회 불러 관리하게 해야 하고, 정원의 나무들은 열대 기후의 특성 상 무성하게 자라기 때문에 최소 주1회 가드너가 관리해야 그 아름다움이 유지된다. (합산 1개월에 약 20만원정도의 비용이 소요된다.)

세번째 고려 사항: 주변 상권

: 대형 로컬 슈퍼마켓이 있고, 한국 식품 마트가 있는지 확인하면 좋다. (필리핀에는 S&R, Landers, Landmark, Market Place 등 지역별로 다양한 슈퍼마켓 체인이 있다.)

알라방/필린베스트에는 이 두가지를 만족시키는 슈퍼마켓이 있다.

주말 외식 혹은 가성비 있는 쇼핑을 할 수 있는 몰(mall)로는 ATC(알라방 타운센터), Festival Mall, Molito등이 있다. Grab, Food Panda 등을 이용하여 음식배달도 편리하게 이용할 수 있다.

마닐라는 교통이 매우 혼잡한 편이라 (도로가 효율적으로 정비되지 못했고, 차가 매우 많다) 알라방/필린베스트에서 공항/BGC/마카티 (그린벨트 백화점) 모두 약 20km내외 거리인데 보통 40분에서 1시간 정도 걸린다고 보면 된다.

계약 그리고 해외 이사

이렇게 세가지를 고려하여 알라방에 위치한 빌리지로 집 계약을 마쳤다.

몇차례 투어를 한 끝에 계약을 진행했는데 한국과 비교하여 다른 점이 있다면 필리핀은 한국처럼 이사 최소 3-4개월전에 하우스투어를 하지 않는다.

대부분의 집들은 비어 있는 상태로 매물로 나오며, 소유주는 1-2개월전후로 입주할 세입자를 찾는다. 따라서 마음만 급해서 이주 예정 3-4개월전에

집을 보고는 매우 마음에 들었지만 계약을 못해 몇차례 놓치기도 했다. 결국 이주 예정 2개월을 남겨두고 마음에 드는 집을 찾았고 불안한 마음에 바로 계약도 진행했다. 집이 매물로 나오면 많은 사람들이 보러 오고 계약도 매우 빠르게 진행되기에 현재 매물로 나와 있는 집들 중 가장 괜찮은 집으로 결정하는 편이 좋다. 더 좋은 집을 기다리거나 요구사항이 많으면 놓치기 일쑤다.

나의 경우는 월세를 낮추고 각종 수리 및 보수를 모두 자비로 진행하기로 했다. 따라서 필요한 것을 구입하거나 설치할 때 소유주에게 통보만 하면 되었다. (투어할 때 룸 별 사이즈, 꼼꼼한 인스펙션 확인이 필요하다. 그래야 룸별 가구배치등의 계획을 세울 때 유용하게 활용할 수 있다. 가능하다면 동영상으로 남겨두어 두고 두고 확인할 수 있으면 좋다.)

전세 개념이 없기에 보통 계약은 2-3개월치 월세를 보증금 개념으로 선납하고, 매달 월세를 납부하는 방식이다.
가구가 있을 경우 계약 종료 시점에서 훼손 여부를 판단하여 선납한 월세에서 차감하니, 계약 후 꼼꼼하게 사진이나 동영상을 찍어 기록에 남겨두는 것이 좋다. 계약 종료 후 선납한 월세는 돌려받으면 된다.

가구 없는 집으로 마음을 정한 후 이주비용에 가구를 넣고 이사 업체를 불러 예산을 받았다. 보통 한국에서 3-4인 가정이 이주할 때 컨테이너 20ft 기준으로 견적을 받는다고 하면 가격은 업체마다 상이하지만 대략 800-1200만원선이다. 우리집은 5인이고, 가구와 가전이 좀 많은 편이라 모두 포함하여 40ft로 이사를 진행했다. 이삿짐이 집을 떠나 마닐라 집에 도착하는데 넉넉하게 4주 정도 소요되었다.

웃지 못할 에피소드로…

이사 당일 업체에서 온 10명정도의 전문인력이 500여개의 크고 작은 박스를 옮겼는데 문이 개방되고 안밖의 개념이 모호해지며 어느 순간 맨발로 안밖을 이동하고 있는 사람들을 발견하게 되었다. 이사 전에 업체 불러서 청소도 하고 모기, 개미 등의 방역도 진행했는데 이사 당일 모든 것이 의미 없었음을 깨닫게 된 것이다. 하루 종일 문을 열어 두었던 탓에 각종 벌레 퇴치에 다시 며칠이 걸렸고, 바닥을 수십 번 닦고 또 닦고 서야 집은 다시 말끔 해졌다. 하하하

기타… 살아보고 느낀 점

아침이 되면 햇살이 린넨커튼사이로 들어오는데 초록의 잎들이 햇살 사이로 반짝이는 모습에 기분 좋게 하루를 시작하게 된다. 아이들이 모두 등교를 하고 나서 시계를 보면 7시가 조금 넘은 시간이고 아직도 이른 아침인 것이 낯설면서도 반갑다.

11월-3월까지는 아침 저녁 날씨가 초여름 날씨 정도라서 빌리지를 한바퀴 돌아 걷고 와도 그리 덥지 않다. 창밖으로 보이는 파란 수영장은 보기만 해도 시원해지고, 동네 고양이가 제집 드나들 듯 어슬렁거리는 모습도 작은 새들이 무언가를 먹으려고 바닥을 향해 고개를 박고 있는 모습도 정겹다. 여기가 어딘지 가끔 무감하게 살다 가도 길가에 야자수를 볼 때면 내가 동남아에 살고 있음을 깨닫곤 한다. 그리고 동남아 날씨라고 1년내내 같은 더위는 아니다. 4월부터 슬슬 더워지는데 예상은 했지만 예상을 뛰어넘는 더

위가 찾아온다. 한낮 더위에도 그늘에 있거나 바람이 살랑거리며 불면 금세 시원해지기도 하지만 땀이 주르륵 흐르게 만드는 엄청난 더위임은 분명하다. 연일 낮 기온 38도를 웃도는 일기예보가 말해준다.
사계절이 있는 나라에서 태어나 40여년을 살다가 난생처음 여름만 있는 나라에서 살아보니, 아직은 몸도 마음도 적응 중이긴 하지만 날씨도 생활도 익숙해지면 동네 브런치 맛집을 찾아 아점을 먹으며 한가롭게 커피 한 잔을 해도 좋을 것이다.

백화점 식품관도 없고, 유명 맛집을 30분안에 배달 받는 쿠팡이츠나 배민도 없다. 내일 당장 필요한 것을 주문할 수 있는 쿠팡도 없고, 매일 아침 신선한 식재료를 배송 받을 수 있는 마켓컬리도 없지만 살아보니 마음의 여유가 있어서 좋다. 더불어 구글맵 없이도 어디든 찾아갈 수 있는 드라이버가 있고, 망고와 포멜로를 예쁘게 담아 냉장고에 넣어 놓는 헬퍼도 있다.

나와 취향이 비슷한 사람이라면 빌리지에 사는 것을 추천하고 싶다.

(BSM) BGC 마닐라 정착 이야기

이사가 결정되고 구글지도에서 마닐라를 살펴보다

2022년 1월에 스위스 제네바에서 필리핀 마닐라 행이 최종 결정이 되고 나서 가장 먼저 해본 일은 바로 구글지도를 열어서 필리핀 마닐라를 들여다보는 일이었다. 필리핀 하면 여행지로 유명한 클락, 앙헬레스, 세부, 보라카이, 보홀, 팔라완 등을 살펴본 적은 있어도 마닐라를 관심 갖고 살펴본 적은 없었는데, 이사가 결정되고 나니 조급한 마음에 지도부터 열어보게 되었다. 아내의 회사 주소는 이미 알고 있는 터라, 마닐라에서도 보니파시오 글로벌 시티(이하 BGC)라는 우리나라로 치면 청담동 같은 버블시티가 있다는 것도 알게 되었고, 회사를 중심으로 집과 학교를 알아보는 것으로 리로케이션 플랜을 마련하는 것으로 결정했다.

직주학 근접이라고 했던가, 직장 위치를 중심으로 학교와 주거지를 멀지 않은 곳에 선택하겠다는 전제로 BGC를 포함한 주변에 ISM과 BSM, 그리고 중국국제학교, 한국국제학교 등이 있다는 사실도 알게 되었고, 혹시 BGC 외에 주변도시인 마카티, 다스마리냐스 등으로 집을 구할 경우를 대비해서 사우스빌(파사이), 리들리(파식), 그리고 학교 TO가 없을 경우를 대비해서 브렌트(맘플라산) 등까지 학교 후보지를 넓혀 살펴보기도 했다. 앞서 학교편에 언급했지만 다행스럽게도 우리가 원하던 학교인 BSM에 우리 두아이를 위한 자리가 있다는 것을 알고서 스쿨투어는 ISM, BSM으로 마무리하고 학교에 대한 고민을 마무리할 수 있었다.

다음으로 집을 구해야 하는 과제에 직면했고, 가뜩이나 생소한 나라와 도

시에서 학교를 찾는 것보다 우리 기준의 조건이 맞고, 마음에 드는 집을 구하는 것이 훨씬 어렵고 복잡한 일이라는 것도 알게 되었다. 회사와 연결된 부동산 중개인이 연락이 닿았고, 일단 우리가 찾고자 하는 주거지의 기준을 중개인에게 전달했는데, 아래와 같았다.

집구하기 요구조건

(1) 위치는 직장과 학교가 가까운 거리인 BGC, 마카티, 다스마리냐스로 제한한다.

(2) 일단은 콘도(아파트)와 빌리지(주택)의 장단점을 살펴보기 위해, 모두 하우스헌팅 후보지에 넣기로 한다.

(3) 적어도 4BR이어야 한다 (헬퍼룸은 보통 방 개수에 카운트하지 않는다)

(4) 콘도의 경우 발코니가 있어야 한다.

(5) 콘도의 경우 가급적 신축이어야 하고, 빌리지 단독주택의 경우 현대식으로 리모델링이 되어 있어야 한다.

(6) 우리의 예산은 OOO이다.

(7) 집주인 측에서 OR(Official Receipt)를 발행할 수 있어야 한다.

(8) 가급적 1년이 아닌 안정적인 2년 계약을 희망한다.

(9) 두 달 안에 계약을 마무리하고 입주할 수 있어야 한다. (우리는 2023년 4월 중순경에 마닐라에 이사 왔고, 집을 구하기 전 두 달 동안 임시로 BGC 샹그릴라 레지던스에 머물고 있었는데, 레지던스 생활이 한두달은 편리하긴 하지만 슬슬 내 집과 내 이삿짐이 아직 없다는 부분에서 불편함도 생기는 중이었고 점차 안정감을 잃어가고 있는 상태였다)

(10) 집주인 측에서 우리가 원하는 생활, 주방가전 등을(예. 냉장고, 세탁기,

건조기, 가열방식의 쿡탑 오븐) 지원해 주어야 한다고 요청했고, 나중에 이사 나갈 때 집주인 측에서 시설물에 대한 이의제기가 있을지 몰라서 입주점검(Entry Inspection)을 상호 꼼꼼하고 정확하게 하는 조건을 내걸었다.

에이전시는 우리의 Criteria(요구조건)을 받아서 콘도와 빌리지의 여러 후보지를 정리해서 의견을 보내왔고 10개의 콘도와 10개의 빌리지하우스를 뷰잉(Viewing)한 끝에 지금 거주하고 있는 콘도로 결정할 수 있었다. 주거지를 최종 결정하기까지는 과정면에서도, 행정처리 면에서도 우여곡절도 많았다.

콘도? 빌리지 하우스?

우리가 처음에 콘도와 빌리지에 제한을 두지 않은 이유는, 스위스 제네바에서 콘도와 빌리지를 모두 경험해 보았는데 둘 다 장단점이 있었기 때문이기도 하였고, 스위스에서의 마지막 주거지가 빌리지 하우스(Detached house, 연립주택)이기도 해서 거주지 환경의 연속성을 가져가도 좋겠다 라는 생각을 해서였기도 했다. 마닐라에서 콘도와 하우스를 모두 하우스헌팅 해본 결과 아래와 같은 장단점을 이해할 수 있었다.

	콘도 (BGC)	콘도 (마카티)	하우스 (다스마리냐스)
직장 거리	★★★★	★★★☆	★★☆☆
학교 거리	★★★★	★★☆☆	★★★☆
주거공간 넓이 (동일 예산기준)	★★☆☆	★★★☆	★★★★
주거 시설 (건물 신축)	★★★★	★★★☆	★★☆☆
생활 편의 (마트 등)	★★★★	★★★☆	★★☆☆

사생활 보호	★★★☆	★★★☆	★★★★
주거지 주변지역 안전, 청결	★★★☆	★★☆☆	★★★★
수영장	공용	공용	단독
관리비(Association Due)	★★★★	★★★★	★★☆☆
차량 없이 생활 가능	★★★★	★★★☆	★★☆☆

여러가지 조건 중에 가장 큰 고민을 하게 된 조건은 주거공간의 넓이였다. 만일 도심지의 콘도로 주거지를 결정하면 4BR, 3BR 정도의 한정된 생활공간이 주어지고, 하우스로 결정하면 4BR 또는 그 이상의 생활공간에서 거주할 수 있으면서, 심지어 2층, 3층으로 구성된 복층 주택 생활공간도 가질 수 있었다. 이것저것 짐이 많은 우리에게는 주거공간이 중요한 요소로 작용하기도 했고 또한 비교적 사회적이지도 않아서 반드시 도시나 공동생활권에서 지내야 하는 조건을 갖고 있지도 않았다. 오히려 넓은 주거공간에서 인원수대로 방 하나씩 갖고, 가족음악실이나 영화관, 운동공간을 별도 공간에 따로 마련할 수도 있겠다 라는 계획도 생각해보고, 넓은 가든에서 아이들이 축구도 하면서 층간소음 없이 마음껏 뛰어놀 수 있고, 바비큐파티도 하고, 그리고 동남아 전원생활의 하이라이트인 주택 안에 마련된 수영장에서 아이들이 매일 수영을 하면서, 부모는 곁에 의자에 앉아서 아이들이 노는 모습을 보며 차와 커피를 마시거나, 책을 읽는 아름다운 모습을 상상하게 되어서였다.

하지만, 상상과는 달리 다스마리냐의 하우스투어를 한 결과 현대적으로 리모델링 된 집들은 우리의 예산도 부족했을뿐더러, 그렇게 눈을 돌려 지어진 지 조금 오래된 주택을 둘러보다 보니 아무래도 시설이 노후해서 살아가면서 발생할 관리에 대한 비용도 예측되었을 뿐만 아니라, 저층과 가든에서 발생하게 되는 벌레 등에 대한 방역면에서도 아무래도 취약함이 보였다. 그리고 주부인 나로서도 마트와 편의시설 등을 이용하려면 차를 타고 무조건 시내로 나가야 한다는 불편함도 무시할 수 없는 노릇이었다. 결정적으로 우리가 원하던 하우스가 있었는데, 집주인 측에서 OR를 해주지 못하겠다는 부분과 나중에 예산을 바꿔 올리는 상황도 발생해서 과감하게 다스마리냐스 빌리지에서 거주하는 상상은 이내 곧 접고서 콘도로 눈을 돌리기 시작했다.

BGC에서 어떤 콘도를 알아봐야 하나?

그래서 마음을 돌려서 BGC내의 콘도를 알아보기 시작했다. 그 유명하다던 세렌드라 단지에 가서도 집을 알아보기도 했고, 세렌드라 앞에 새로 신축한다는 이스트타워 갤러리도 가보고, 마닐라 골프장이 보이는 퍼시픽플라자타워(PPT)도 가보고, 그 주변의 다른 콘도들도 다녀보았고, 그 반대편인 Arya레지던스를 비롯해서, 샹그릴라홈즈, 하얏트레지던스 등 열집이 넘게 하우스헌팅을 하게 되었다.

일단 샹그릴라홈즈와 하얏트레지던스는 예산 문제도 있었고 말 그대도 레지던스였기 때문에 내 이삿짐으로 내집에서 생활하는 안정감이 떨어졌고, 뿐만 아니라 우리의 요구사항 조건인 발코니가 없기도 해서 금세 마음을 접었다.

세렌드라는 소문대로 넓은 가든과 다양한 커뮤니티 시설 때문에 마지막까지도 고민이 많았던 옵션이기도 했다. 하지만 마찬가지로 우리가 집을 알아볼 당시 세렌드라에는 4BR 매물이 없었던 이유로 포기할 수밖에 없었다.

퍼시픽플라자타워와 Arya레지던스, 이스트타워 갤러리 역시도 우리 기준에 부합하지 않는 조건들이 있어서, 결국은 BGC내 중심에 위치한 고층 콘도인 THE SUITES라는 콘도로 최종 결론을 내리게 되었다.

THE SUITES(더 스위트) 콘도를 선택하게 된 이유

우리가 더스위트를 선택하게 된 이유는 아래와 같다

(1) 4BR (헬퍼룸 별도)

(2) 발코니 보유

(3) 고층

(4) 다양한 콘도 내 시설 (인도어/아웃도어 수영장, 스포츠센터, 가든, 스카이라운지 등 공용공간)

(5) 몰과 연결된 복합주거 공간

(6) 주변 콘도 대비 신축

우리가 집을 알아볼 당시 마음에 쏙 들었던 공간은 공용공간인 스카이라운지였는데, 늘 에어컨이 틀어져 있기도 했고, 아이들을 위한 방문 학습 선생님을 불러서 라운지에서 공부도 시킬 수 있는 부분이었다. 아무래도 집에서 하는 공부보다는 훨씬 공부환경을 만들어 내는데 도움이 되었다. 그리고 고층의 장점 답게 마닐라 전역을 내려다볼 수 있다는 장점도 있었다. 무엇보다 고층인 이유로 바퀴벌레나 모기 등이 올라오기 어렵다는 부분도 고층 콘도를 선택하는데 좋은 결정이 되었다고 생각했다. 반면 고층이라 우려되는 부분은 지진과 화재에 대한 걱정도 있었는데, 다행히도 지진은 내진설계가 되어 있다고 했고, 실제로 지진이 한번 발생했을 때에도 별다른 이슈가 발생하지 않았다. 화재의 경우 고층이라서 차라리 건물 옥상으로 올라가야겠다는 생각을 했다.

계약하면서 겪은 애로사항

그렇게 집을 결정하고 나서 계약 단계에 돌입하게 되었고, 집주인측은 대리인을 통해서, 우리는 아내의 회사와 중개인을 통해서 계약을 진행하게 되었는데, 정식 계약서를 작성하기 전 계약 의향서 LOI(Letter of Intent)를 작성하기까지는 문제가 없었는데, 정식 계약 시점에서 아내 회사가 요구하는 OR을 집주인 측에서 발행하기 어렵다고 해서 한바탕 설전이 오갔고, 그 결과 계약이 파기되는 과정까지 갈 뻔했다가, 우여곡절 끝에 집주인 측이 OR을 발행하기로 마음을 바꿔서, 한동안 마음 졸였던 계약 과정에서 마침내 마침표를 찍을 수 있게 되었다. 뿐만 아니라 스위스 거주시절 인스펙션의 중요성을 단단히 경험했던 터라 마닐라에서 집을 계약하면서도 마찬가지로 우리의 높은 인스펙션 기준에 대해서 집주인 측이 받아들이지 못했던 부분도 있었으나 우리의 주장을 끝까지 관철시켜서, 이사를 마치고 보름정도는 집에 대한 하자나 보수, 문제점에 대해서 꼼꼼히 입주점검을 마치고 나서 집주인 측에 통보를 했고, 합의된 부분에 대해서는 집주인 측에서도 엑시트 인스펙션 시에도 문제 삼지 않겠다는 사인을 받을 수 있었다. 그리고 집주인 측에서 지원해주겠다는 시설물(냉장고, 세탁기, 건조기, 가열방식 쿡탑오븐, 주차공간, 여분의 집 열쇠, 여분의 콘도 시설물 이용카드 등)에 대해서도 이러쿵저러쿵 말이 많았는데, 대부분 우리가 관철하는 사항을 집주인 측으로부터 받아낼 수 있었다.

꼭 확인해보아야 할 인스펙션 항목들

집을 알아보러 다니면 보통 집의 내부구조와 인테리어, 그리고 간단하게 확인해 볼 수 있는 부분들만 확인하고 계약을 진행하게 되는데, 이사 후에 살면서 발견하거나 깨닫게 되는 항목들이 있어서 아래 항목들을 최종 이사가 마무리되기 전, 무상하자 보수기간 전까지 더블 체크해 보는 것이 좋다. 간혹 어떤 집주인들은 계약 이후 하자보수에 대한 책임을 회피하거나, 하자를 이유로 보증금을 돌려주지 않거나 제하는 경우가 있으니 꼼꼼히 확인해서 손해볼 것이 없다.

(1) 전기, 수도 등 유틸리티 점검, 관리비 미납 요금 확인

(2) 집안 내에 파손된 부분은 없는지, 이미 파손된 부분이 있다면 하자보수를 신청할 것인지, 그냥 두고 엑시트 인스펙션에서 제외할 지 결정

(3) 집안 곳곳 누수, 오염, 환기 등의 문제는 없는지 확인

(4) 빌트인 또는 집주인이 제공한 전기 물품 등은 작동이 잘 되는지 확인

(5) 살면서 발생하는 하자에 대해서 어디까지가 집주인 측의 하자 수리 범위인지 미리 확인

(6) 에어컨 기능 확인 및 에어컨 필터 청소 확인

(7) 전기코드는 곳곳에 위치하고 있는지 확인

(8) 인터넷 라인 확인

(9) 누전차단기, 화재 알람 경보 작동 및 소화기 등이 있는지 확인

(10) 바닥 또는 마루에 하자나 기스는 없는지 확인

(11) 벌레 등에 대한 방역 확인

(12) 층간소음, 이웃간 흡연 등에 대한 부분 확인

(13) (패브릭)커튼 오염 또는 (블라인드) 커튼 정상 작동 확인

(14) (빌리지, 주택의 경우) 정원관리, 수영장 수질 관리 등은 어떻게 하는지

(15) 세입자가 추가로 설치하고 변경하고 싶을 때 집주인과의 협의 절차가 어떻게 되는지

(16) 원상복구에 대한 가이드 등

이삿짐이 들어오고 마침내 정착시작

계약을 마친 뒤로 입주를 마쳤고, 이삿짐이 오기 전까지 약 한달 간은 가구, 가전 렌탈을 하면서 지냈고, 마닐라 항구에 대기하고 있던 스위스로부터 온 이삿짐을 마침내 맞이할 수 있었다. 이삿짐 업체와 함께 이삿짐 박스의 넘버를 하나 하나 함께 체크하며 혹시나 이삿짐 중에 분실된 것이 없나 확인하면서, 동시에 이삿짐 인부들에게 이삿짐 박스들을 집안 원하는 곳에 놓아 달라고 요청하면서, 풀어놓은 박스들 중에 분실되는 물건은 없는지, 혹시나 파손이 생긴 것은 없는지 하나 하나 확인하는 작업을 병행해야 했다. 이후 분실되거나 파손된 물건들은 이삿짐업체에 별도로 리포트를 해서 심사 후 보험청구를 통해 일정부분 보상을 받기도 했다. 뒤돌아보면 이삿짐 들어오는 날에 다행스럽게도 헬퍼가 있어서 아내와 나는 박스점검과 이삿짐풀기를 동시에 할 수 있었고, 헬퍼는 청소와 정리를 도와줌으로써 한결 수월한 이삿짐 정리를 할 수 있었다. 이삿짐 들어오는 날에는 상주헬퍼가 아니더라도 적어도 파트타임 헬퍼는 꼭 채용해서 함께 일을 나누는 것이 바람직하다.

BGC도심에 살면서 얻은 생활 편리

BGC는 물가가 비싸다라는 단 한가지 이유만 제외하면 더할 나위 없이 살

기 좋은 곳이다. 외국인들과 마닐라의 부자들이 살고 있는 버블시티다보니 다른 지역대비 훨씬 안전한 곳이기도 하고, 도시정비도 상대적으로 깔끔하게 되어 있다. 자가 운전자라면 도시 내에서 운전하기도 편한 곳이기도 하다. 집 주변 곳곳에 마트, 식당, 대형병원, 약국, 그리고 각종 공공/편의시설이 가까이에 자리하고 있고, 도심을 가로지르는 보니파시오 하이 스트리트로 불리는 길게 뻗은 문화생활 공원이 있어서 늘 사람들로 즐거움이 넘쳐나는 곳이기도 하다. 평일, 주말 할 것 없이 무더위가 지나간 시간이면 다양한 사람들이 수없이 오가는 곳이라 이것이 바로 마닐라 도시의 삶이구나를 매일매일 느낄 수 있는 곳이기도 하다. 한국의 강남 물가 수준인 것만 제외하면 마닐라에서 가장 살기 좋은 지역 중의 하나가 아닐까 생각해본다. 물가가 비싸다는 의미는 물건값을 제외하고도 마찬가지로 상대적으로 인건비(헬퍼, 드라이버 등), 생활유지비(교육, 병원, 생활 관리비용 등)도 높다고 보면 되어서, 고물가를 이곳 생활의 안전과 생활편의 등으로 맞바꾸었다고 생각하는 것이 어떻게 보면 마음 편하게 생각할 수도 있겠다.

영어를 어느정도 해야 살기 편해지는지?

필리핀은 동남아시아 국가 중에서 영어를 사용하면서 살기 편한 나라 중에 하나로 속한다. 따갈로그와 지역마다 사용하는 필리핀 언어 외에 기본적으로 이곳 사람들이 영어를 사용하는 환경에 익숙하다 보니, 영어를 사용하면 보다 편한 삶을 살 수 있다는 말과도 일치한다. 종종 이곳 사회에서 지내다 보면 이해가 안되는 상황들도 종종 발생하고, 현상에서 발생하는 부분 외에도 사람에게서 발생하는 어려움도 발생하기 때문에, 감사의 말보다는 불평, 불만, 클레임을 잘 할 수 있는 영어에 좀 더 익숙해지게 된다. 또한 늘 감사와 예의를 갖춘 영어표현에 입이 베어 있다가, 가끔은 헬퍼와 드라이버 등 다른 사람들에게 엄격하게 말을 전달해야 할 경우도 생겨서 가끔은 엄격한 말도 할 수 있어야 하는 상황 들도 있다. 아이들도 학교생활을 잘 해쳐 나가기 위해서는 영어에 익숙해질 필요가 있고, 한국에서부터 미리 영어에 익숙한 환경을 이어온다면 보다 편리한 생활을 하는데 충분히 도움이 된다.

그럼에도 한국보다 인건비가 저렴하기 때문에…

BGC는 물가가 비싸기 때문에, 인건비도 마찬가지로 상대적으로 다른 지역대비 비싸다는 이야기를 언급했는데, 그럼에도 한국에서의 인건비보다는 저렴하기 때문에 필리핀에서 교육을 제공하는 사람들을 통해서 가성비 높게 배울 수 있는 것들이 매우 많다. 수영, 농구, 축구 등 각종 스포츠도 심지어 1:1로 배울 수 있고, 악기 등 예능뿐만 아니라 영어, 수학 등 사교육도 마찬가지로 선생님을 집으로 불러서 심지어 1:1로 교육을 받을 수 있다. 인건비가 낮다고 해서 교육의 품질이 나쁜 편도 아니기 때문에 이런 부분을 잘 활용하면 여러가지 교육을 가성비 높게 효과적으로 배우기에 좋은 나라이기도 하다. 선생님을 찾는 방법은 방과 후 교육 편에서 다루었기 때문에 참고하면 되겠다.

(ISM) BGC 마닐라 정착 이야기

BGC 동네 이야기

이제 내가 사는 동네 이야기를 해 볼까 한다.

헬퍼와 운전기사 고용

동남아에 오면 싼 노동력으로 인해서 집에서 도움을 줄 수 있는 헬퍼와 아이 돌보미, 운전기사 등을 고용할 수 있다. 마음 맞고 눈치 빠른 사람을 구할 수만 있다면 가사의 노동에서 벗어나서 조금은 여유시간을 가질 수 있다. 우리는 다행히 운전기사와 출퇴근 헬퍼를 전임자로부터 소개받아서 고용할 수 있었다. 아는 지인이 임기를 마치고 떠날 때 소개받을 수만 있다면 검증되고 믿을 만한 사람들을 고용인으로 선택할 수 있다. 물론 고용인의 임금과 조건을 물려받는 경우가 많아서 협상이 대부분 불가능하고, 또 전임자와 회사로 연결이 되어 있기 때문에 소문이 날까 고용인을 그만두게 할 때 어려움을 겪을 수도 있다는 단점이 있다.

아이들이 어릴 경우 상주 헬퍼를 고용하길 추천한다. 출퇴근일 경우 오전 9시 출근, 6시 퇴근이 일반적인데, 혼자서 오전 7시 반까지 등교해야 하는 아이들을 준비시키고 도시락까지 싸야 한다면 아침 시간이 너무 분주하다. 또한 남편과 오붓하게 저녁 데이트라도 하기 위해서는 누군가 집에서 아이들을 돌보아 주어야 가능한 일이다.

자동차와 그랩

남편의 직장이 가까운 곳에 우리는 콘도를 얻었다. 아이는 학교와 거리가 있어서 스쿨버스를 타고 등교를 하다가 이제는 자가용을 타고 기사가 데려다 준다. 물론 남편과 내가 돌아가면서 등하교를 같이 한다. 아이가 아직 초등 저학년이라 기사 혼자서 등하교를 책임지기에는 안전상의 문제로 마음이 안 놓이는 부분이 있다.

처음에는 우리도 운전기사를 고용할 의사가 없었다. 학교와 직장이 가까운 거리에 있고 주말에는 남편이 운전하고, 주중 필요한 경우에는 그랩을 사용할 생각을 하였다. 하지만 마닐라에서 몇 주동안 그랩을 사용해 보니 최악이라 그랩에 의존해서 생활할 수 없음을 깨닫게 되었다. 어느 날은 집에서 500미터 떨어져 있는 마트에 가서 우유를 샀는데 사다 보니 짐이 너무 무거워져서 그랩을 부르게 되었다. 마침 퇴근 시간대인 4시경이라 그랩이 잡히지 않아서 한시간을 마냥 기다리고 있었다. 물건 산 것을 버리지도 못하고 아이가 집에 올 시간은 다 되고, 하염없이 기다리다가 미안하지만 가까운 회사에 있는 남편에게 도움을 요청할 수밖에 없었다. 남편이 콘도 주차장에 가서 차를 운전해서 데리러 왔다는 황당한 얘기다.
운전기사를 고용하고 나서 확연히 마닐라 삶의 질이 달라졌다. 그랩이 잡힐까 고민하는 불편감도 해소되고, 아이의 하교도 헬퍼에게 부탁할 수 있어서 BGC에서의 교통 체증에 덜 시달릴 수 있어서 감사하다. 콘도에서 ISM까지 거리상으로는 15분, 막히면 30분이 더 걸린다. 아이의 하교 시간과 학원 셔틀을 내가 혼자 했더라면 몇 번씩 왕복해야 하는데 운전기사와 헬퍼가 있어서 너무 다행이라는 생각이 든다.

병원

내가 살고 있는 BGC에는 Saint Luke's hospital 이 있다. 종합병원이지만 한 빌딩에 여러 과목을 진료하는 의사들이 입주해 있는 형식이다. 예약을

하려면 의사들이 고용하는 개인 비서들의 연락처를 알아내어서 비서에게 연락해서 예약을 해야 한다. 각 과목 의사들의 이름을 알아내고, 개인 비서들의 연락처까지 알아내어서 진료 예약을 해야 하는 시스템이 너무 낯설다. 또한 의사들이 Saint Luke's hospital 에서만 진료하는 것이 아니라, 각 병원을 돌아다니기 때문에 언제 이 병원에서 진료를 하는지 시간과 요일까지 알아내야 한다.

당장 아이가 아프다고 진료를 볼 수 있는 시스템이 아니다. 겨우 예약을 하고 시간에 맞춰서 가면 대기는 필수다. 피부에 종기가 생겨서 피부과에 어렵게 예약을 하고 갔더니, 환자가 밀려서 4시간을 기다려서 의사를 보고 나왔다. 너무 힘들고 하루 반나절을 써야 해서 다음에는 웬만한 병은 한국에서 사온 약을 먹는다.

남편은 마닐라에 도착하자마자 식중독에 걸려서 고생을 하였다. 남편이 평생 그렇게 음식으로 아픈 모습을 본 건 처음이었다. 몸에 열이 나고 복통을 호소하면서 밤새 구토에 시달렸다. 한국이라면 당장 병원에 데려갈 정도로 심하게 앓았으나, 응급실에 가도 몇시간을 기다려야 의사를 볼 수 있다고 얘기를 들어서 그렇지 않아도 기운이 없는 남편을 병원에 데려가지 못했다. 남편은 일주일 정도 기운이 없이 회사에도 못 갔다. 필리핀에서는 아파도 병원에 가는 게 쉽지 않다.

영어책 서점: Fully Booked & National Book Store

필리핀은 영어권 국가이고, 아이가 국제학교를 다니기 때문에 영어책을 쉽게 구할 수 있다고 생각하면 안 된다. 우리 아이가 다니는 ISM은 여름 방학 2달 동안 도서관이 문을 닫는다고 한다. 또한 한국에서는 싸게 구할 수 있는 영어 원서들이 이곳 마닐라에서는 제법 돈을 줘야 살수 있다. 종류도 많지 않다. 되도록이면 한국에서 영어 원서들을 사서 가져올 것을 추천한다.
우리가 좋아하는 영어 서점은 High street에 위치한 Fully Booked이다. 3층짜리 작은 건물인데, 자유롭게 아이들이 책을 읽을 수 있는 널찍한 공간이 2층에 자리잡고 있어서 시원한 에어컨 바람도 쐴 겸 아이와 종종 들린다. 아이는 항상 만화책 코너에 가서 Big Nate 나 Cat Kid 같은 책을 집어 들고 읽는다. 아이에게 권장 도서를 읽히기 위해서도 집에 괜찮은 영어 원서들을 구비해 놓아야 한다. 안 그러면 아이가 학교 도서관에서 빌려오는 책들도 만화책이라서 집에서 읽힐 책이 없다.
National Book Store는 웬만한 쇼핑몰에는 다 입주해 있는 서점이다. 영어 원서들을 살수 있고, 학용품도 살수 있다.

쇼핑은 어디서 하나요?

내가 주로 사용하는 온라인 앱과 오프라인 쇼핑 매장을 공유하고자 한다.

✔온라인 쇼핑몰 Lazada: 영어 원서들을 종종 구입하는 편이다. 또한 아이 장난감, 생활용품, 마사지 의자도 구입해 본적이 있다. 한국의 쿠팡처럼 빠르게 배달이 되지는 않아도 필리핀 국내 배송 옵션을 누르면 며칠만에 도착한다. 상품의 질은 검증이 되지 않아서 웬만한 제품은 오프라인 매장에서 구입하는 편이다.

✔MetroMart **앱**: 부피가 크고 무거운 우유나 휴지, 청소용품 등을 배송 받고 싶을 때 주로 이용하는 앱이다. 생필품 외에도 야채, 과일, 고기, 빵을 주문하는 옵션도 많고 배송 시간도 정할 수 있어서 자주 이용한다.

✔Grab: 그랩은 음식 주문을 할 때 사용한다. 케익을 주문했는데 너무 빠르게 배달되어서 의아해하면서 열었더니 케익의 반이 부서져 있었다. 그랩으로 음식 주문할 때 유의할 사항이다.

✔**카톡으로 주문**: 한국분들의 카톡으로 야채, 과일, 불고기감이나 삼겹살 등 모든 부위의 고기와, 쌀 등을 주문할 수 있다. 시장에서 새벽에 사다 배송을 해 주기 때문에 신선하고 믿을 수 있어서 이제는 주로 카톡으로 간편하게 주문한다.

그 외 Amazon US가 필리핀까지 일정 가격 이상이면 무료 배송이다. Iherb도 배송이 빠르다.

✔**오프라인 창고형 매장 S&R, Landers**: 한국의 코스코를 연상시키는 멤버 전용 창고형 매장이다. 생필품을 비롯해서 가전제품도 판다. 주로 우유나 유제품, 고기 등을 구매하고, 자주 쓰는 휴지나 청소용품도 대용량으로 산다.

✔Market Place: 쇼핑몰 지하에 있는 마트인데 가격대가 있다. 이 곳에서는 마닐라의 물가를 생생하게 체험할 수 있다.

✔**한인 마트**: BGC 내에서는 작은 규모의 한인 마트가 몇개 있다. 라면, 아이 군것질 거리, 냉동식품, 간장, 참기름 등 웬만한 한국 식품들은 다 구입할 수 있다. 한인들이 많이 사는 콘도에서 걸어갈 수 있는 곳에 위치해 있어서 교통도 편리하고 무료로 배달도 해 준다.

✔**SM aura, Uptown mall**: BGC 안에 있는 쇼핑몰이다. 소소하게 쇼핑할 수 있다. 장난감 매장이 이 두 쇼핑몰 안에 있는데 아이들 생일파티에 가면 선물 포장지가 거의 비슷하다.

✔**Market!, Market**: 동대문 상가처럼 작은 매장들이 몰려 있는 곳이다. 옷 수선이나 아이 코스튬을 살 때도 이 곳에 간다.

(BRENT) ALABANG(알라방) 마닐라 정착 이야기

집구하기1: 집을 찾는 방법

남편은 12월에 먼저 필리핀으로 넘어오며 Sommerset Hotel(소머셋호텔)에서 머물렀다. 알라방의 대표 호텔로는 소머셋호텔과 아카시아호텔이 있는데, 소머셋호텔에는 쿡탑과 작은 개수대가 있어 간단한 요리를 할 수 있는 레지던스타입의 호텔이라 단순 침대만 구비되어 있는 아카시아 호텔보다는 편리했다. 남편은 소머셋호텔에 묶으며 부동산 브로커를 통해 집을 둘러보았고, 나는 서울에서 Buy, Sell, & Rent Property Online - Real Estate Philippines | Lamudi 와 Buy, Sell, & Rent Property Online - Real Estate Philippines | MyProperty를 통하여 집을 찾았다. 괜찮은 집들을 캡처하여 남편에게 전달하였고, 부동산브로커에게 내가 캡처한 집을 보여주며 실제로 다시 한 번 확인할 수 있었다. 남편은 직접 본 집을 열심히 촬영하여 나에게 전송했다.

우리는 몇 가지 기준을 정해 집을 찾았다.

집구하기2: 각자 원하는 집의 요건

아이의 집 요건은 세가지였다.

(1) 이층집일 것

(2) 한국집보다 (본인)방이 클 것

(3) 수영장이 있을 것

남편과 나는 거의 비슷했다.

(1) 가급적 리모델링이 되어 있는 집일 것 (특히 화장실이 깨끗할 것)

(2) 방마다 에어컨이 설치되어 있을 것
(3) 창문에 커튼 또는 블라인드가 설치되어 있을 것 (아침에 햇빛 때문에 일어나고 싶지 않았고, 사생활 보호도 중요하기 때문이다)
(4) 관리의 어려움이 있기에 큰 집보다는 알찬 구성의 집일 것
(5) 홈 캠핑을 꿈꾸며 적당한 마당이 있을 것
(6) OR(Official Receipt) 발행이 가능할 것 (이곳의 VAT rate는 한국보다 높은 12%이기 때문에 OR을 발행해주지 않는 집주인들이 생각보다 많다)
남편은 브로커로부터 조건에 맞는 집과 내가 사이트를 통해 검색한 집을 직접 구경하며 열심히 동영상을 찍어 전송했다. 그리고 1월 말에 맞추어 리모델링이 끝나는 집을 선택하여 2월부터 남편 먼저 입주하였고, 우리는 2월 말에 이사를 하게 되었다.

집구하기3: 주의사항

계약을 진행하면서 알게 된 것은 전원주택의 경우 생각보다 유틸리티비용이 크다는 것이었다. 계약서에는 1년에 4번 에어컨 청소, 1년에 2번 대청소와 커튼/롤스크린 청소, 해충방역 관리(세스코)비용, 정원과 수영장관리가 명시되어 있다. 임대인은 임차인과 사전 연락 후 임대인이 지정한 업체를 집으로 보내 청소 등을 시키도록 되어 있었고, 당연히 돈은 임차인이 지급하여야 한다. 현재 수영장 풀가이가 일주일에 3번씩 오면서 수영장과 정원을 관리해 주고 있으며 직접 영수증을 끊고 돈을 따로 지급하고 있다. (1달에 8,000PH)
처음에는 조금 아까운 듯하지만 에어컨의 경우 1년 내내 사용하고 있고, 전원주택이라 어쩔 수 없이 해충도 많은 편이라 가족의 건강을 위해 필요한

부분이지 싶다.

한국보다 방이 커지면서 그에 맞는 가구가 필요하게 되었는데, 임대인과 협의하여 (게스트용)침대와 소파를 얻을 수 있었다. 필리핀의 경우 가전 가구가 한국보다 비싸기 때문에 가구와 가전의 옵션여부가 중요한 조건 중의 하나일 수 있다. 가구의 옵션을 집주인 또는 브로커와 잘 네고해 보자.

집구하기4: 알아 두어야 할 점

필리핀의 경우 방음이 확실한 한국의 아파트와 많이 다르다. 이중창은 찾아볼 수 없을 뿐 더러, 너무나도 얇은 알루미늄샷시로 되어 있어 옆집의 개 짖는 소리조차 바로 옆에서 짖는 것 마냥 잘 들린다. 어쩔 수 없이 감내해야 할 것 중의 하나이다.

또 다른 알라방 빌리지의 특징 중의 하나는 대부분의 집이 양철지붕(함석지붕)으로 되어 있다. 시멘트로 덮은 것이 아니기 때문에 필리핀의 뜨거운 햇빛에 취약해 보통 2층은 찜통처럼 덥다. 특히 비가오는 날이면 양철지붕의 빗소리가 어마어마하다. 필리핀은 아열대기후로 5월말부터 10월까지 우기로 접어드는데도 불구하고 왜 양철지붕일까를 생각해보니 아무래도 비용과 무게 때문이 아닐까 싶다. 덕분에 우리 침대 머리맡에는 늘 이어플러그가 구비되어 있다.

이 곳의 또 다른 특징은 도로 옆 큰 나무들과 함께 전깃줄이 지상에 걸려 있다는 것이다. 필리핀은 태풍의 영향을 많이 받는 나라로, 비바람이 심하면 큰 나무가 쓰러지기도 한다. 그러면서 자연스럽게 전기가 끊기기도 한다. 그럴 때를 대비해 늘 무선 선풍기와 무선램프를 충전해 놓고 있다. 정전이 될 때의 팁을 얘기해보자면, 정전이 된 후 냉장고 문을 열면 냉기가 빠져나가 음식들이 상하기 쉽다. 따라서 냉장고 문은 가급적 열지 않도록 하자! 필리핀 나무들의 경우 사시 사철 녹색인 것처럼 보이지만 잎 갈이를 한다. 대부분 두 달 주기로 잎이 무수히 떨어졌다가 새로 자라고를 반복한다. 대부분의 집 앞에는 큰 나무들이 있어 아침마다 잎을 쓸어 정리하는 것이 필요하다. 잎을 담는 봉투와 일반 쓰레기 봉투의 색이 구분된다. 보통 잎을 담는 봉투는 초록색, 일반 쓰레기 봉투는 검정색이다. 별도의 분리수거는 없으나 잎을 담는 봉투가 구분이 되어 있고 각각의 봉투는 마트에서 쉽게 구입이 가능하다.

햇빛이 뜨거운 만큼 정원 가꾸는 일도 보통이 아니다. 초록 초록한 정원을 위해 충분히 물을 주어 관리를 하여야 한다. 특히 더운 날에는 몇 번씩 물을 주는 등의 관리가 필요하다. 나무가 많은 만큼, 벌레도 많기 때문에 밖에 나갈 때에는 꼭 벌레퇴치 스프레이를 뿌릴 수 있도록 하고 있다. 병원에서도 감기 보다 모기로 인한 뎅기열병을 조심해야 한다고 얘기를 들었다. 현재 예방 백신이나 치료약이 개발되지 않은 상태라 모기가 번식할 수 있는 고여 있는 물이 없도록 주변을 깨끗하게 치우는 것이 최선이라고 한다. 한국에서 홈매트를 대량으로 전달받아 방마다 풀가동시키고 있다.

알라방 빌리지의 경우, 가스와 물을 별도로 충전하여야 한다. 우리집의 경우, 새로 리모델링한 집이어서 인지 물이 자동으로 급수가 되고 있으나, 그렇지 못한 곳도 있다고 들었다. 그렇지 못한 곳은 물을 매번 충전해야 한다고 한다. 또 가스의 경우 큰 가스통을 충전하여야 하는데, 취급하는 곳이 많지 않기 때문에 가스를 다 쓰게 되면 바로 다음 가스통을 구입하는 등의 대비가 필요하다.

마지막으로 알라방의 경우 워낙 오래된 지역이기에 배수관이 깨끗하지 못하다. 설거지의 경우 수돗물로 하고 있지만, 직접 입에 닿는 야채는 브리타 정수기와 브리타필터를 구입하여 한번 헹구어 사용을 하고 있다. 한국에서 샤워 헤드와 샤워 필터도 대량 구매하였다. 샤워필터의 경우 일주일만 되도 색이 변해 갈아주어야 한다. 양칫물은 아직도 퓨리파이드(정수된 물)을 사용하고 있고, 마시는 물은 디스틸드(증류수와 같이 끓인 물)를 마셔 배앓이를 예방한다.

알라방소개1: 마트편

(1) 한인 마트: 알라방에는 한국인들이 꽤 살고 있는 편이라 빌리지를 나서면 몇 군데 마트가 있다. 빌리지에서 나서자 마자 있는 **한양마트**(92X6+P82, Daang Hari Road, Almanza Dos, Las Piñas, Kalakhang Maynila), 커머스센터에 있는 **아씨마트**(Commerce Center, Commerce Avenue Corner Filinvest Avenue, Alabang, Muntinlupa, 1781 Metro Manila)가 있다. 컵라면, 과자 등을 쉽게 구할 수 있으나 종류는 많지 않다. 알라방에서 가까운 BF홈즈에는 한국인들이 더 많이 살고 있기에 BF 내에 큰 한인 마트를 이용할 수 있다. 그 중 유명한 마트는 **진마트**(Kalakhang Maynila, Parañaque, PH 284)와 **하나로마트**(#37 President's Ave, Parañaque, 1720 Metro Manila)가 있다.

(2) 토요 마켓: 매주 토요일에는 유니버시티 스트리트에서 열리는 알라방 토요 마켓을 구경가보는 것도 좋다. 특히 여기서는 과일 야채뿐만 아니라 '티사랑'에서 나와 한국음식을 팔고 있으며, 숯불에 구운 돼지고기, 닭고기와 생선, 크랩, 오징어 등도 팔고 있어 토요일 아침과 점심을 해결하기 좋

다.

(3) **슈퍼마켓**: 알라방에는 큰 마트 몇 개가 있어 소개하고자 한다. ATC에 있는 **마카티슈퍼마켓**(Town Commercial Center, 1780 Theater Dr, Ayala Alabang, Muntinlupa, Metro Manila)은 내가 자주 가는 곳 중의 하나로 과일이 괜찮은 편이다. 그 외 수입품을 많이 취급하는 **랜드마크**(Festival Supermall, Civic Dr, Alabang, Muntinlupa, 1781 Metro Manila)도 쾌적하고 넓어 쇼핑하는 재미가 있다. **사우스슈퍼마켓**(Blk 27, South Supermarket Filinvest Avenue Filinvest Corporate City, Muntinlupa, 1781 Metro Manila)은 마카티슈퍼마켓보다 저렴한데 있을 것은 다 있는 알짜 마트로 과일을 빼고는 사우스슈퍼마켓을 이용하고 있다.

(4) **멤버십마켓**: 크게 S&R과 Landers가 있다. **S&R**은 한국 코스트코와 거의 유사하다. 코스트코의 판매 품목인 커클랜드 제품도 상당히 자주 볼 수 있다. 주로 이곳에서 고기를 자주 구입하곤 한다. 가끔 S&R의 피자를 먹곤 하는데, 한국 코스트코에서 판매하는 피자 느낌이다(양도, 맛도 그렇다). 꽤 인기가 많은 편이다. S&R의 멤버십금액은 1년에 700PH이다. **Landers**도 유사한 창고형 매장으로 S&R보다 구간 간격이 넓어 쾌적한 편이다. 특히 소형수입가전들을 팔고 있어 유용하다. 멤버십 금액이 연간 900PH여서인지 S&R보다 사람은 적다.

(5) **그 외**: 슈퍼체인으로 **The market place**이 있으며 이곳은 빌리지 안에 있어 멀리 나가기 불편할 때, 급하게 필요할 때 이 곳을 이용한다. ATC몰 안에는 2층의 **노브랜드**가 입점 되어 있다. 한글로 '노브랜드'라고 적혀 있는데 처음 봤을 때 간판만 봐도 가슴이 뛰었다! 노브랜드에서 파는 제품들

중 일부 제품들과 샴푸 린스 등의 화장품, 생활용품들을 팔고 있다. **카카오톡**으로 한국인들을 대상으로 밀키트 혹은 김치 등도 판매 중이다. 지역마다 무료배달이 가능한 최소 주문금액이 있기 때문에 모아서 주문하는 편으로 한국산 야채를 포함한 다양한 제품들을 구입할 수 있고 보통 다음 날 배송이 되어 편리하다.

알라방소개2: 병원 편

(1) 누가병원(46 Aguirre Ave, Parañaque, 1700 Metro Manila): 알라방 근교의 BF홈즈에 한국인 간호사가 있는 병원이 있다. 사전 예약 후 진료를 받아볼 수 있으며 아무래도 한국인이라 의사소통이 편리하다. 아이가 첫 일주일 학교 등원 후 감기가 심하게 걸려 누가병원에 방문한 적이 있다. 간호사 선생님께서 마치 예언처럼(!) "앞으로 3개월은 계속 아플거에요, 원래 그래요~" 하셨는데 아이는 정말 3개월 내내 감기를 달고 살았다. 아이가 감기를 걸리고 내가 옮고 다시 아이가 나에게 옮아 감기에 걸리고 내가 다시 옮는 과정이 3개월이었다. 적응하는 과정이라고는 하나 험난했다. 한국에서 가져온 해열제 등의 비상약도 모두 소진했다. 아이가 어리면 물약병을 많이 가져오면 도움이 된다.

(2) 아세안병원(2205 Civic Dr, Alabang, Muntinlupa, 1780 Metro Manila): 필리핀 최고의 종합병원 중 하나이며, 페스티벌 몰 근방에 위치해 있다. 필리핀의 최고 병원 답게 우수한 의료진, 편의시설, 응급시설, 입원시설 등이 잘 갖추어 있다.

(3) AAVA Lifeline Clinic (Neighborhood center, Narra St., Ayala Alabang

Village): 24시간 운영되는 병원으로 아얄라 빌리지 안에 있기에 이용하기가 편리하다. 총 세 명의 의사선생님이 있고, 피검사, 엑스레이 검사도 가능하다고 한다.

(4) Healthway Clinic: 10개의 지점이 있는 병원으로 알라방에는 ATC내에 1곳(2F Alabang Town Center, Alabang-Zapote Rd.), 페스티벌몰에 1곳(2F Alabang Town Center, Alabang-Zapote Rd.)이 있다.

알라방소개3: 몰 편

(1) Alabang Town Center(Commerce Avenue, corner Madrigal Ave, Ayala Alabang, Muntinlupa, 1780 Metro Manila): ATC라고 약자로 부르는 곳으로 분위기가 우리나라의 아울렛 느낌이다. 야외까지 이어진 공간으로 식당을 포함하여 카페, 의류매장, 서점, 게임 샵, 장난감가게 등 다양하게 구성되어 있다. 앞서 소개한 마카티슈퍼마켓이 ATC 지하 1층에 있다.

(2) Molito(Madrigal Avenue, corner Commerce Ave, Ayala Alabang, Muntinlupa, Metro Manila): 다양한 음식점이 입점 되어 있고 넓은 잔디밭에 분수와 예쁜 조명으로 장식되어 있어 분위기가 좋다.

(3) Festival Mall(Madrigal Ave, Ayala Alabang, Muntinlupa, 1780 Metro Manila): ATC와 비슷하게 아울렛 느낌의 몰로 '리버 파크'라는 이름의 호수까지 연결되어 있을 정도로 크다. 지하에는 놀이기구도 있고, 지상에는 키즈카페도 있다. 백화점과 아울렛을 합쳐 놓은 분위기. 특히 호수 위 조명으로 반짝이는 밤분위기가 좋은 곳이다.

(4) Commerce Center(Commerce Avenue cor Filinvest Alabang and East Asia Drive, Filinvest Ave, Alabang, Muntinlupa, Metro Manila): 영화관이 있는 곳으로 2층에는 유명하다는 마사지 샵이 있고, 그 옆으로는 아씨마트 체인점, 맞은 편으로는 한국의 설빙 같은 빙수를 먹을 수 있는 카페가 있다.

알라방소개4: 식당 편

(1) 한국식당: 유명한 몇 곳을 소개하고자 한다.

✔ **토담**(aang hari road A 101c alabang west parade, Almanza Uno, Las Piñas, 1470 Metro Manila)

✔**소가미가**(C28V+74P, Upper Ground Floor, Festival Supermall Expansion Wing, Alabang, Muntinlupa, 1781 Metro Manila)

✔ **한식원**(C278+JCF, Daang Hari Road, Almanza Dos, Las Piñas, 1750 Kalakhang Maynila)

✔**두끼**(Space No. 2070, Upper Ground, Connector Mall, New Wing, Alabang, Muntinlupa, Metro Manila)

(2) 그 외 추천식당

✔ **Wildflour**: 필리핀 식당은 보통 11시에 오픈하는데 아침 7시부터 영업하는 곳으로 브런치를 즐길 수 있다. 파스타가 꽤 괜찮고 분위기도 좋다.

✔ **Army Navy Burger** (Space No. 2070, Upper Ground, Connector Mall, New Wing, Alabang, Muntinlupa, Metro Manila): 개인적으로 ATC에 있는 쉑쉑버거보다 맛있다. 채식인 패티만 주문하지 말도록 하자.

✔ **Red House Taiwan Shabushabu** (Space No. 2070, Upper Ground,

Connector Mall, New Wing, Alabang, Muntinlupa, Metro Manila): 한국인이 주인인 샤브샤브 집으로 구성이 꽤나 알차다. 2-3인, 3-4인 등의 패키지가 별도로 있고, 추가로 랍스타볼 등의 사이드를 추가할 수 있다.

✔ **SOUV! by Cyma** (C2FG+7MQ Molito Lifestyle Center, Ayala Alabang, Muntinlupa, Metro Manila): 그리스 음식점으로 개인적으로 Cyma의 샐러드가 엄청 맛있다. 케밥과 양고기를 좋아한다면 추천한다. 파스타는 비추다.

✔ **L'Epicerie Gourmande Molito**(Unit 7, building 7 Molito Lifestyle Extension, Madrigal Ave, Alabang, Muntinlupa, 1781 Metro Manila): 분위기 좋은 맥주와 와인 바로 착한 가격의 맥주, 와인, 안주를 즐길 수 있다.

✔ **Group & Boiler Coffee Co.** (Molito Complex, Madrigal Ave, Ayala Alabang, Muntinlupa, 1780 Metro Manila): 개인적으로 스타벅스보다 커피가 맛있다. 작은 가게지만 인기가 많다.

(REEDLEY) ORTIGAS(올티가스) 마닐라 정착 이야기

집 구하기

"필리핀에서 집을 구하려고 하는데 어디에 구하면 좋을까요?" 반대로 먼저 집을 구하려는 독자에게 묻고 싶다. "회사의 위치는 어디인가요? 아이의 학교는 어디로 정하셨나요?" 가끔 회사, 학교와 상관없이 덜컥 집을 계약해 놓고 보내려고 했던 학교에 TO가 나지 않아 입학하지 못해, 이미 집 계약금을 보내 놓았지만 계약금을 포기하고 다른 콘도로 옮기는 경우를 보았다. 반대로 집을 구했지만 필리핀의 교통 체증을 예상하지 못하고, 막상 생활하다 보니 등하교가 어려워 학교를 변경하는 경우도 보았다.

콘도를 보러 다닐 때 부동산 중개업자와 콘도 관리자가 같이 동행하여 안내해 준다. 콘도를 구할 때는 풀퍼니쉬드 유무에 따라 임대료가 차이가 크다. 단기로 머물 때에는 가구, 가전, 식기류까지 다 구비되어 있는 게 임대료는 비싸지만 풀 옵션이 편하다. 주재원으로 오는 경우에는 한국에서 컨테이너를 보내서 짐을 가져오기 때문에 집만 구하시는 게 편할 수도 있다. 우리 같은 경우는 신랑이 먼저 필리핀에서 근무하고 있었기에 풀 옵션 집을 선택했고 한국에서 컨테이너가 도착한 다음에 짐 정리 후, 필요 없는 가구나 가전은 반납하기로 집주인과 합의했다. 이 점은, 집구할 때 미리 협의해 놓는 게 편하다.

필리핀에서 집을 구하려는 분들은 구글에서 원하는 콘도명을 입력하면 매물로 나온 집에 대한 정보를 구할 수 있다. 부동산 업자를 통하거나 직접 집주인과 컨택해서 집을 볼 수 있다.

아래의 콘도는 우리가 집을 알아볼 때 고려한 곳이고, 올티가스 내에 한국인이 선호하는 콘도를 리스트로 분류해 놓았다.

* 리들리 국제학교에서 가까운 콘도 추천

(1) The Grove Rockwell, 더 그루브 바이 락웰

위치: Eulogio Rodriguez Jr. Ave, Pasig, Metro ManilaPasig, Kalakhang Maynila

Tower A부터 F까지 대 단지로 이루어진 콘도이다. 콘도 내부에는 스타벅스, 한국 마트, 식당 등 다양한 상가가 입점해 있고 굳이 외부로 나가지 않아도 단지 내에서 생활이 가능해서 편한 콘도로 보였다. 건물 외관도 깨끗하고 전반적으로 관리가 잘 되어서 안전하다는 느낌이다. 리들리국제학교에 다니는 친구들이 많이 살고 있으며, 외국인이 많이 거주하는 걸 보면 거주하기 편할 거 같다. 방문객과 배달 차량이 주차할 수 있는 별도의 공간도 있다. 넓은 잔디밭과 넓고 깔끔한 수영장은 아이들이 있는 가정에서 찾는 콘도에 딱 맞춤형이다. 콘도 내부에 Learning Hub 어린이집이 있다. 상담을 받았을 때, 아쉽게도 종일반은 없고 오전과 오후 나눠서 아이들을 받는다고 했다. 리들리 국제학교에서 멀지 않아 도보로 가능한 것으로 보이나, 차량을 이용하는 경우 학교에 등교시 유턴을 해야 해서 생각보다 많은 시간이 걸려 그 점이 아쉽다. 자차가 없는 경우 스쿨버스 이용이 가능한 지역이다. 콘도 내 다양한 시설들이 입점해 있어서 편리하나, 근처에 가까운 쇼핑몰이나 마트들이 많지 않은 점이 많이 아쉽다. 차량이 없는 경우 엄마 스스로 외부로 나가기에는 조금 어려워 보이는 선택지였다.

(2) Emerald Mansion [에메랄드 맨션]

위치: Ortigas Jr. Road, San Antonio, Pasig, Metro Manila

에메랄드 맨션은 옽티가스 어학원에 연수 오는 엄마들이 선호하는 콘도중의 하나이다. 콘도 내 입주민이 이용할 수 있는 헬스장이 있고, 헬스장 옆에는 수영장과 아이들이 놀 수 있는 미끄럼틀과 그네가 설치되어 있다. 콘도 내 상가에는 goldilocks(식당), Nabispa(마사지샵), 7eleven(편의점), 세탁소, Nursery Nook Daycare(어린이집)이 있다. 콘도 부근에는 맥도날드, 버거킹, 던킨 도넛, Amy Navy, 한국 마트, 쇼핑몰이 가까워서 외식과 쇼핑이 용이한 점이 장점이다. 건물이 오래되었지만 콘도 관리가 잘되어 있는 편이다. 수영장이나 놀이 공간이 적어서 어린아이가 있는 가정에서는 이 점이 살짝 아쉽다.

(3) One Shangri-La Place [원 샹글리라 플레이스]

위치: SHANGRI-LA PLACE INTERNAL ROAD, BARANGAY WACK-WACK, MADALUYONG CITY

샹글리라 몰과 연결된 점이 최대의 장점이다. 몰과 바로 연결되어 있어 도보로 언제든지 이용 가능하다. 레지던스 카드(입주민 카드)를 태그하고 통과하는 문이 있어, 보안이 잘 되는 편이다. 헬스장과 수영장, 사우나, 실내외 놀이터, 농구장이 있다. 지인 찬스로 이용한 수영장과 사우나는 호캉스를 즐기는 기분으로 하루를 보낼 수 있었다. SM Mall도 도보로 이용가능하여, 초기에 필리핀에 적응하기에 좋은 콘도인 거 같다. 유일한 단점은 비싼 집세라고 살고 있는 지인이 말했다. 참고로 콘도 내 열쇠는 외관상의 이유로 현관문이 열쇠로 된 키이며, 키를 놓고 왔는데 문이 닫히면 심장이 철

렁할 수 있어서 주의해야 한다.

(4) The Alexandra Condominium [올티가스 알렉산드라 콘도]

Meralco Ave, San Antonio, Pasig, Metro Manila

콘도 부근에 Ayala Mall(아얄라 몰)과 Estancia Mall(에스탄시아몰)이 가까이에 위치해 있음. 대형 평수의 위주의 유닛이 많은 편이다. 단지 내에 산책로가 조성되어 있다고 한다.

(5) 기타 올티가스 내 콘도

- Renaissance [르네상스] 1000, 2000, 3000: 콘도 내 어린이집 위치
- AIC Gold Tower (AIC 골드 타워): GCF 학교 부근에 위치
- AIC Grande Tower(AIC 그란데 타워)
- The Currency [커런시 타워]: 단기 임대자들의 선호 콘도(어학연수)

집 구할 때 마린이 분들이 체크해야 할 점

✔ 콘도 내 유닛의 방향

한국에서는 남향을 중시하고 해가 얼마나 잘 드는지가 중요하지만, 전기 요금이 아주 비싼 필리핀에서는 콘도의 Unit(유닛) 방향에 따라 에어컨으로 인한 전기세 폭탄을 맞을 수 있다. 또한 에어컨을 24시간 풀가동해도 너무 더워서 집에 못 있을 만큼 힘들 수도 있어서, 콘도 내 여러 유닛이 나와 있다면 꼭 참고하자. 포함된 가구나 전자제품의 상태 및 유닛에 커튼이 포함됐는지도 확인하자. 커튼이 있는 경우에 햇빛 차단에 용이하고 사생활 보호에도 용이하다.

✔ 누수 여부

우리 집은 외관상 괜찮았지만, 장마철이 오고 나서야 알았다. 천장에 물이 조금씩 샌다는 것을 알았다. 펑펑 쏟아지는 것처럼 물이 새지 않지만 살짝 천장이 축축해지는 게 보이고 물방울이 똑똑 떨어지는 소리를 들을 수 있다. 비 오는 날의 운치라고 여기기에는 조금 많이 신경이 쓰인다. 소리도 소리이지만 행여나 곰팡이로 퍼지지는 않을까 갑자기 천장이 무너지는 것은 않을까 조금고민이 된다. 일부로 물이 새는 지점을 가구로 교묘하게 가리는 경우도 있다고 하니, 집을 보러 갔을 때는 벽지도 한 번 만져보고, 헬퍼룸도 잘 체크하기를 추천한다. 비는 새지 않더라도 환기가 잘되지 않아, 곰팡이가 생겼을 있으므로 밝을 때 곰팡이 흔적이 있는지 잘 살펴보자. 천장이나 코너에 뜬금없이 페인트칠을 많이 덧칠했다면 더 주의 깊게 봐야 한다.

✔ 수압 체크 및 악취 여부

한국에서도 집 구할 때 중요한 체크사항이 물 수압이다. 수압을 확인할 때는 변기와 변기 옆에 설치된 수도를 꼭 확인해 보자. 누수는 없는지 꼭 체크해 보아야 부분이다. 초반에 수도 요금이 많이 나왔는데 나중에 확인해 보니 누수로 인한 요금이었다. 수압을 확인할 때는 화장실, 주방, 세탁실 등 여러 곳의 여러 수도꼭지를 같이 열어서 동시에 여러 곳에서 사용해도 수압에 문제가 없는지 꼭 확인해야 한다. 마지막으로 마스크를 쓰고 집을 보면 간과할 수 있는 부분이다. 화장실, 주방 싱크대 또는 하수구 근처에서는 마스크 내리고 악취가 나는지 유무를 꼭 체크하자. 가끔 집이 다 좋은데 악취 냄새가 나고 싱크대에서 물일 잘 내려가지 않는다는 이야기를 듣고는 한다. 이미 이사를 하고 체크하지 못한 부분에서 문제가 발생한다면 정말 난감할 거 같다.

✔ 문, 창문, 발코니 개폐 여부와 방충망 설치 여부

방마다 문과 창문을 꼭 열고 닫아서 개폐 여부를 확인해 보아야 한다. 발코니 쪽 샤시와 출입문이 잘 안 닫히고 안 열려서 매번 열 때마다 고생이다. 일부 고층 아파트들은 창문이 끝까지 안 열리는데 베란다가 없는 집이라면 환기할 때 매우 불편하다. 또한 모기장 설치 유무도 확인하고, 모기장에 구멍이 나 있다면 입주 전에 꼭 집주인과 협의하여 수리하기를 추천한다. 방충망 여부에 따라 해충 방지 효과가 다르기 때문에 꼭 체크해야 할 부분이다. 나는 호랑이도 무섭지 않아 동남아 여행가면 만지고 사진도 찍을 수 있는 사람이다. 하지만 세상에서 바퀴벌레가 제일 무섭고 싫다. 필리핀에 온다면 정말 어마어마하게 큰 바선생부터 쥐선생까지 마주치는 순간이 너무 많다. 필리핀 생활에서 제일 싫은 부분이 해충들이다. 벌레는 주방 싱크대 밑, 냉장고 틈새, 세탁기 근처 이런 곳을 살펴보면 대충 감이 온다. 집을 보러 갈 때 콘도 입구 또는 엘리베이터, 현관 부근을 살펴보면 해충 관리가 잘 되는지 대충 감이 온다. 각 층의 쓰레기장을 직접 확인하시고 관리가 잘 되는지 체크하는 것이 중요하다. 가능하면 층별 쓰레기장에서 본인 유닛이 먼 곳을 선택하기를 추천하다. 아무래도 쓰레기장에서 가까우면 벌레가 나올 확률이 높아지기 때문이다. 아무리 비싼 5성급 호텔을 가도 마주치고 싶지 않는 벌레를 만날 수 있는 곳이 필리핀이다. 벌레를 싫어하시는 분은 충분한 해충 퇴치 약을 챙겨 오시기를 추천한다.

✔ 전기 콘센트 설치 유무, 신발장 설치 유무

방마다 전기 콘센트가 여유롭게 설치되어 있는지, 화장실에도 콘센트는 설치되어 있는지도 체크하는 것이 중요하다. 청소기를 사용해서 청소를 할 때 컨셉트가 충분하지 않으면 많이 불편하다. 그리고 110V와 220V 용 콘센트가 각각 설치되어 있어야 가전 제품 사용시 용이하다. 필리핀에는 생각보다 현관에 신발장이 설치되어 있지 않은 곳이 많으며, 신발장이 설치되어 있더라도 우리가 생각하는 것보다 공간이 작다. 신발장을 미리 구입해오거나 이케아 같은 곳에서 별도로 구입해서 설치하는 것을 추천한다.

✔ 층간 소음 유무

아이가 있는 경우에는 층간 소음을 체크하는 것도 중요하다. 한국과 비교하여 상대적으로 층간 소음에 관대하지만 신축 건물의 경우 건축 자재를 예전에 비해 저렴한 것을 사용하여 건축하여 소음에 약하고 지진에도 흔들린다는 이야기를 주변에서 들었다. 창문을 한번 열고 음악을 틀어보거나, 문 밖이나 복도에서 일행에게 대화를 유도하여 집 안으로 소리가 들리는지 체크해 보는 것이 좋다.

마지막으로 부동산 중개업자나 에이전시만 너무 믿지 말 것을 추천한다. 한국에서도 부동산 중개비를 받기 전과 후의 태도가 180도 달라지는 마법을 경험했다면 필리핀에서는 360도 바뀌는 마법을 볼 수 있다. 더구나 우리는 외국인 임차인이기 때문에 계약에 불리한 을의 상황에 놓이게 된다. 계약서에 서명을 하기 전에 그리고 계약금을 지불하기 전에 요구 사항이 제대로 지켜졌는지 꼼꼼하게 스스로 체크하고 진행하기를 당부하는 바이다.

올티가스 먹거리, 놀 거리, 쇼핑몰 등 소개 편

(1) 올티가스 입점 쇼핑몰

✔ Robbins Galleria Ortigas [로빈슨 갤러리아 올티가스점]

오픈 시간: 오전 10시에 오픈(크리스마스 같은 시즌에는 변동)
주자 정보: Ortigas Ave, Ortigas Center, Quezon City, Metro Manila
기타 정보: 슈퍼마켓, 영화관, 노브랜드를 포함하여 다양한 매장이 입점하여 있다. 행정업무, 은행업무 가능, 환전소, 휴대폰 통신사(Globe 등) 한 건물에서 많은 업무를 해결할 수 있다.

✔ SM Megamall [SM 메가몰]

위치: Mega Mall D Fashion Hall, EDSA, Cor Doña Julia Vargas Ave, Ortigas Center, Mandaluyong, 1550 Metro Manila
놀 거리: 아이스 스케이트, 볼링, 사격, 케이크 만들기 등 다양한 경험을 할 수 있는 곳이다.
몰이 A, B, C, D 동으로 나뉘어져 있어서 길치인 나는 자주 가지 못하는 곳이다. 주말에는 주차하기도 매우 힘든 편이라 주로 도보로 가거나 평일에 이용한다. 주차가 힘든 경우 필리핀에서는 세차를 맡기로 대리 주차를 이용하기도 하며, 요금은 약 400페소 이상이라고 들었다.

✔The Podium [포디움 올티가스센터]

위치: 12 ADB Ave, Ortigas Center, Mandaluyong, 1550 Metro Manila
명품관이 위치해 있고 다른 쇼핑몰에 비해 방문객수가 적은 편으로, 상대적으로 조용하고 편안하게 쇼핑할 수 있다. 쇼핑몰에 슈퍼마켓이 별도로 없어서 외식과 쇼핑만 할 수 있어 장보는 것은 따로 해야 하는 점이 아쉽다.

✔ Estancia mall [에스탄시아 몰]

위치: 1605 Meralco Ave, Ortigas Center, Pasig, 1605 Metro Manila

음식점, 슈퍼, 쇼핑을 할 수 있는 올티가스 근거리 쇼핑몰이며, 리들리 국제학교 친구들과 플레이 데이트를 할 때 자주 만나는 곳이다.

(2) 한국 식자재 마트

✔ Jim Mart [진마트] 창고형 한국 식자재 마트

위치: HK Sun Plaza, Diosdado Macapagal Blvd, Pasay, 1300 Metro Manila

한국의 식자재를 아주 저렴하게 구입할 수 있는 곳이지만, 위치가 꽤 멀어서 대량으로 구매할 경우나 근처에 볼 일이 있을 때만 방문하는 곳이다. 마카파갈(Makapagal)점, 마닐라점과 파라나케점 3 곳을 운영 중이다. 근처 몰 아시아에 이케아 탐방을 올 때 진마트에 쇼핑하러 가는 편이다.

✔ Easy Kitchen Sonamoo Mart[소나무마트]

위치: Unit 101 B, The Centerpoint Building, Garnet Road, corner Dona Julia Vargas Avenue, Ortigas Center, Pasig City, 1605 Metro Manila

다른 한국 마트에 비해 사장님 부부가 상주하는 것을 많이 보았다. 아이들을 보시면 사탕도 서비스로 주시고 매장 관리를 깔끔하게 잘 하는 편이다. 매장이 다른 한국 마트에 비해 큰 편이며, 매장 한 편에는 음료와 식사류를 판매하는 카페가 있어 식사도 가능하다. 반찬, 고기 등 다양한 식자재를 구입할 수 있어 자주 이용하는 편이다.

✔ Ha-Neul Mart [하늘마트]

위치: 116, Grand Emerald Tower Garnet Rd Cor. Ruby Rd. Ortigas

Center, San Antonio, Pasig, 1605 Metro Manila
매장은 작은 편이나, 집에서 가까워서 아이들이 아이스크림 먹고 싶어할 때 산책 나가면 자주 이용하는 곳이다. 매장 크기가 크지는 않으나 있을 거 다 구비되어 있는 한국 마트이다.

✔ Korean grocery Jayu Mart [자유 마트]
위치: Unit G1-C, Wynsum Corporate Plaza, Ruby Rd, Ortigas Center, Pasig, 1605 Metro Manila
아이캔 어학원과 가까운 곳에 위치한 한국 마트이며, 매장이 깔끔하게 정리되어 있고 직원들이 친절한 편이다. 오피스 근처에 위치한 한국마트라서 그런지 매장 내 컵라면 종류가 많으며 식사할 수 있는 공간이 있다.

(3) 필리핀 재래 시장과 길거리 시장

"필리핀은 망고 싸지? 거기는 동남아라서 물가도 싸지?" 지인들에게 자주 듣는 이야기이다. 내가 살고 있는 곳은 필리핀의 수도인 마닐라다. 나는 학구열에 불타는 한국 엄마들이 어학연수를 보내는 올티가스 빅3 어학원이 몰려 있는 올티가스 거리에 살고 있다. 한국처럼 먹고 생활하면, 마닐라에서 드는 식비는 서울에서 드는 경비와 크게 차이가 나지 않는다. 그래서 신선하고 저렴한 재료구입을 위해 필리핀 재래 시장을 방문한다. 구경하는 맛도 있어서 한번쯤 방문하기를 추천한다.

✔ Cartima Market [깔띠마 수산시장]
깔티마마켓은 파사이에 위치해 있고, 새벽 일찍 시작하여 아침이면 닫는 도매 전문 시장이다.

위치: Cartimar Ave, Pasay, Metro Manila

오픈 시간: 7 am ~ 7 pm

주차: Cartimar pet market 쪽에 주차장이 있고 주차료는 50 페소

✔ Cubao Farmers Market [쿠바오 파머스 마켓]

퀘존시티 쿠바오에 위치한 파머스마켓은 저녁까지 운영하는 소매 중심의 매장이라고 보면 된다. 다루는 품목은 깔티마마켓과 비슷하지만, 쿠바오마켓에서는 우니를 구입할 수 있다.

위치: Farmers Market, 11 General Araneta, Cubao, Quezon City, 1109 Metro Manila

오픈: 4am ~ 6pm/7pm (요일별로 상이)

주차: 쿠바오 마켓 자체 주차장 주차료는 200페소로 비싸므로, 근처 쇼핑몰이나 꽃시장 주차장 추천!

기타: 쿠파오 마켓 부근에서 화원이 위치하여 저렴하게 구입 가능

✔ Ortigas Saturday Street Market [올티가스 토요 시장]

위치: 올티가스 아베뉴

주차정보: 주말에 차 없는 거리로 지정되어 주정차가 불가능하다.

오픈 시간: 7am to 2pm

기타: 오전 줌바수업, 탁구 수업, 다양한 이벤트 진행, 자전거 대여

✔ Makati Salcedo Saturday Market [마카티 살세도 토요시장]

위치: Salcedo Village, Jaime C. Velasquez Park, Makati, Kalakhang Maynila

다양한 길거리 음식으로 먹거리 체험을 할 수 있다. 채소는 비교적 신선하고, 가격은 마트와 비슷한 편이다. 생선은 깔띠마마켓의 1.5~2배 가격인 듯하다. 아마도 필리핀에서 냉장, 냉동 운송이 용이하지 않아 수산물의 가격이 차이가 많이 나는 것 같다.
주차: 시장근처 노상에 주차 가능하며, 주말에는 주차료 무료.

✔ Greenfield Weekend Market [그린필드 주말 야시장]

위치: Unnamed Road, Mandaluyong, Metro Manila
주말에만 열리는 야시장으로 작은 상점과 음식을 맛볼 수 있다.

(ISM) BGC 마닐라 정착 이야기

나에게 맞는 콘도 구하기

먼저 가격대에 맞는 콘도 리스트를 정리한다. 마닐라에는 많은 콘도가 있고 각각 가격과 장단점이 달라서, 어디가 좋다 나쁘다 딱 잘라서 말하기는 어렵다. 먼저 본인이 가장 중요하게 생각하는 점이 무엇인지, 가장 포기할 수 있는 점은 또 무엇인지를 명확하게 정하고, 우선순위가 높은 콘도 매물부터 현지에서 직접 돌아보는 것이 좋다. 필리핀 부동산 매물과 콘도별 시세를 대강 파악할 수 있는 웹사이트를 소개한다.

✔ Lamudi (https://www.lamudi.com.ph)
✔ Rentpad (https://rentpad.com.ph)
→ 'Rent' 메뉴에서 종류, 지역, 가격 등을 설정하여 검색 가능

콘도 각 세대를 '유닛unit'이라고 부르는데, 필리핀은 같은 콘도에 같은 평수라고 하더라도 유닛별로 구조가 다양하다. 구조, 전망, 층수, 위치 등에 따라서 가격이 다르니, 이를 고려하여 후보 리스트를 작성한다.

부동산 브로커의 능력이 많은 것을 좌우한다

필리핀은 우리나라처럼 공인중개사 사무실이 조직적으로 갖춰져 있지 않고, 개인 브로커가 부동산을 중개한다. 또한 브로커마다 가지고 있는 매물이 다르고, 콘도마다 유명한 브로커가 있기도 하다. 좋은 브로커를 지인에게 소개받는 것이 가장 좋은 방법이나, 만일 주변의 도움을 받기가 어려운 상황이라면, 다양한 방법으로 부딪혀 볼 필요가 있다. 쉽지는 않겠지만, 콘도 로비 데스크에 찾아가서 물어보는 방법도 생각해볼 수 있고, 페이스북을 통해 브로커를 찾아볼 수도 있다. 필리핀에서는 SNS 중에서 특히 페이스북이 가장 대중적으로 활용도가 높다.

우리나라와 마찬가지로 임차인과 임대인이 각각 다른 브로커를 통해 계약을 진행하는 경우도 많다. 단, 필리핀의 경우 세입자는 복비, 즉 중개 수수료를 내지 않고 집주인이 모든 중개 수수료를 부담한다. 이는 세입자의 지출을 줄이는 측면도 있는 동시에, 렌트 계약이 세입자보다는 집주인 우위로 진행되도록 하는 측면도 있다.

브로커의 가장 중요한 역량은 얼마나 좋은 매물을 가지고 있느냐, 그리고 얼마나 월세 가격을 저렴하게 깎을 수 있냐로 볼 수 있다. 그러나 최근 매물 부족 현상이 계속되면서, 브로커가 월세 가격을 협상하는데 다소 한계가 있는 상황이다. 오랫동안 지속됐던 코로나19 이동제한이 해제되고, ISM 온라인 수업도 대면 수업으로 변경된 2022년 여름 이후 외국인이 대거 입국하기 시작했고, 한동안 텅텅 비어 있던 외국인 선호 매물에 대한 수요가 급격히 늘어나면서, 매물 부족으로 인한 집주인 우세 시장이 지속되고 있다.

하지만 브로커의 역할은 생각보다 다양하다. 집 계약 시 세입자는 집의 상태를 꼼꼼하게 살피고 하자보수, 가구/가전 추가 배치, 입주청소 범위 등을 협의할 수 있다. 이때 브로커가 세입자 편에 서서 집주인에게 적극적으로 요청을 하고 반영을 시킬 수 있다면, 향후 주거 생활의 만족도가 크게 높아진다. 특히, 필요한 가구나 가전을 새로 교체해 달라고 요구할 수 있다. 예를 들어, 필리핀은 햇빛이 매우 뜨겁기 때문에 암막 커튼이나 블라인드가 필수인데, 현지에서 이를 구매하고 설치하는데 생각보다 큰 돈이 들고 과정도 번거롭다. 집에 암막 커튼이나 블라인드가 없는 경우 브로커를 통해 집주인에게 설치를 요청해볼 수 있다. 또한, 입주 이후에도 소소한 하자가 계속 발생할 수 있는데, 이를 빠르게 의사소통하고 적극적으로 조치하는 것은 집주인의 성향 뿐 아니라 브로커의 역량에 따라서도 달라진다.

발품을 팔자

최대한 많은 유닛을 봐야 좋은 집을 구한다. 만약 물리적으로 시간이 안된다면, 유닛을 직접 찍은 사진이나 동영상을 브로커에게 요청하여 보는 방법도 있다. 유닛별로 상태, 구조, 가구/가전 배치가 매우 다르기 때문에 다양한 유닛을 보는 것이 좋다.

✔ 필리핀의 햇빛은 우리가 한국에서 미처 경험해보지 못한 수준이므로, 가급적 남향에 통창이 많은 집은 피한다.

✔ 대부분 콘도에는 층마다 쓰레기를 버리는 곳(garbage chute)이 있는데, 여름에는 냄새도 많이 나고 벌레가 서식할 가능성도 높으니 기왕이면 쓰레기장 근처가 아닌 집이 더 낫다.

✔ 대체로 층간소음보다 벽간소음이 심해서, 밤새도록 파티하는 이웃을 만난다면 심히 괴로울 수 있으니, 선택할 수 있는 상황이라면 벽이 맞닿은 집의 숫자가 적은 집이 좋다.

✔ 주변환경은 심미적 전망뿐 아니라 소음과 먼지에도 영향이 있다. 차량 이동이 많은 큰 대로변을 바라보거나 공사가 한창인 건축물을 바라보는 집인 경우 밤새도록 공사 소음 또는 오토바이 소리, 각종 클락션 소리로 시끄러울 가능성이 있고, 먼지도 더 많을 수 있다.

✔ 어떤 집은 하수구에 물이 잘 안 내려가거나 역류를 하고, 어떤 유닛은 누수가 있고, 어떤 집은 정화조나 하수도에서 안 좋은 냄새가 올라오기도 하고, 어떤 집은 벌레가 이미 터를 잡고 살고 있어 박멸이 쉽지 않기도 하다.

하지만, 무엇보다 가장 중요한 사실은, 가격도 내 상황에 딱 알맞으면서 모든 조건도 완벽한 집은 없다는 사실을 받아들이는 것이다. 내가 가장 포기할 수 없는 조건이 무엇인지, 우선순위를 확실하게 정하고, 집을 둘러보기 시작해야 마음에 드는 집을 구할 수 있다.

그래도 좋은 콘도 좀 알려주세요

믿을지 모르겠지만, 좋은 콘도란 없고, 나에게 맞는 콘도와 안 맞는 콘도가 있을 뿐이다. 그럼에도 불구하고, 콘도를 추천해본다.

(1) One Serendra

ISM 도보통학이 가능하고, 상권이 콘도와 맞닿은 곳에 인접해 있어, 입지 측면에서 장점이 큰 콘도. 땅값 비싼 곳에 3개의 커다란 야외 수영장, 그리고 꽃과 나무가 가득한 정원을 꾸며 놓은 아얄라(Ayala)의 호기로움. 콘도 정원을 중심으로 주민들을 위한 각종 이벤트를 자주 개최함. 리모델링 하지 않은 집은 노후화가 심하고, 전기세가 비싼 편. 세대 수도 많고, 주변도 번화하여 전체적으로 북적북적한 느낌.

(2) Pacific Plaza Tower

탁 트인 골프장 뷰가 일품인 곳. 한국의 유명 여자 배우의 거주지였다는 진위를 확인하기 어려운 소문으로도 유명한 곳. 유닛 대부분이 대형 평수이며, 고급화를 지향하여 로비부터 우아한 분위기. 근처에 조용한 산책로가 있어 산책하기 좋음. BGC 안쪽에 위치하여 조용한 편이며, 시끄럽고 복잡한 번화가와 직접 맞닿아 있지 않아 안락한 느낌이 있음. 전기세는 많이 나오는 편. 방문객 주차장 있음.

(3) The Suites

BGC에서 가장 연식이 낮은 신축 고급 콘도. 대형 평수 위주로 구성되어 있음. 신축 콘도 답게, 실내 수영장, 야외 수영장, 스카이라운지 등 고급스러운 입주민 편의를 위한 시설을 다른 콘도 대비 가장 잘 갖추고 있음. BGC 한복판에 위치하여 다양한 상점, 영화관, 몰과 인접해 있어 접근성이 매우 좋음. 단점은 비싼 가격.

(4) Arya

주상복합의 형태로 1층에 스타벅스를 비롯한 베이커리, 식당 등 편의 시설과 상점을 갖추고 있음. 그러나 BGC 중심가에서는 다소 거리가 있는 편. 수영장에 온수가 나온다는 장점이 있음.

(5) Ascott Bonifacio

주방시설을 갖춘 레지던스식 호텔. 창문을 열 수 없다는 단점이 있으나, 청소를 비롯해 특급 호텔에 걸맞은 서비스를 누릴 수 있으며, 조식 제공이라는 뿌리치기 어려운 장점이 있음. 원룸 형태부터 1베드, 2베드 등 다양한 크기의 유닛을 보유함.

(6) Shangri-La Bonifacio

주방시설을 갖춘 레지던스식 호텔. Ascott보다 가격이 비싼 대신, 고급 스포츠 시설 및 유아용 실내 놀이터가 있음. BGC내 가장 고급 호텔이라고 할 수 있음.

제6화 나의 마닐라 경험담 (정착후기, 감정변화 등)

- REEDLEY
- ISM
- BRENT
- BRENT
- ISM
- BSM

REEDELEY 나의 마닐라 정착 이야기

나의 주재원 와이프 첫경험 in 방글라데시 다카

나는 결혼 전 세계여행을 꿈꾸던 지구별 방랑자였다. 해외에 근무하거나, 해외 출장을 많이 다니는 남자와 결혼하고 싶어서였을까? 인도에서 근무 중이던 신랑을 만났고 우리는 부부가 되었다. 둘 다 여행을 좋아해서 아이가 없을 때는 여행을 정말 많이 다녔다. 남편의 인도 다음의 근무지는 방글라데시였다. '다카' 라는 곳에서 3년 넘게 적응하면서 해외 생활에 대한 적응력은 갑이 되었다.

내가 꿈꿨던 주재원 와이프의 라이프는 매우 우아하였다. 하지만 실제 접한 해외 살이는 먹는 것의 전쟁이었다. 종교적인 이유로 다카에서 내가 좋아하는 돼지고기와 맥주를 찾는 것은 쉽지 않았고, 게다가 딱 하나 있는 한국 마트에서 한국 식자재를 구입한다는 것은 하늘의 별 따기처럼 치열했다. 하물며, 유통기한이 지나는 제품은 세일해서 판매하지만 그것 마저도 아이러니하게 늦게 가면 살 수 없는 그런 시기가 있다. 식품회사의 위생점검을 다녔던 내 기본적인 생각으로 유통기한 제품을 폐기가 아니라, 세일해서 판매를 하고 있는 상황이 적응이 되지 않았지만, 다카살이 1년차가 지나고부터는 나도 그런 상황이 이해가 되었다. 직항 비행기 편이 없어서 한국에 가려면, 제 3국을 경유해야 했고 우리는 100Kg 넘는 수화물을 식품으로 가득 채워서 가져왔다. 한국을 다녀온 가족이 있으면, 그 날은 Banani(버나니로드) 23번가의 삼겹살 파티 하는 날이었다. 힘들게 가져온 고기를 친한 지인들과 고기 한 점씩 나눠 먹던 그 순간은 삼겹살 맛집이 열 부럽지 않았다. 헬퍼를 구하지 못해 힘들 때면 한인 분들은 여기 저기 수소문해서 헬퍼를 찾아주고 뱅골어를 못하는 나대신 헬퍼 인터뷰도 진행해 주셨다. 오전에 아이를 유치원에 보내면 나는 아메리칸 클럽(멤버십 사교클럽)에 루미큐브 보드게임 멤버들이 모여 티타임을 가지며 여유로운 오전을 보냈다. 내니가 아이를 픽업해 오면 클럽에서 애들은 수영시키고 놀이터에서 놀게 하면서 엄마들은 계속 자유시간을 가질 수 있었다. 집에 오면 메이드가 청소를 아침, 저녁으로 두 번 깔끔하게 해 놓고 한국음식의 저녁상까지 다 차려져 있었다. 지인들과 술자리를 새벽까지 가져도 아침에 일어나면 그 어질어졌던 식탁이 마법처럼 깔끔해져 있었다. 마침내 드라마에서만 보던 내가 꿈꾸던 주재원 라이프가 펼쳐지는 것 같았다. 중산층인 내가 이렇게 헬퍼와 내니를 데리고 호화롭게 사는 것이 꿈만 갔던 순간이었다. 한여름 밤의 꿈이라고 했던가? 그 꿈은 하루 아침에 산산조각이 나버렸다. 생각지도 못한 IS 테러가 내가 살던 곳에 일어났고 내가 살고 있던 나의 작은 왕국은 평화가 무너져 버렸다. 아이를 유치원에 보내지도 못하고 외부 출입도 못하던 생활에서 아이의 안전을 위해 나는 근무 중인 신랑만 놔두고 급하게 한국으로 귀국하게 되었다. 아이와 한국으로 단 둘이 돌아온 나는 더 이상 대접받던 마담이 아니었다. 드라이버도 헬퍼도 없는 당장 지낼 집도 없는 애 딸린 아줌마일 뿐이었다. 신랑이 해외 파견 전 전세금을 주식에 투자한다고 묶어 두어 신랑이 처분하기 전까지 당장 구할 전세금이 없어 나는 친정과 시댁을 오가다가 눈치 보여 찜질방도 가고, 친구집에 신세를 지기도 하고 정말 신파극을 제대로 찍었다. 이건 아마 꿈 일거야, 꿈이라고 믿고 싶을 만큼 힘든 시기였다.

귀임 후, 부동산에 관심을 갖게 된 엘리

신혼 집의 전세 계약 2년을 못 채우고 해외 파견을 나가게 되었을 때 집주인은 저렴한 가격에 매매를 제안하였다. 나는 신랑에게 한국에 돌아왔을 때

집 한 채는 있는 게 안전할 거 같다고 매매를 권유했지만, 남편은 세상 물정 모르는 아줌마의 투정으로 간주하고 나의 의견을 묵살해 버렸다. 큰 아이 조리원 동기들은 총 10명이었다. 그 중에 딱 2명만 그 당시 집을 사지 않았다. 한 명은 나였고 다른 한 명은 장기 전세에 당첨되어 집을 살 필요성을 못 느끼는 친구였다. 3년 반 만에 돌아온 한국의 집값은 너무 많이 올라있었다. 신혼 집은 이미 내가 알던 전세 가격이 매매 가격을 넘었고 내가 살 수 있는 한계를 넘어섰다. 귀임 후 집의 전세 가격은 점점 올라갔고, 나는 결혼 전부터 모았던 내 변액 연금을 해지하고 신랑은 대출을 다 끌어 모아 전세금을 마련하였다. 그리고 나는 결심하였다. 나도 부동산 공부에 뛰어 들겠다고!!!!

주재원 파견이 결정된다면, 주거 해결로 생길 목돈을 재테크 하라!

아이의 어린이집 입소 순위를 위해 귀임 후 취임을 하였다. 외벌이&외동의 입소순위는 너무 낮았고 학교에 근무하여 입소 순위를 올려야만 했다. 초등학교 방과 후 원어민 강사의 보조교사로 근무하면서 만난 영어선생님이 있다. 나에게 부자언니 류수진을 소개해주고 재테크를 가르쳐 주고 부동산 세미나에 같이 데려가 주던 나에게는 은인 같은 존재이다. 서울 아파트의 재건축, 재개발 소식을 알려주고 부동산 정보를 수시로 업데이트 해주었다. "언니는 왜 내 집에서 내가 살아야 된다고만 생각해? 언니 집은 전세주고 언니는 다른 곳에 살면 되지!" 강동구에 관심 없던 나에게 청약 행운을 안겨준 덕분에 은행과 공동으로 소유하고 있어 방 한 칸만 내 것일지도 모르지만 그래도 서울 아래 내 집 하나를 마련하게 되었다. 여기서 포인트는, 일단 주재원 파견이 결정된다면, 가장 큰 돈이 들어가는 주거가 해결이 되고 수중에 목돈이 한꺼번에 생기게 된다. 이 목돈을 어떻게 재테크를 할지 부부가 현명하게 고민하고 제대로 투자한다면 주재원 귀임 후 불어나는 재산을 경험하게 될 것이다. 참고로 나는 그것을 못했다. 방글라데시에 있을 때 루미큐브만 부지런히 했지 부동산과 재테크에는 관심이 1도 없었다. 동네 언니들이 청약 당첨되어 피를 받고 팔고, 전세 끼고 집을 샀다는 이야기가 나에게는 전혀 들리지 않았다. 8년 전 내가 공부를 했다면 지금 다른 삶이 펼쳐졌을지도 모르겠다. 영끌족인 나는 월세로 대출 이자를 충당하고 있다. 그래서 한국에 돌아가기 전 아직 어린 두 아이들과 우리 부부의 노후를 위해 필리핀에서 재테크 전략을 세우는 것이 나의 목표이다.

엘리의 두 번째 경험 in 필리핀 마닐라

해외생활에 맛을 들이는 나는 그 중독에서 벗어나지를 못했다. 신랑의 해외 파견을 강력하게 원하였으나, 갑자기 찾아온 늦둥이와 팬데믹 상황에서 해외 파견은 몇 번이나 물거품이 되어 눈앞에서 사라져 버렸다. 외국 생활은 포기하고 워킹맘으로 지내던 2022년 봄에 갑자기 남편은 필리핀으로 파견 받은 외국인 노동자가 되어 우리만 두고 한국을 떠났고 우리는 한 순간에 또 이산가족이 되었다.

"사람은 적응의 동물이다" 라고 하지만, 남편 없이 한국에서 아이 둘을 키우면서 워킹맘으로 지낸다는 것은 생각보다 쉬운 일이 아니었다. 고민 끝에 육아 휴직을 신청하였다. 2년간 코비드를 이리저리 잘 피했다고 생각했는데 우리는 코로나에 걸렸다. 어쩜 그렇게 안 좋은 일은 한꺼번에 몰려오는지 지인차에 탑승했다가 교통사고까지 나게 되었다. 그 때는 정말 모든 것을 다 내려놓고 싶을 만큼 너무 힘들었다. 친정도 시댁도 도와줄 수 없는 상황에 남편은 필리핀에 있고, 치료도 제대로 받지 못하고 정말 힘든 시기였다. 차라리 필리핀으로 모두 가서 함께 생활하는 것이 아이와 나를 위하는 길이라는 생각이 들었다. 번갯불에 콩 볶아 먹듯이 급하게 아이 학교와 해외 이사를 알아보았다. 2022년 5월 한 달 만에 딸아이 국제학교 입학을 준비하고, 7월 말에 해외 이사를 준비하고 무작정 필리핀 마닐라로 왔다. 하지만, 몸 컨디션이 너무 안 좋은 상황이라서 아이들과 신랑만 놔두고 나는 한국으로 다시 돌아와서 대학 병원에서 치료를 받고 시술까지 받아가며 몸과 마음이 지쳐갔다. 한 달이 넘어가자, 아이들은 엄마가 보고 싶다고 매일 전화가 왔다. 모성애는 강하다고 했던가, 몸이 얼마나 지쳤는지 대상 포진까지 걸려서 비행기 타기 전 날 링거를 맞고 진통제를 먹어가며 아이들에게로 다시 돌아왔다.

필리핀 적응과 시련

몸은 필리핀에 들어왔지만, 내가 마닐라에 와서 할 수 있는 일은 병원에 가서 치료받고 진통제 먹고 집에서 침대에만 누워있는 게 전부였다. 꾸준하게 물리 치료를 받고 재활 운동을 하면서, 조금씩 몸이 회복되기 시작했다. 몇 개월이 지나니 살 만했는지 심심하기 시작했고, 필리핀에서 블로그를 시작하게 되었다. 나는 사람들과 공감하고 이야기하고 말하는 것을 좋아한다. 필리핀의 일상 이야기를 올리면서 사람들과 소통하기 시작하자 나의 삶이 조금씩 즐거워지기 시작했다. 그러다가 어느 날 심한 복통을 느끼게 되었고 나는 필리핀이라는 낯선 나라에게 맹장 수술까지 받게 되었다. 아직 친해진 인맥이 없어서 도움을 받을 수 있는 지인도 없는 외로운 타국에서 2022년을 힘겹게 마무리하고 있었다.

필리핀에서 외국인 노동자 부인의 일상

주재원 와이프의 하루는 어떨까? 지인들에게 안부 인사가 오면 공통적으로 하는 이야기가 있다. 날씨 따뜻한 동남아에서 팔자 좋게 지내는 내가 부럽다는 이야기를 한다. 집안 청소를 해주고 아이 봐주는 헬퍼가 있어서 부럽다고 한다. 또한 아이가 국제 학교를 다니니 영어 공부를 많이 할 수 있어서 참 좋겠다고 한다.

아침에 일어나면 제일 먼저 도시락과 간식을 준비하고 아이들 등원준비를 시작한다. 물론 집에 있는 헬퍼들이 집안일과 육아를 도와주기 하지만 전적으로 믿고 맡기기에는 많이 부족한 부분이 있다. 요일 별로 입고 가는 교복이 달라서 옷을 갈아 입히고 아침을 먹지 않으려는 딸아이와 아침부터 전쟁을 치른다. 교통 체증으로 지각할까 봐 서둘러 큰 애를 학교에 보내고 나면 늦둥이 막내가 일어나서 엄마를 찾으며 칭얼댄다. 안아서 달래가면서 아침 먹여서 프리스쿨에 동원시킨다. 동원시키고 나면 이제 내가 아침 먹을 시간이다. 간단하게 코코넛이나 커피로 아침을 먹거나 지인을 만나 브런치를 같이 갖는다. 그리고 필리핀에서 생존하기 위한 나의 주문을 아침마다 외우고 있다.

"나는 잘 지내고 있다. 잘 지내고 있다. 행복하다"

아침을 먹으면서 단체 채팅방에 수두룩 하게 쌓여 있는 메시지를 확인한다. 핸드폰 용량이 다 차서 가끔 메모리가 부족하기 때문에 수시로 지운다. 방에 입장할 수 있는 인원이 제한되어 초대를 받아 입장하는 채팅방은 쉽게 나가지도 못한다. 은행 어플에 들어가서 필리핀 페소는 얼마인지 확인하고, 언제가 환전하면 좋을 타이밍인지 고민해 본다. 점심과 저녁에는 어떤 메뉴를 준비할지 고민하고 장을 봐서 집에 들어온다. 간단하게 점심을 먹고 늦둥이를 하원 시키면 낮잠 전쟁 모드에 돌입한다. 우리 집 한국산 비글들은 돌이 지나고 나서부터 낮잠 안자 병에 걸려 잠을 자려고 하지 않는다. 아이들을 한 두 시간 수영시키고 샤워시킨 다음, 간식 먹이고 낮잠을 겨우 재운다… 아이 낮잠 자는 동안, 저녁 준비를 하고 저녁 준비가 끝날 즈음이면 큰 아이 학원이 끝나는 시간이다. 아직 하루의 반이 남아 있지만, 체력 게이지는 이미 방전 직전이다.

필리핀에서는 헬퍼를 고용함으로써 육아와 청소의 도움을 받는 게 분명 맞다. 한국에서는 매일 부르기 힘드는 가사 도우미를 스테이인으로 고용해 꿈꾸던 사모님 라이프가 가능한 나라이지만, 헬퍼가 있음에도 불구하고 체력이 많이 소모되는 피곤한 나라이다. 저녁을 먹고 나서 아이 숙제와 홈 스쿨링을 하고, 자기 싫어서 버티는 아이들과 자게 하려고 애를 쓰는 부모는 보이지 않는 전쟁을 시작한다. 겨우 재우고 나서 소파에 조용히 나와 핸드폰으로 잠시 휴식시간을 가져 본다. 자려고 들어온 큰 방에서 남편의 코고는 소리가 울려 퍼진다. 필리핀에 와서 외국인 노동자로 고생하는 남편인데 깨우지 않고 이어폰을 귀에 꽂고 잠을 청해 본다. 지극히 주관적인 필리핀 주재원 와이프 엘리의 하루 일상은 또다시 반복된다.

한국에 있을 때는 아이들을 어린이집이나 학교에만 보내면 모든 것이 해결되었다. 아이들에게 밥도 주고 간식도 주는 참 고마운 대한민국이다. 오전부터 오후까지 엄마에게 철저하게 자유 시간과 일할 시간을 제공해 준다. 일을 끝낸 후 아이를 학원에 보내거나 친구들과 놀게 하면 되었고 엄마는 저녁을 맛있게 준비하기만 하면 되었다. 주말에 할 수 있는 놀거리가 정말 많아 한국은 아이들을 위한 천국이라고 표현해도 지나치지 않다.
필리핀은 분명 해외 생활을 하기에 최적화된 나라이다. 방글라데시에서는 영어로 의사 소통이 되지 않아 뱅골어까지 배워야 해서 언어적인 문제까지 있었지만 필리핀은 헬퍼들과는 대체적으로 영어로 소통이 가능해서 편하다. 한국 식당, 한국 마트도 올티가스 내에만 몇 개가 있는지 쉽게 구하고 먹을 수 있다. 하지만, 왜 나의 마음은 이렇게 허전할 것일까? 해외 살면서 향수병이 처음으로 온 나라,,, 필리핀은 나에게 어떤 의미일까?

필리핀에서 헬퍼는 3대 복 중 하나이다!

동남아 주재원 파견으로 주재원 와이프의 라이프 장점은 집에 헬퍼가 있다는 점이다. 방글라데시에는 집안 청소를 도와주는 사람을 아야, 요리하는 사람은 쿡 이렇게 나누어서 불렀는데, 필리핀에는 헬퍼를 부르는 용어가 정말 많다. 올 어라운드 아떼(All around ate)는 청소, 요리, 내니 역할을 전반적으로 다 해주는 경우를 말하고, 야야(yaya)는 아이를 주로 돌보는 내니 같은 경우를 말한다. 집에서 요리도 해주고, 청소도 해주고, 애도 봐주는 고마운 헬퍼들 덕분에 행복한 필리핀 라이프가 시작되는 줄만 알았다. 하지만, 오래 기간 근무하던 아떼들의 해외 파견으로 새로운 아떼를 구해야 했는데 이때부터 시련이 다시 시작되었다. 필리핀 아떼의 난과 필리핀에서 어떻게 헬퍼를 구하는지에 대해서 하나씩 나중에 책을 쓴다면 책 한 권을 써도 부족할 거 같다.

나는 지금까지 신랑이 근무했던 인도, 방글라데시 그리고 필리핀에서 헬퍼를 경험했는데 나라별로 정말 크게 차이가 나서 적응하는데 조금 어려움을 겪었다. 그래서 요즘 아떼 구하는 것만으로 엄청난 고난을 겪고 있다. 나 엘리 김은 잦은 헬퍼의 고용과 퇴직을 반복하면서, 필리핀 생활이 고달파졌고 재미를 느끼지 못했다. 주재원 파견나라로 부인들이 기피한다는 그 힘든 방글라데시에서도 버틴 나였는데… 운전기사와 실랑이를 하다 기사를 길가에 내리라고 하고, 다카 버나니 로드 23번 길을 빵빵거리며 기사 없이 오른쪽 운전석에서 거칠게 운전하던 라이더였지만 필리핀에서는 참 적응하기가 힘들었다. 여기서는 헬퍼가 갑자기 외출했다가 돌아오지 않기도 하고, 휴가를 줬는데 연락없이 약속 시간을 어기는 경우가 많다. 약속 시간을 지켜달라고 요청했더니, 기분 나빠 하며 바로 그만두는 일이 비일비재하다. 고용주의 입장에서는 헬퍼를 쉽게 고용할 수 헬퍼의 천국이지만, 반면에 언제든지 고용이 될 수 있다는 상황은 노동자의 쉬운 퇴사의 이유가 되기도 한다. 아래 글들은 필리핀 헬퍼들에 대한 나의 심적 고충을 표현한 개작한 시이다.

#귀임 - 엘리 김

나 한국으로 돌아가리라.
주재원 생활 끝나자마자 빛의 속도로
컨테이너 한국으로 보내자마자 티켓팅하고,

나 한국으로 돌아가리라.
한국산 우리 비글이 둘 데리고서
나 한국으로 돌아가리라.
아름다운 이 주재원 생활 끝내는 날,
가서, 정말 힘들었노라고 말하리라.

#필리핀 아떼꽃 - 엘리 김

우리 비글들이 힘들어
아떼가 떠날 때에는
말없이 고이 보내 줄게.
영변에 약산 진달래꽃

아름 따다 가는 길에 뿌려주진 못할 거 같아.
다른 마담 집에 가는 걸음걸음
다른 곳으로 간다면
제발 그렇게 말없이 떠나지는 말아 줘.
바람이 나든, 급여를 올려 이직하든, 일이 힘들든,
관둔다고 말은 해주고 짐은 셀프로 챙겨가 줘.
비글 두 마리 챙기느라 헬퍼방 정리하느라
오늘 밤 나 너무 힘들었어.

#아떼에 대한 결심 - 엘리 김

아떼가 두 명 있을 때는
요리도 많이 하고, 집 청소도 열심히 하였다.
아떼가 한 명도 없는 지금
정말 치워야 할 딱 하나씩만 치우기로 했다.
정말 꼭 써야 할 경우에만 그릇을 쓰고,
가능하면 외식을 했다.
어떤 경우에도
떠난 아떼의 탓을 안 하기로 했다
고요히 나 자신만
들여다보기로 했다
내게 주어진 하루만이
내 생애 일해야 할 전부라고 생각하니
저 만치서 새 아떼와 야야가

웃으며 걸어왔다.

지금은 필리핀 생활에 만족하나요?

"네, 지금 아주 행복해요!" 초반에는 물론 힘든 적응 기간과 헬퍼 고용으로 인한 힘든 시간이 물론 있었지만, 지금은 아주 만족하고 건강하게 잘 지내고 있다. 큰 애는 학교 생활 잘 적응하고 현지에서 수영과 바이올린 레슨을 받으며, 학원 스트레스와 숙제 스트레스 없는 여유로운 생활을 보내고 있다. 주말이면 친구들과 플레이 데이트 약속을 잡고, 휴가 때는 친구들과 섬나라 필리핀 구석 구석을 여행하면서 호핑투어도 하고 행복한 추억을 만들어 가고 있는 중이다. 나는 딸아이가 나중에 "나도 엄마 같은 엄마가 되고 싶어요!" 라는 말을 듣는 존경받는 엄마가 싶다. 내 자신을 사랑하고 인생을 즐길 줄 아는 엄마가 되어 아이에게 삶의 가이드를 주는 이정표가 되고 싶다. 주말이면 올티가스 거리에서 진행되는 무료 줌바 수업을 들으면서 리듬에 맞춰 신나게 춤을 추고 건강 관리도 하면서 내 삶의 활력을 찾았다. 거리에서 낯선 사람들과 하나가 되어 춤을 추면서 흘려 나오는 음악 소리에 나의 필리핀 생활도 덩달아 덩실덩실 춤을 추게 되었다. 평일에는 내가 좋아하는 루미큐브 모임을 개설하여 마음 맞는 사람들과 수다도 떨고 함께 친목도 다지는 시간을 가지고 있다. 물론 이런 취미 생활과 모임을 갖기 전까지는 나의 삶이 마냥 즐겁지만은 않았다. 새로운 필리핀에 오는 분들이 있으시다면, 두려움은 잠시 접어두고 낯선 곳에서 잘 적응하고 본인과 맞는 분들을 찾아 필리핀 생활에 즐거움을 찾기를 응원한다.

ISM 나의 마닐라 정착 이야기

아이에 대한 이야기라면 한도 끝도 없이 할 수가 있을 것 같은데, 내 얘기라니, 무엇을 어떻게 어디서부터 시작해야 할지 모르겠다. '나'라는 사람을 지우면서 사는 시간. 워킹맘으로 살아가는 것은, 특히 해외라면 더더욱, 아이를 위해 '나'만을 위한 시간을 줄여 나가는 일이다.

정착 초기, 주재원의 업무는 한국에서의 업무와 사뭇 다른 점이 많았고, 현지 직원들과 팀워크도 맞춰 나가야 하는지라 신경을 써야 할 부분이 많았다.

게다가 부모 때문에 낯선 나라에 (끌려)온 아이는 새로운 학교, 새로운 친구, 새로운 언어에 적응하느라 매일을 고군분투하고 있었고, 더욱 더 엄마품을 찾았다. 학교에서 끊임없이 부딪히고 깨지며 적응해 나가는 아이가, 온 종일 엄마의 퇴근만을 기다렸다가, 즐거웠던 일과 속상했던 일을 쉴 새 없이 떠들고, 엄마 품에서 위로와 휴식을 바라는 것은 당연했다. 고로, 내 모든 저녁 시간과 주말을 온전히 아이에게 내주었다. 아이가 새로운 친구를 잘 사귈 수 있도록 플레이 데이트 뒷바라지에 정성을 쏟았다. 그리고 틈틈이 아이 공부도 시켜야 하니까. 그 와중에 학교는 부모가 참여할 수 있는 활동을 아주, 아주 많이 마련해두고, 쉴 새 없이 부모를 초대했다. 모든 것에 다 참여할 수 없어 아이를 실망시키는 일에는 좀처럼 익숙해 지지가 않는다.

그러다 보니, 자연히 '나'라는 사람을 위해서만 쓸 수 있는 시간은 극도로 줄어들어 갔고, 몸도 마음도 지쳐갔다. 불면증은 심해졌고, 어떤 날은 차에서 혼자 울기도 했다.

그렇게 아픈 몸을 끌고 회사와 아이 학교와 집을 오가다가, 문득, 이렇게 해서는 오래 버틸 수가 없을 것 같다는 생각이 들었다.

운동을 시작했다.

몸이 건강해야 마음도 편안하고 여유도 생긴다. 일주일에 최소 1시간이라도 운동을 하는 것으로 작은 목표를 정하고, 개인 코치를 구했다. 내가 코치 없이 스스로 운동을 할 만큼 의지가 있는 사람이 아니라는 사실을 잘 알고 있다. 필리핀에서 사는 큰 장점 중 하나는 한국보다 훨씬 저렴한 비용으로 개인 코치를 구할 수 있다는 점이다.

나만의 취미생활을 시작했다.

아이를 두고 밖에서 혼자 취미생활을 할 수는 없으니, 좋아하던 바느질 자수를 다시 시작했다. 필리핀에서도 뭐든 마음을 먹으면 다 구할 수가 있다. 뜻밖의 효과는, 엄마를 따라하겠다고 조르는 아이에게 조금씩 재료를 나누어 주다 보니, 아이의 바느질 솜씨가 제법 늘었다.

친구를 만들었다.

돌이켜보니 대학 때 이후로 새로운 친구를 사귀어 본 적이 없었는데, 새로운 사람과 새로운 관계를 시작하는 일이 쉽지가 않다. 한국에서도 좁고 깊은 인간관계를 유지해왔고, 상처받기 싫어 낯선 사람과는 잘 가까이 지내지 않는 성향인 데다가, 일과 육아에 지쳐 남는 시간에는 침대에 누워 쉬고만 싶을 때가 많았다. 그럼에도 불구하고, 20여년만에 용기를 내어 새로운 친구를 사귀어 보리라 마음을 먹었다. 플레이 데이트를 하면서 아이 친구 엄마와 사적인 이야기를 터놓고 나눠 보기도 하고, 책을 쓰는 모임에 나가 보기도 했다. 회사동료와 아이 외에 '나'만의 인간관계를 조금씩 만들어 나가야, 새로운 나라에 마음을 붙이고 적응을 할 수 있다는 사실을 깨닫고 있다.

워킹맘의 삶은 어디에서나 고되지만, 그래도 내가 이 곳에서의 삶에 만족하는 이유는, 아이가 매우 행복하게 지내고 있기 때문이다. 만약 아이가 이 곳 생활에 적응하지 못하고 힘들어했다면, 아마 나는 모든 의지를 상실하고 한국으로 돌아갔을 것이다. 그렇게 생각하면, 정착 초기에, 내가 좀 많이 힘들기는 했지만, 모든 에너지를 아이가 잘 정착하는데 쏟아 부은 것은 잘한 결정이었다는 생각이 든다. 그로 인해 내가 좀 지쳤고 살짝 번아웃이 온 것 같기도 했으나, 아이가 즐겁게 지내는 것을 보며 힘을 얻고, 마음을 다잡고, 그리고 회복할 수 있었다.

우리에게 어떤 새로운 고비가 또 다시 올지도 모른다. 인생은 원래 굽이치는 파도와 같으니까. 그 때, 내가 아이의 든든한 버팀목이 되어주고, 우리가 함께 헤쳐 나갈 수 있으려면, 내가 튼튼해야 한다는 생각이 든다. 스트레스를 해소할 수 있는 몇 가지 방법과 조금 기대어볼 수도 있는 친구를 만드는 것.

어쩌면 살아가는 법은 어디나 다 똑같은 것인데, 다만 해외 살이는, 내가 한국에서 이제까지 만들고 쌓아왔던 모든 지지 기반을 버리고, 새로운 나라에서 모든 것을 새롭게 다시 쌓아 올려야 하는 일이다. 마닐라에 오는 모든 분들에게 축복과 사랑이 가득하기를, 소중한 인연과 행복한 추억을 가득 만들 수 있기를, 바란다.

BRENT 나의 마닐라 정착 이야기

필리핀 라이프를 결정하며 동반되었던 여러가지 고민과 계획들

2023년 3월30일 줌으로 성사된 첫 킥오프를 시작으로 재미있는 프로젝트에 참여하게 되었다.

두달여간의 시간동안 써 내려간 원고들을 다시 꺼내 보며 필리핀 라이프를 준비하며 고민하고 계획했던 나의 시간들을 돌아보고 정리할 수 있어 뜻깊은 시간이었다.

내 삶에서 어쩌면 가장 큰 변화였고 도전이었던 필리핀 라이프는 아직 진행 초기단계라 무어라 판단하고 평가하기엔 이른 감이 있지만 다행이도 지금까지는 매우 순조롭게 나아가고 있다.

필리핀 라이프를 결정한 가장 큰 이유는 아이들이었다.

필리핀 출장이 잦은 남편으로 인한 아빠의 부재는 늘 남편에게 부채감을 주었고, 아이들은 아빠에 대한 그리움으로 힘들어했다.

나 또한 평일과 주말을 오롯이 세아이를 챙기는데 보내느라 언제부턴가 나의 일상은 사라지고 대부분의 시간은 아이들을 위해 채워졌다.

화목하고 사랑이 넘치는 가정을 통해 아이들에게 좋은 영향을 주고 싶었지만, 언제나 과하거나 부족해서 어쩔 수 없는 모자람이 늘 존재했다.

두번째 이유는 교육에 대한 슬럼프였다.

훌륭한 사교육 환경, 공부에 가능성(가능성이란 매우 치명적인 늪이다) 있는 아이들 그리고 부모의 욕심이라는 삼박자가 더해져 나와 아이들은 점점 빠져나오기 힘든 교육의 최전방으로 떠밀리 듯 가고 있었다.

쳇바퀴 도는 매일을 살며 우리 가족은 아이들이 과연 무엇을 위해 무엇을 향해 이 길을 가고 있는지에 대해 많은 고민을 했다. 결국 대학인가? 아니면 좋은 직업? 방향성을 잃고 방황사는 사이 첫째의 유학을 기점으로 생각에 변화가 생겼다.

마지막 이유는 남편의 꿈을 지지해서다.

안정적인 회사를 두고 제2의 인생을 위해 도전하고 싶어 할 때 처음엔 고민했고 걱정했다. 하지만 그동안 가족들을 위해 당신의 성공을 위해 애썼으니 이젠 하고 싶은 일을 하며 어쩌면 인생에서 마지막 도전이 될 수 있는 이 기회를 응원해주고 싶었다. 다만, 남편이 주재원이 아니기에 학비, 주거, 차량 등에 대한 회사의 지원이 없다. 나는 이 삶을 영위하기 위해 필요한 예산을 세우느라 바빴다.

동남아 국가니까 필리핀이니까 조금 합리적이고 낮은 물가를 기대했다면 실망할 수 있다. 학비, 생활비, 렌트비 등 한국과 크게 다르지 않은 경제적 지원이 필요했다. 필리핀 라이프를 통해 얻을 수 있는 이점을 생각하면 가치 있는 투자라고 생각하지만 똑똑하고 꼼꼼하고 장기적인 소비 플랜이 필요했다.

이것이 우리 가족이 필리핀 라이프를 선택한 이유이다.

변화를 앞두고 머리속을 소란스럽게 했던 많은 고민의 시간들이 필름처럼 지나간다. 가장 치열하게 고민했던 일년의 시간이었다.

✔ '나'라는 사람에 대한 고찰

남편과 15년동안 함께 일했고 결혼했다. 남편과 뮤지컬 제작의 연출, 조연출로 만나 나는 주로 각본, 프로젝트 기획서, 영상 스크립트 등 글 쓰는 일을 했다. 늘 내 글을 쓰고 싶은 욕망이 한 켠에 자리했지만 생각만 앞설 뿐

현실은 제자리 걸음이었다.
아이 셋 육아를 위해 셋째 출산과 동시에 일을 그만두고 전업주부의 삶을 살았다. 전업주부가 되면서 아이들이 학교나 유치원에 가는 시간은 나를 위한 시간이었고 이 시간을 허투루 보내지 말자 하며 호기롭게 책상에 앉아 습작을 시작했지만 컴퓨터 앞에 앉는다고 글이 후루룩 써지지는 않더라. 생각날 때마다 메모를 해 두어도 다시 정리해서 써 내려가면 뒤죽박죽 엉망이었다.
나에겐 소질이 없는 것일까. 이것이 나의 한계인가하는 슬럼프에 빠지기도 여러 번 필리핀 라이프를 시작하며 다시 도전해 보기로 다짐했다.
이 출판 프로젝트도 의미 있는 도전이 될 것이고, 한장 한장 페이지를 채워가는 나의 글도 언젠가 완성될 것이라는 희망으로 하루 하루를 살고 있다.

✔ '아이들'의 미래를 위한 교육관의 변화

아이들이 3학년이 되고 나면 내 아이는 어떤 트랙을 갈 것인지를 결정해야 한다고들 말한다. 예체능인가? 아니면 국내입시를 칠 것인가? 해외 유학을 갈 것인가?
나 또한 세 아이를 차례로 고민하며 남편과 많은 갈등을 겪었고,
아이들과도 수없이 많은 어려움에 부딪혔다.
남편들은 대부분 이렇다. 아이들이 공부와 씨름하고 숙제에 허덕이는 모습을 보면 더불어 고액의 학원비까지 매달 꼬박꼬박 들어가는 걸 들으면 본인은 아이들을 그렇게 살게 하고 싶지 않다고들 말한다. 그리고 그에 동반되는 소비의 가치를 인정하지 않는다. 하지만 결과물에는 항상 가장 크게 반응한다. 주위에 자랑도 한다. 남편들은 힘든 과정은 직면하고 싶지 않아하고, 아름다운 결과물은 보고 싶어 하는 것이다.

안타깝게도 그 결과물은 저절로 얻어진 것이 아니니다.
엄마의 정보력과 학원비와 결과물은 비례하는 것임을 엄마들은 안다.
필리핀 라이프를 결정하며 우리 부부는 아이들 교육관의 변화에 합의했다. 대학을 목표로 두지 않는 공부가 그것이다. 대학은 스스로 원하는 아이만 보내는 것으로 했다. 다만, 아이들에게 세상이 움직이고 있는 방향과 현실에 대해서는 많은 정보를 전달하고, 경험하게 하려고 한다. 사치스럽지 않고 적당한 고생이 동반된 여행도 그 중 하나이다.
많은 것을 보고 듣고 경험한 아이가 자신의 인생을 위해 현명한 선택을 하게끔 부모는 조력자 역할을 할 뿐이라고 생각하는 것이다.
물론 동반되는 수많은 걱정들과 고민들이 왜 없겠냐마는 내가 아등바등 애를 써도 될 것은 되고 안될 것은 안되더라. 이곳에 살며 많은 경험을 하고 다양한 국가의 친구들을 만나며 큰 세상을 보았으면 한다.

✔ '우리'의 가까운 미래에 대한 기대와 바램

나이차이가 좀 나긴 하지만 남편과 나는 가장 친한 친구이며 가장 가까운 동료이기도 하다. 오랜 시간 함께 일하며 쌓아 둔 노하우로 서로가 원치 않는 충고나 언행은 하지 않는다.
더불어 서로에게 감사한 마음을 갖기 위해 노력하며 살고 있다.
이것이 우리 부부가 터득한 평화를 유지하는 방법이다. 필리핀에서의 이 사업이 잘 되든 혹여라도 기대에 미치지 않든 우리는 한 살 두 살 나이 먹어 갈테고 아이들은 점차 우리의 품을 떠날 것이다. 그러면 세상에 남은 우리 둘이 무엇을 하며 살아갈 것인지를 가끔 이야기하곤 한다.

새삼스럽게 우리가 함께 하는 것이 뭐가 있지? 하고 떠올려 본다.
취미는 같은 것이 하나도 없어 여가시간이 생겨도 각자의 취향대로 시간을

보내는데 한가지 공통 분모가 있다면 그것은 여행이다.
사업이 잘 돼서 돈을 많이 벌면 여유로운 여행을 할 수 있을 것이고,
그렇지 않다면 간소한 여행을 하게 되겠지만 둘 다 여행을 매우 좋아한다.
물론 여행가서도 각자의 취향대로 시간을 보내는 것은 암묵적인 룰일 테지만…
나는 이제 사십대 중반을 바라보고, 남편은 오십대 중반을 바라보고 있다.
지금까지 각자 일을 위해, 아이들을 위해 앞만 바라보며 살아왔다면
이곳 필리핀에서는 마음의 여유를 찾고 주위를 둘러보며 살아 보려 한다.
우리가 맞게 될 3년 뒤, 5년 뒤, 10년 뒤 삶이 기대가 된다.

BRENT 나의 마닐라 정착 이야기

한국에서

워킹맘이었던 나는 남들은 한 번씩은 한다는 육아휴직 없이 회사를 쭈욱 다녔다. 그동안 아이는 3살 이전까지는 친정부모님 손에, 3살 이후에는 회사 어린이집을 다녀 크게 손이 가질 않았다. 어린이집 생활을 하면서부터는 나나 남편보다도 더 오래 사회생활을 했다. 8시 반에 등원 해서 6시 반에 하원 했으니 말이다. 일주일에 한 번, 친정부모님 찬스로 아이에게 발레와 미술을 시키고 있었는데 이 날은 친구들보다 먼저가게 되는 날이라며 아이가 가장 좋아하는 날이었다. 지금 생각해봐도 아이는 참 순하고 착했다.

초등학교 1학년은 쉽지 않다고 남은 육아휴직의 기회는 지금 뿐이라는 얘기를 듣고 고민하던 차에 회사에서 프로모션제안을 했다. 프로모션이 되면 CFO로서의 입지를 다질 수 있는 위치에 들어갈 수 있게 되고 나는 당연히 기회를 놓치고 싶지 않았다. 슬쩍 생각이 들었던 육아휴직 이야기는 그렇게 마무리되었다. 그러던 10월 어느 날이었다. 너무 선명하게 기억이 난다. 근무시간에 연락을 거의 하지 않는 남편에게서 전화가 왔다. “여보, 내가 주재원 되면 어떨 것 같아? 필리핀으로?!” 왜 때문이었는지 정말 1초도 고민없이 “가자, 아이에게 너무 좋은 기회가 될 것 같아! 난 좋아!”가 되어 버렸다. 현재상황에 대한 불만족보다는 일단 아이에게 정말 좋은 기회가 될 거란 생각이 들었다. 아이에게 넓은 세상을 보여주고 싶었고 영어의 늪에서 허덕이지 않기를 바라는 마음이 컸다. 그리고 12월 남편의 발령과 함께 2월 말 아이와 함께 필리핀에 오게 된다.

필리핀에서

온전한 주부로서의 삶은 필리핀에서가 처음이다. 나는 3개월 출산휴가 외에 육아휴직을 쓴 적이 없었다. 회사를 다니면서 걸어본 적이 없어 늘 종종걸음으로 걷는 것이 습관이 되었다. 이렇게 바쁜 마음으로 회사를 다니다 보니 주부의 삶이 마냥 여유로울 거라고 생각했었다. 하지만 직접 해보지 않으면 모른다고, 그건 오만한 생각이었다. 나의 아침 일과를 슬쩍 얘기해보면, **아침 5시 40분**에 일어나 아이의 도시락을 준비한다. 또래보다 작고, 먹는 것에 큰 흥미가 없는 아이라 도시락에 신경을 쓰는 편이다. 한국에서는 음식은 남편 담당이었기에 요리에도 익숙지 않고, 그래서 더 오래 걸리는 것 같기도 하다. **6시 30분** 도시락 준비와 함께 편지를 쓰고 아이를 깨우러 간다. 먼저 일어나 옷을 갈아입고 있는 아이의 머리를 묶어주고 놓친 것이 없는지 한번 더 체크한다. **7시 5분**에 출발하는 셔틀은 특별한 일이 없는 한 꼭 남편과 함께 배웅한다. 늘 늦는 남편이 아침에 짬을 내서 아이를 보는 시간이다. 집에 돌아와 남편이 출근 준비를 시작하면 간단히 빵과 커피를 준비해주고 남편을 배웅하면서 나도 운동에 나선다. 알라방의 Cuenca The Market Place 옆에서는 월요일부터 목요일까지 **8시**부터 1시간동안 줌바 수업이 있다. 몸치인 나도 열심히 삐걱대며 땀을 흘리는 시간이다. 9시가 조금 넘어 수업이 끝나면 허겁지겁 집으로 돌아와 씻고 아침을 먹는다. **11시**, 나도 딸내미 못지 않게 영어를 하기 위해 온라인 수업을 따로 듣는다. **12시**가 넘어 점심을 먹고, 아이의 하원을 위해 학교로 향한다. 영어로 몸과 마음이 고단했을 아이에게 엄마가 직접 하원을 도와주고, 집에 오는 길의 종알종알 수다타임은 참 소중한 시간이다. **3시**가 넘어 집에 오고, 아이의 영어 수업 진행을 서포트하며 간식을 준비한다. 보통 **4시반**에 과외 수업이 끝이 나고 아이의 숙제를 봐준다. **5시반** 저녁을 준비할 시간이다. 보통 남편의 퇴근을 기다리며 6시반에서 7시에 저녁을 먹고, 아이를 씻긴다. **8시**, 아이의 책가방과 준비물을 다시 확인하고, 아이에게 책을 읽힌다. 그리고 **9시**, 아이를 재운다. 그야말로 숨가쁜 하루다.

그럼에도 불구하고 필리핀에서

이런 바쁜 일상 속에서 줌바클래스를 통해 필리핀 친구를 사귀었다. 친절한 그들은 그들 정원의 나무에서 망고가 열렸다며 망고를 챙겨 주기도 하고, 간단한 간식을 나눠 주기도 하고, 날이 선선 해지면 필리핀 전통의상을 입을 수 있는 곳이 있다며 데려가주겠다고 제안해준다. 맛있는 거 먹는 걸 좋아하는 Foodie라면서 함께 맛있는 식당에 가자고 제안해주는 그들의 선의에 나도 그들에게 빵을 만들어 선물하기도 했다.

앞서 빵이야기를 잠깐 했지만, 나와 남편은 빵을 정말 좋아한다. 근처에 빵집이 있으면 트라이를 해보는 편이고, 유명한 빵 가게 줄을 서기도 한다. (한국에서 런던베이글 줄을 7시에 맞춰 가서 먹은 사람, 나다!) 이주를 하기 전이었던 12월 말, 아이와 함께 남편이 있는 필리핀에 잠깐 들렀을 때, 필리핀 빵을 먹어보았는데 너무 달아 먹기가 힘들었다. 필리핀에 오려고 짐을 싸면서 '쉴 때 한 번 빵을 만들어 볼까?' 싶은 마음에 엄마가 젊은 시절 사용했던 제빵용품들을 물려 받았다. 엄마도 나에게 용품을 주시면서 한 번이나 사용할까 싶으셨을 거다. 유튜브를 보며 레시피를 익혀 스콘을 시작으로, 머핀, 파운드케이크, 에그타르트, 소금빵 등등을 만들고 있다. 만드는 즐거움도 물론 있지만, 만든 빵을 가족이나 친구가 맛있게 먹어주었을 때의 기쁨이 참 크다. 아이는 빵 만드는 엄마를 보며 함께 참여해 보려고 하고, 그런 아이와 함께 베이킹을 하며 아이의 집중하는 모습을 보는 것도, 가르쳐준 대로 곧 잘 따라하는 아이를 보는 것도 재미있다.

그럼에도 불구하고, 나에게 있어 힘든 점은 남편의 부재이다. 그 동안은 코로나이기도 했고, 대부분 남편이 일찍 집에 왔기에 우리는 같이 와인도 먹고, 맥주도 마시고, 이런 저런 나의 얘기, 회사 얘기, 미래 얘기를 함께 나누었었다. 또 매주 캠핑을 가거나 여행을 가면서 두런두런 좋은 얘기들, 힘든 얘기들을 나누었다. 남편은 대부분 기계적인 리액션이긴 해도 나의 이야기에 따뜻하게 귀 기울여 주었다. 이 곳에서 남편은 10시이전에 들어오는 때가 손에 꼽힌다. 일도 많고 회식도 많고. 그러면서 또 스트레스를 받는 모습을 옆에서 지켜볼 때면 안타까우면서도, 답답하기도 하다. 남편은 내가 사회생활을 하지 않아 사람들을 많이 만나지 못하기 때문에 본인을 찾는 것 같다고 얘기하던데 나도 주부가 처음이고 이런 상황도 처음이라 알아가고 적응해가는 과정에 있다. 나도, 남편도 그리고 아이도 차차 더 이곳에 적응하며 나아질 것이라 믿는다.

앞으로 필리핀에서

한국에서 우리 가족은 매해 목표 10가지씩을 세웠었는데 이를 테면 운동 3번이상 가기, 매일 비타민 먹기, 식물 키워보기 등 작고 소소한 목표였다. 올해는 먼저 건너온 남편, 이주준비로 인해 가족과 함께 목표를 정하지 못했다.

이 글을 쓰며 올해의 목표를 생각해 본다. 일단 나의 목표는 아이의 적응이다. 요번 브렌트의 무빙업 세레모니에 다녀왔을 때, 학교의 다양한 프로그램들을 압축하여 소개하는 비디오를 보았다. 학교의 즐겁고 다양한 프로그램을 아이가 모두 다 누리고 받아들이면 좋겠다고, 그러기 위해서는 아이가 영어를 충분히 말하고 듣고, 커뮤니케이션이 되는 것이 제일 먼저가 아닐까 싶다. 영어 과외 시간을 늘리고, 피아노와 수영레슨을 추가했다. 알찬

방학을 보내기 위해서는 엄마의 희생이 필요한 것 같다. 그동안은 아이보다도, 나 스스로보다도 회사가 먼저였던 시간들이었다. 올해는 다른 것보다 아이를 충실히 서포트하는 것이 가장 큰 목표다.
두 번째 목표는 필리핀에 오면 누구나 취미가 된다는 골프를 배우는 것이다. 나이 들어 가족 모두 골프를 배워 같은 카트를 타고 골프를 치는 것이 남편의 로망이라고 한다. 한국에서 골프채와 예쁜 골프복은 사왔는데 아직도 옷을 입어보는 것은 물론이고 채를 잡아보지도 못했다. 부지런하게 골프를 배워 올해 안에 필드에도 나가 봐야지, 다짐한다.
세 번째는 영어공부를 하는 것이다. 노력없이 영어가 어디 생각한대로 나오겠냐마는 영어를 배우면 배울수록 더 어렵다고 느낀다. 지금은 간단한 과외를 하고 있음에도 불구하고 필리핀에 도착한 당시보다 영어가 더 퇴보하는 느낌이다. 하루에 20분만이라도 영어 책을 꾸준히 읽는 게 목표다. 최근 <Who moved my cheese?>를 읽고 있다. 고전 책으로 어렸을 때 읽었던 기억이 있는데 한글이 아닌 영어로 읽으니, 또 나이가 드니 느낌이 또 다르다. 천천히 완독하며 또 어렵지 않은 책이니 필사도 하고 싶다.
마지막은 건강관리이다. 얼마 전 코로나에 걸렸었다. 다행히 친정 부모님께서 계셨던 시기라 나를 대신해 아이의 도시락을 싸 주셨고, 아이의 하원을 도와주셔서 나는 방에서 격리하며 잘 먹고, 잘 쉬고, 덕분에 몸을 추스를 수 있었다. 부모님이 계셨기에 가능했지, 안 계셨다면 아이도 남편도 어땠을까 싶어 아찔하다. 필리핀에서는 친인척이 근처에 없기 때문에 특히 엄마는 아프면 안된다. 가족을 위해서라도 영양제도 잘 챙겨 먹고, 운동도 하며 체력관리에 힘쓰려고 한다. 줌바도 끝까지 열심히 할 거다!

이 책을 읽는 분들에게

가족 부임으로 주재원에 오게 될 많은 분들은 언어, 음식, 생활 습관 등 모든 것이 다른 타지의 문화 충격을 감수해야만 한다. 특히, 남편의 부임으로 함께 오게 되는 가족들 중 나의 경우와 같이, 엄마가 한국에서 직업이 있을 경우 직장에서 나의 커리어, 인간관계를 모두 버리고 생소한 외국에 나갈 때의 상실감과 좌절감은 생각보다 크다. 나도 적응을 못하는데 아이의 적응까지 도우려고 하니 정서적으로 여유가 없어진다. 남편은 남편대로 많은 회사일에 야근과 회식하기 일쑤. 거기에 아이가 아프거나 새로운 국제 학교에 잘 적응을 못한다면 이중고, 삼중고가 되고 만다.
타지에 나온 것이 처음이지만, 어디를 가든 생활의 중심은 사람과 사람사이의 관계에 있다고 생각한다. 이를 테면 같은 회사 주재원 와이프 모임, 맛집 모임, 쇼핑 모임, 교회 모임, 골프 모임, 학부모 모임 그리고 제이전트님의 마린이 모임까지.

처음 얘기했던 것처럼 남편의 주재원 발령이 된 후 대부분의 와이프들의 마음 속 깊은 걱정은 '주재원 와이프 사회'에 관한 것일 것이다. 남편들의 직급이 와이프의 직급인 것 마냥 그들 간에 서열이 정리되는 주재원 와이프의 세계. 인위적으로 만들어진 그 무리 속에서 속마음을 드러내지 못하고 싫은 사람과도 억지로 관계를 이어 나가야만 하는 세계. 사회생활을 많이 한 나조차 걱정이 많았지만, 이 곳에 와서 만난 주재원 와이프들은 참 좋은 사람들이었다. 타지에서의 어려움을 알고 먼저 도움의 손길을 내밀어 주었다. 새롭게 이주한 필리핀에서 맨땅에 헤딩하지 않고 소프트랜딩을 할 수 있도록 아떼를 구하는 것, 장을 보는 것, 아이의 학교까지 작고 큰 일들을 옆에서 선배로써 알려주었다. 또 마음이 맞는 같은 학교 한국인 학부모를 소개시켜 주기도 했다.
특히 이 마린이 모임을 통해 좋은 사람들을 알게 되어 좋은 기회에 글까지 쓸 수 있게 되었다. 이 책을 통해 만난 사람들은 서로에게 힘을 주고, 긍정적이고 건설적인 영향을 주는 사람들이다. 책을 통해 만났지만 각기 다른 캐릭터, 각기 다른 배경의 사람들이면서도 필리핀에 온지 다들 1년 전후가 되는 '마린이들'이라 필리핀 생활의 고충도, 개인적인 얘기도 하며 좋은 관계를 만들어 가고 있다.

한국의 익숙한 삶에서 필리핀의 경험은 '느림'일 것이다. 우리는 '느림'이라고 정의해버리지만 그들은 느림이 아닌 여유와 긍정으로 인식한다. 나에게는 낯선 어려움이지만 그들에게는 미소와 여유이다. 필리핀에 살다 보면 환경적인 제약을 많이 느끼는데, 이 친구들이 사는 방식이 현지에 가장 적절하게 진화된 게 아닐까 생각을 한다. 태풍이 와도, 날이 더워도, 기다림이 길어져도… 다급한 나에게 조금만 더 기다리면 된다고, 여유를 가지라고, 내일은 괜찮을 거라고, 진정하라고 위로해주는 그들의 긍정마인드와 미소는 나를 돌아보게 만든다. 문화에는 옳고 그름이 없다. 다름만이 있을 뿐이다.

사람의 가치는 타인과의 관계로만 측정될 수 있다는 말처럼 건강한 인간관계를 만들기 위해 먼저 적극적으로 나서보는 것도 새로운 나라, 새로운 환경에서 필요한 덕목이라고 생각한다. 내 생각보다 좋은 사람들은 많고, 서로를 존중할 수 있는 적당한 거리 유지는 나의 작은 노력과 배려로 가능하다. 바라건 데 이 글을 읽는 모두가 필리핀에서 잘 적응하여 좋은 인연을 맺길 소망한다.

ISM 나의 마닐라 정착 이야기

끝을 몰라 아무것도 시작할 수 없는 나그네 삶

남편의 첫 부임지인 스리랑카에 돌 안된 아이를 데려갔던 일이 벌써 9년전이다. 그곳에서 한 언니를 만났다. 벌써 20년을 거주하셨고 아이들은 다 훌륭하게 성장하였고 한국으로 대학 보내셨다고 한다. "그동안 아무것도 안 하셨어요?" 라는 나의 질문에 언니의 대답이 너무 생생하게 기억난다. "처음 10년은 언제 다시 한국으로 돌아갈지 몰라서 아무것도 시작할 수 없었고, 그 다음 10년은 아이들이 자라고 공부시키다 보니 그렇게 20년이 훌쩍 지나네".

정말 시간이 그렇게 빨리 흘러갔다. 9년동안 나라 네 곳을 전전하였다. 스리랑카에서 4년, 인도네시아에 정착했나 싶더니 코로나가 터져서 잠깐 들어갔던 한국에서 1년 반이 넘는 시간을 보내고 인도네시아에 다시 들어갔다 마닐라로 발령을 받았다. 짐 싸고, 짐 풀고, 환경에 적응하고, 항상 이 시간의 끝을 몰라서 뭔가를 다시 시작할 수 없는 시간들의 연속이었다.

어떤 마음가짐으로 살아야 할까?

나는 아이가 조금 커서 시간적 여유가 생기고 나서부터 뭔가를 배울 수 있지 않을까 여러 시도를 해 보았다. 제빵과정도 등록하고, 꽃꽂이도 배우고, 한국의 온라인 학점은행제에서 한국어 교원 2급을 따기 위해서 강의도 신청하였다. 한국어 교사를 하면 해외에 다니는 남편의 직업상 나에게 기회가 많을 것 같아서 신청을 하고 수업을 들었는데, 실습 수업이 마음에 걸렸다. 한국에서 한 학기 동안 있어야 하는 수업 규정상, 나에게 그런 기회가 올 수 있을까 라는 의구심에 수업을 듣다가 포기하였다. 그런 다음에 곧바로 코로나가 터져서 한국에 들어가 아이와 체류를 하였는데, 그 기간이 점점 길어져서 1년 반이 넘게 거주하게 되었다. 지금도 후회하는 점은 그때 수업을 포기하지 않고 들었다면 실습을 충분히 이수할 수 있었다는 것이다. 어차피 코로나로 실습이 온라인으로 대체되어서 외국에서도 많이 이수하였다고 들었다. 참 사람 일은 모른다.

'어차피 끝낼 수 없을 텐데, 어차피 다시 돌아갈 텐데, 어차피 이곳에 오래 있을 것도 아닌데' 라는 생각에 사로잡히다 보면 아무것도 시작할 수가 없다. 끝을 보지 못하더라도 시작을 하면 기회가 오기 마련이다. 기회를 잡기 위해서라도 뭔가 시작해야 한다. 시작 없이는 끝도 없다.

마음을 터놓을 수 있는 상담의 부재

아이를 키우면서 해외에서 살아가는 주재원 와이프의 삶이 녹록하지 않은데 한 다리만 건너도 다 알 수 있는 좁은 사회에서 고민을 터 놓을 수도 없고, 주재원에 대한 선입견도 있어서 이해 받기도 힘들다. 아이를 키우면서 힘든 점을 지인과 나누었더니 "왜, 비싼 학교 보내서 아이가 그런 것 같아?" 라는 말을 듣고 맘이 상했던 적이 있다. 주재원으로 학비, 주거비를 지원받는다고 해서 아이와 함께 하는 하루하루의 삶이 평탄한 것만은 아니다. 음식도 다르고 문화도 다르고 언어도 다른 곳에서 하루하루 생활해야 하는 나의 고단하고 피곤한 경험들이 주재원 와이프의 푸념으로 축소되어 해석될 때 입을 닫고 마음문을 닫게 만들었다. 오히려 익명의 맘카페에서 위로를 받기도 했다.

이렇게 속 터놓고 얘기를 할 수 있는 환경이 아니다 보니 아이를 잘 키우고 있는지도 의문점이 생긴다. 국제학교에 다니면서 영어로 공부하고 다문화

권 환경에서 키우니 아이의 행동을 이해하기도 힘들다. 환경의 영향을 받아서 그런 행동을 하는지, 아니면 그 나이 때 아이가 하는 자연스러운 행동인지, 아니면 우리 아이의 기질인지도 잘 모르겠고, 문화적인 차이도 있어서 아이를 키우는 엄마들이 속앓이를 많이 한다.

육아책도 한국에서 아이를 키우는 부모의 입장에서 써 있고, 다문화권 아이의 디테일한 부분들을 나눌 상담소도 없다 보니 하루하루 문제가 쌓여서 너무나 힘들었다. 나는 유튜브에서 단편적으로 조금씩 제공되는 솔루션에 의존하기도 성이 안 차서 다시 학점은행제를 통해서 온라인으로 심리학 공부를 하게 되었다. 심리학 공부를 하면서 나에 대해서, 또 사람에 대해서 알아가고 있는 중이다. 아이에게도 보다 유한 엄마가 되기를 소망하면서 말이다. 학습심리학, 성격심리학, 인지심리학, 교육심리학 등 알찬 과목들이 많다. 이제는 정신의학과 의사들의 유튜브 방송들을 보아도 귀에 쏙쏙 들어오면서 나름 의미 있는 시간을 보내고 있다.

마닐라에서의 생활

✔ 필리핀어 공부

아이 학교가 크다 보니 학부모 모임도 활성화되어 있다. 학교에 새로 입학한 아이들의 학부모를 대상으로 영어와 필리핀어, 중국어 기초반 과정도 열린다. 나는 필리핀어 기초반을 신청하였다. 일주일에 두 번 6주 코스로 한 시간 반식 진행이 되었는데, 10명 정도가 신청해서 나중에는 5-6명 정도가 남았던 것 같다. 필리핀어는 스페인어와 구조가 비슷한데 스페인어를 전혀 접하지 못한 나에게는 생소하고 너무 어려웠다. 그러다 보니 나중에는 수업에 들어가는 것이 꺼려졌다. 숫자와 인사 정도의 간단한 기초 필리핀어 회화를 배울 수 있어서 도움이 조금 되었다.

✔ 마음이 맞는 사람은 어디서 찾을까?

ISM 에서는 학부모 모임이 활성화되어 있다. 일을 안 하는 주부 입장에서는 아이의 학부모로 만나는 인연이 대부분인지라 학부모 모임에 참석해서 마음이 맞는 인연을 찾아보려고 노력한다. 그러나 아이가 커 갈수록 부모의 주도하에 이뤄지는 모임보다는 아이 스스로 마음이 맞는 친구들과 노는 경향이 있고, 그 친구들의 부모가 나와 맞는다는 보장이 없음으로 학부모 모임에서 나의 친구를 찾아보는 것은 거의 불가능한 일이다. 특히 한국어가 아닌 언어를 사용하는 학부모들과 소통 교류하는 것이 쉽지 않다. 해외에서 오래 거주한 나도 이제는 한국어로 소통하는 학부모가 편하다.

ISM은 한국 학생들이 많다. 학년마다 한국 학생들 학부모 모임이 있다. 우리 아이 학년에는 25명 정도의 학부모가 속해 있는데 필리핀에 처음 온 새로운 분도 계시고, 이 곳에서 사업을 오랫동안 하셨던 분도 계시다. 우리 아이는 한국어가 서툴어서 한국 친구들은 많이 없지만 난 오히려 한국분들하고의 소통이 더 편했다. 같은 국제학교 보내면서 서로의 아이들 얘기도 하니 답답했던 마음도 해소되는 것 같다. 한국 엄마들끼리 서로 공감되는 얘기들이 있어서인지 모임이 편하고 좋다.

나라를 네 번 바꿀 때마다 나는 교회를 다녔다. 참여할 수 있는 행사도 많고, 교회학교를 다니면 아이도 학교 외의 장소에서 친구들을 사귈 수 있는 기회가 제공된다 나 또한 이 공동체에서 만나는 분들이 나에게는 큰 힘이 되어 줄 때가 많았다. 새로운 곳에 정착할 때 교회나, 성당 같은 신앙 공동체에 소속되어서 소속감을 느끼고 사람들을 알아가는 것도 외로움을 해소할 수 있는 한 방법인 것 같다.

주재원의 삶에서 아이 학교가 내 삶의 구심점이 되고 전부가 되어 버리면 어느 순간 아이가 사랑해야 할 대상보다는 벗어날 수 없는 굴레로 보인다고 하면 과장일까? 학교를 벗어나서 나만의 공간이 생기고 나만의 중심이 있어야 아이를 더 사랑하게 되는 것 같다.

BSM 나의 마닐라 정착 이야기

해외생활 경험자는 한번쯤 부부간 이혼을 생각한다?

남들의 눈에는 배부른 소리일 것 같고, 소수만이 할 수 있는 행복한 해외생활처럼 보이지만, 막상 해외생활을 하다 보면 여러가지 고충에 직면하기도 하다. 낯선 타지 생활에서 오는 고충, 자녀와 자녀교육에 대한 고충, 낯선 사람들과 여러가지 관계에서 오는 고충, 그리고 부부간에서 발생하는 고충 등이 있다. 그래서 혹자들은 한국에서 지낼 때보다 해외생활 하면서 발생하는 부부간의 다툼이 더 잦고, 많다는 이야기들을 하고, 실제로 우리집을 들여다봐도 맞는 이야기로 보인다. 뭐라고 딱히 꼬집어 설명할 수는 없지만 물리적, 정신적, 시간적 스트레스 때문이 아닐까 싶은데, 바깥일 하는 사람들은 나름대로 회사에서 받는 스트레스도 클 것이고, 직업이 바뀌어 주부생활을 하게 된 배우자도 마찬가지로 스트레스가 있게 되고, 그러다 보니 부부간에도 기계적, 계산적으로 기브앤테이크도 따지게 되고, 해외생활을 해 나감에 있어 서로의 업무역할 분리와 업무 기여도 그리고 상호간 형평성을 고려하게 되면서 의견충돌과 다툼이 발생하게 된다. 때로는 다툼의 정도가 깊어지면 서로 언성을 높이기도 하고, 상처주는 말도 하게 되고, 서로 말없이 며칠간 지내기도 한다. 그래서 한번쯤 '이혼해야 하나?'라는 극단적인 생각도 하게 되는데, 아마도 해외생활을 하며 서로간 기대했던 부분이 조금씩 어긋나거나, 상대방의 입장에 서서 서로를 이해해보려는 노력이 부족해지면서 앞서 언급한 여러가지 스트레스까지 겹치다 보니 나중에는 사소한 일에서도 이성적보다는 감정적으로 치닫는 경우가 많아졌다.

나는 누구인가? 자아를 잃었기 때문이다

바깥일 하는 사람 말고, 나를 기준으로 다소 이기적으로 생각해보면 그것은 바로 해외생활을 결정하며 나란 존재가 희미해 졌기 때문이다. 나도 한때는 회사생활을 하던 사람이었고, 회사에서 인정도 받는 사람이었고, 급여를 통해 소득활동도 하면서 사회의 한 구성원으로서, 가족의 든든한 일원으로서 인정받던 사람이었는데, 해외 생활을 하면서 그 자아가 점차 희미 해져갔기 때문이다. 해외생활 초년 시절에는 회사에 육아휴직도 하고, 주변에서 휴직(또는 퇴사)하고 주부일만 하게 되어 남부럽다는 이야기도 듣기도 하고, 나 역시도 해외 생활하며 여유도 찾아보면서, 그깟 주부일, 아이들 케어하는 일쯤이야 하면서 쉽게 생각하기도 했다. 때로는 돌아오는 주말이면 여행도 다니며 호텔라이프 못지 않은 삶도 살게 되었는데, 그때는 이런 삶도 한번쯤 누릴 만한 삶이구나 느끼며 지내게 되는데, 1년이 지나 2년, 3년 정착 생활이 길어지면서 점점 이곳에 삶이 현지화에 맞춰지게 되면서 발생하는 많은 고충들이 생기기도 했고, 나 역시도 점점 나라는 존재를 부정하게 되고, 주부라는 역할을 부정하게 되고, 부부간의 감정이 극하게 치닫게 되고, 사회 구성원으로서의 자존감과 자신감도 상실하게 되면서 '나는 누구인가?', '나는 여기서 무엇을 하고 있는가?', '나는 앞으로 어떤 삶을 살아야 되는가?', '해외생활이 끝나면 나의 다음인생은 무엇일까?' 등 여러가지 나를 향한 질문에 맞닥뜨리게 된다. 주변에서는 시간 날 때 언어도 배워보라고 하고, 못다한 운동이나 학과 공부도 더 해보라고 하기도 하고, 현지에서 취업 활동도 해보라고 하기도 하고, 심지어는 유튜브라도 해보라고 농담 반 진담 반으로 가볍게 이야기를 하지만, 알다시피 주부의 삶이 막상 해보면 녹록치 않고 생각보다 바쁘고 정신없는 삶이라는 것도 금세 깨닫게 된다. 물론 물리적으로 시간적 여유가 있는 경우도 많지만 마음에서 나를 받아들여지지 않은 상태에서 긴 호흡을 갖고 무언가를 더 해보겠다는 동기부여나 마음가짐을 갖기가 쉽지가 않다.

블로그를 해보기 시작했고, 짧은 호흡으로도 할 수 있는 일들을 시작해보았다

내가 블로그(네이버 블로그: 제이전트)를 시작하게 된 계기는 아이들의 자라라는 모습을 오래 간직하고, 잊지 않고 싶어서 기록을 목적으로 작성하기 시작했다. 가끔 아이들과 지난 날의 기억을 뒤돌아보면 아이들의 기억 속에서 이미 사라진 추억을 함께 꺼내어 보며, 아이들 역시도 즐거워했고, 그때의 감정들을 뒤돌아볼 수 있어서 기록이라는 목적이 충분히 달성되기도 했다. 하지만 매일이 이벤트일 수는 없는 법이라 나의 블로그에는 기록을 위한 목적 외에도 정보성 글, 나아가 나의 이야기까지 주제를 다루다 보니, 공감해주는 사람들도 점점 많아지기 시작했고 이후 블로그를 꾸준히 작성하면서 소소하지만 누군가와 교감을 하고 있다는 만족감을 얻을 수 있었다. 정보를 얻어서 고맙다는 이야기도 듣게 되고, 내가 생각하는 감정과 똑같다고 응원해 주는 이야기도 듣게 되고, 꾸준히 글을 써내려 가는 모습이 부지런하다는 이야기도, 점점 글솜씨가 나아진다는 이야기를 듣게 되면서 사회적으로 인정을 받을 수 있다는 즐거움과 성취감이 지금까지도 블로그를 써내려 가게 만드는 작은 원동력이 아닐까 생각한다. 반면 블로그가 감정적 측면에서는 생산적일지는 몰라도 여전히 내가 내 손으로 소득을 창출하던 그 때의 실용적인 부분을 담아낼 수 없어서 짧은 호흡으로도 할 수 있는 일들도 찾아보기 시작했다.

시간이 있고, 차도 있으니 여행가이드를 해보자

아이들이 학교 가 있는 오전과 이른 오후 시간에 보통은 종종 집안일을 하고, 마트를 다니곤 했는데, 언젠가 한번은 시간적 여유가 좀 있고, 차가 있으니 가이드를 한번 도전해 보겠다는 생각이 들어서 한달을 공을 들여서 여행지를 혼자 다녀보며 상품으로 기획했고, 한국의 모 사이트에 가이드를 등록하고서 상품을 개시했다. 스위스 제네바는 관광객보다는 출장자가 많아서 회사로부터 문의 받는 가이드 업무가 쏠쏠하게 많아서 나의 소소한 용돈벌이가 일상에서 성취감을 얻을 수 있게 만들었고, 그 결과 일정부분 수입도 얻을 수 있어서 자신감과 자존감도 올릴 수 있는 계기도 되었다. 언젠가 아이들이 밖에서 누군가를 만났는데 "너희 아빠는 무슨 일을 하시니?" 라고 묻는 질문에 "우리집은 엄마가 돈을 벌어 오시고, 아빠는 그냥 집에서 우리들 돌봐주시는데요?" 라는 답변을 듣고서 자신감이 다소 위축이 되였었는데, 일주일에 한번씩 가이드 일을 하게 된 후로 아이들이 나를 칭할 때에도 주부가 아닌 주부이자 가이드도 하는 사람으로 부르게 되면서 자아가 높아지는 결과도 얻을 수 있었다. 내가 도전하고 노력한 작은 행동으로부터 시작된 삶의 변화가 나의 감정적인 부분을 긍정적으로 바꾸고 있는 것 같아서 해외생활 하면서 나를 위해 무엇인가를 실천에 옮겨보는 것이 삶을 즐겁고, 긍정적으로 바꾸는 데에 도움이 된다고 생각한다.

하지만 여전히 긴 호흡을 갖고 도전하는 일이 없어서 막연히 불안하다

아내가 과연 언제까지 회사를 다닐 수 있을까? 공무원이 아닌 이상 그것이 오늘이 될 수도 있고, 내일이 될 수도 있기 때문에 동반자로서 미래를 위한 고민을 함께 걱정하고 조금씩 준비해 나가야 한다는 압박이 있다. 시간적, 물리적, 비용적으로 무엇을 해보려고 해도 아내가 일을 하고 있는 동안에 준비하고 실천해보아야, 그 결과가 설령 기대했던 만큼의 결과를 가져오지 못하게 되더라도, 재정적으로 최악의 상황에 직면하게 되는 것은 아니라서 아내가 하루라도 더 일을 하고 있을 때 계획과 준비와 실천의 병행이 필요하다. 하지만 그것들이 짧은 호흡의 일들로 준비되었다고 하기엔 재정적으로 크지도 않을 뿐더러, 안정적이지도 않기 때문에 보다 긴 호흡을 갖고 준비해야 할 무엇인가가 필요한데, 그것이 공부를 더 해서 인생 2막의 취업이 될 수도 있고, 자격증을 준비해서 전문직의 삶을 이어 나가는 방법도 있을테고, 수년간 아이들과 함께 생활하고 지켜보면서 얻은 노하우로 학원 등을 개설해보는 방법도 있을테고, 작은 사업을 경험하면서 창업하는 방법이라던지, 종자돈을 잘 굴려서 재테크나 부동산, 금융을 잘 활용하는 방법도 있을 텐데, 문제는 그 모든 것들이 전부 한달, 두 달안에 해결되는 일들이 아니라 1년 많게는 수년간 준비해야 하는 긴 호흡을 갖고 준비해야 하는 것들이다.

긴 호흡을 갖고 준비해야 하는 일들은 당장의 성과도 눈에 보이지 않기도 하고, 마음먹는 데에도 오랜 시간이 필요하고, 또한 자기설득도 필요한 일이라 해외 생활하면서 쉽사리 받아들이기 힘든 일이지만, 반대로 생각하면 다른 대안도 없다는 것도 현실이다. 해외 생활하면서 언제가 될지 모르는 가족의 미래를 위해 배우자로써 바깥 사람의 불안함과 걱정을 함께 해소하면서 기여할 수 있다면 이보다 더 좋을 해외생활이 없을 것 같아 보이기도 하다. 당연한 이론인데 늘 머릿속에서만 맴돈다는데 아쉬울 뿐이다.

필리핀에서 [마린이 오픈 카톡 모임 방]을 만들다

필리핀에 와서 반년을 지내보다가 마린이(마닐라+어린이의 줄임말, 마닐라에 이사온지 얼마되지 않는 사람들을 칭하는 용어)를 위해서 하우스, 국제학교, 헬퍼, 운전기사 이야기 등 다양한 정보를 나눌 수 있는 모임을 만들면 좋겠다는 생각을 했고, 카카오톡 오픈 채팅방을 개설했다. 일명 마린이

모임 방(http://open.kakao.com/o/gc1Olgze)인데 다양한 사람들이 나누는 대화속에서 마린이 분들은 삶의 정보와 공감을 얻기도 하고, 나는 다양한 사람들의 삶을 간접적으로 엿볼 수 있어서 온라인을 비롯하여 가끔 오프라인 모임에서 만나는 사람들을 통해 이야기도 엿들으며 나의 긴 호흡을 찾아가는 과정에 큰 도움을 얻고 있다, 마린이라면 이 책과, 이 모임방이 정착하는데 있어 매우 도움이 될 것이라고 자신할 수 있다.

마린이 회원들과 셀프 출판을 추진해보다

블로그와 마린이 오픈 채팅을 하다 보면 정말 많은 사람들로부터 마닐라 정착에 대한 질문을 많이 받게 되고, 세밀한 부분에서는 질문이 다르지만 대체로 몇 가지 공통적인 주제의 질문을 받게 되는 것을 알고, 다양한 국제학교에 자녀들을 보내고 있는 국제학교 학부형 마린이 분들과 힘을 합쳐서 셀프 출판을 하기로 마음먹고 장장 8주간의 프로젝트를 진행하였다. 국제학교 이야기를 비롯하여 마닐라 정착이야기, 살아가는 이야기 등 다양한 삶과 다양한 관점에서 바라보는 이야기를 통해 마닐라에 입성하려고 준비하는 사람들에게 우리가 미리 경험해 본 정보를 공유해서, 더욱 유익한 삶을 즐길 수 있고, 시행착오도 줄일 수 있을 것이라는 바램이 있다. 각자 바쁜 시간을 쪼개며 함께 하나의 프로젝트를 해 나간다는 것이 어려운 부분들도 있었지만, 모두가 기획의 의도를 동일하게 이해하고 이를 함께 실천에 옮겨 나가면서 마닐라에서의 의미 있는 시간을 보낼 수 있어 무엇보다 보람되고 성취감을 많이 느낄 수 있는 프로젝트가 되었다. 도서가 인기가 많아져 마닐라 정착하는데 있어 백서가 된다면 향후 2편, 3편의 시리즈 물을 이어 나갈 계획도 있다.

내가 건강해야 가족도 건강 해진다

물리적인 건강만을 의미하는 것은 아니다. 나의 정신적인 건강이 자녀와 배우자 모두를 건강하게 만드는 일임을 해외생활 경험자라면 모두가 공감할 수 있는 부분이다. 내가 건강 하려면 나 스스로 현실과 이상 속에서 접점도 찾아야 하고, 가족 외에 해외에 정착하면서 받는 정착 스트레스, 헬퍼나 운전기사, 그리고 내 주변의 사람들로부터 받는 관계 스트레스 등도 조절할 수 있는 능력도 갖추어야 하고, 그러면서 동시에 주부라는 타이틀도 충실이 이행하면서 나라는 존재도 동시에 찾아가야 하는 어려운 위치도 이해하고 이겨내야 한다. 쉬운 일 같아 보이지만 사람이 간사하게도 이미 익숙해진 루틴에서 조금만 벗어나려고 노력하는 것이 쉽지가 않다. 무엇이든지 좋으니 머릿속에 있는 일들을 밖으로 꺼내서 실천으로 옮겨 보는 것이 바람직한 한 것 같고, 그것이 비록 짧게 마무리되거나 혹은 빛 좋은 개살구로 마무리되는 일이 생기더라도 여러가지를 겪다 보면 그 안에서 나만의 건강을 유지할 수 있는 일 한두가지는 충분히 발견할 수 있을 것이라고 생각한다. 고민이 되더라도 용기를 내어 일단 해보는 것을 권장한다.

제7화 나에게, 가족에게, 여러분에게

From 정은 / To 나에게, 가족에게, 여러분에게 한마디

1. 공동 셀프 출판 프로젝트를 하며 겪은 어려움과 보람

책을 쓰는 기간동안 우리 온 가족은 코로나를 겪었고, 아이는 독감에 걸려 입원을 하는 등 많은 일들이 있었다. 그 시간을 이겨내고 무사히 마감시간을 지켜서 글을 쓴 나를 칭찬해 주고 싶다.

2. 8주간의 작업이 짧지 않았는데, 시간 계획을 어떻게 활용했는지?

매주 이틀 정도 시간을 내서 작업을 했던 것 같다. 주로 아이가 잠든 시간 또는 아이 등교 후 오전 시간을 활용했다.

3. 함께 작업한 분들에게 응원의 한마디

너무나 솔직하게 자신의 이야기를 쓰고 나눠줘서 나도 용기내서 같이 솔직해질 수 있었다. 서로 격려해 줘서 감사한다.

4. 나를 지지해준 가족에게 감사의 한마디

남편이 내가 글 쓸 때마다 뭔가 생산적인 일을 한다고 많이 격려해 주고 도와줘서 더 잘할 수 있었다. 친정 엄마가 잠시 한국에서 오셔서 집안 일을 도와주셨는데 너무 감사하다.

5. 작업을 해낸 나에게 뿌듯한 한마디

책을 내고 글을 쓴다는 것은 과정에서의 어려움을 극복해 내는 것이구나. 힘든 과정을 이겨낸 나를 칭찬해.

6. 이 책을 구매한 독자에게 한마디

이 책이 마닐라에 정착하는 독자분들에게 많은 도움이 되어서 좋은 기대감을 가지고 마닐라를 준비하였으면 한다.

From MK / To 나에게, 가족에게, 여러분에게 한마디

1. 공동 셀프 출판 프로젝트를 하며 겪은 어려움과 보람

필리핀에 온지 이제 3달이 갓 넘은 시점이다. 적응하느라 정신이 없는 와중에 일을 벌린 것은 아닐까, 또 이렇게 짧게 지낸 내가 써도 될까 고민이 많았지만 '나의 이야기'에 집중해보았다. 이 글을 쓰며 나를 정돈하고 다독이는 시간도 되었다.

2. 8주간의 작업이 짧지 않았는데, 시간 계획을 어떻게 활용했는지?

평소에 노트에 어떤 내용을 쓸 지 끄적여 놓고 아이가 자고 나면 조용히 서재로 내려와 컴퓨터를 켰다. 또는 주말에 남편이 아이를 봐주는 시간을 활용하기도 했다.

3. 함께 작업한 분들에게 응원의 한마디

길 것만 같았던 작업이 방학 전후로 마무리되어 다행입니다! 좋은 분들을 알게 되어 행복하고요, 계속 좋은 만남을 이어갔으면 좋겠어요

4. 나를 지지해준 가족에게 감사의 한마디

남편이 주재원으로 발령을 받아 주어 이렇게 필리핀과 마닐라적응기에 대해 쓸 수 있게 되었네! 고마워~! 또 학교와 관련하여 쓴 챕터에 큰 도움을 준 우리 딸도 고마워, 너랑 내가 같이 쓴 거나 다름이 없다고 생각해, 사랑해!

5. 작업을 해낸 나에게 뿌듯한 한마디

대학교 교양시간 이후로 이렇게 나에 대한 글을 쓴 게 오랜만이라 어색했지만, 주제에 맞춰 충실히 쓰려고 했던 나를 칭찬합니다! 목표 중 하나를 이루었네, 짝짝짝!

6. 이 책을 구매한 독자에게 한마디

학교와 관련한 정보도 있지만 '삶'에 초점을 맞춘 부분이 많습니다. 맞고 틀리고의 엄격한 검열보다는 이런 점도 있(었)겠구나 하는 따뜻한 마음으로 봐 주시면 감사하겠습니다, 읽어 주셔서 감사합니다!

From 엘리 / To 나에게, 가족에게, 여러분에게 한마디

1. 공동 셀프 출판 프로젝트를 하며 겪은 어려움과 보람

나는 지금까지 그림책 2권을 썼지만, 공동 셀프 출판 프로젝트는 처음 하는 도전이었다. 이번 작업에는 그림을 그리거나 스토리를 만들어야 하는 작업이 없어서 일상이야기를 편하게 다이어리 쓰는 마음으로 진행하였다. 하지만, 공동 작업은 처음이라 호흡을 같이 맞춰 나가는 게 다소 어색했지만, 책 한 권을 온전하게 나 혼자 끝내야 한다는 중압감이 없어서 다른 분들과 즐겁게 작업할 수 있었다. 프로젝트를 진행하면서 좋은 사람들과 즐거운 시간을 함께하고 지난 마닐라 적응기를 되새겨 볼 수 있는 소중한 경험을 할 수 있어서 참 좋았다.

2. 8주간의 작업이 짧지 않았는데, 시간 계획을 어떻게 활용했는지?

나는 무슨 일을 시작하기 전에 계획을 세우고 다이어리에 써서 진행하는 아날로그 감성을 가진 편이다. 아직 둘째가 어려 육아와 살림을 하다 보면 글을 쓸 타이밍을 놓치고는 했다. 그래서 일상 생활 중에 자투리 시간을 활용하여 수첩에 어떤 주제로 쓸 건지 소재나 아이디어를 기록해 놓았다가 주로 아이들을 재우고 밤에 조용하게 작업을 진행하였다. 맥주 한 캔 마시며 타이핑하는 그 시간은 나에게 주는 휴식 같은 타임이었다.

3. 함께 작업한 분들에게 응원의 한마디

낯선 나라에서 누군가를 알아가고 함께 추억을 쌓아가는 것 그리고 그 인연이 소중한 인맥이 되는 것은 참 즐겁고 행복한 일이다. 알면 알아갈수록 작업한 분들의 개인마다 가지고 있는 개성 있는 다양한 매력에 흠뻑 빠져들었다. 함께 프로젝트를 진행하면서 맛있는 음식과 티타임 그리고 달콤한 대화를 선사해 준 모든 마린이 공동저자에게 감사의 말씀을 전한다.

4. 나를 지지해준 가족에게 감사의 한마디

나보다 먼저 필리핀에 도착해서 적응하느라 혼자 발품 팔아 정보를 조사해 준 알려준 나의 반쪽 매튜에게 감사 인사를 전하고 싶다. 그가 찾아 놓은 방대한 자료들을 토대로 나는 숟가락 한 개 얹어 조금은 수월하게 작업하고 편하게 적응할 수 있었다. 글 쓰는 동안 엄마에게 힘내라고 손 편지도 써주고 간식도 사준 우리 듬직한 큰 딸 사랑해! 엄마가 잘 챙겨주지 못해도 스스로 본인의 숙제를 해결하고 항상 포기하지 않고 노력해서 헤드마스터핀을 받는 너가 엄마는 자랑스러워. 마지막으로 너의 존재와 웃음만으로도 나에게 엔돌핀을 선사하는 늦둥이 요한까지 모두 고마워.

5. 작업을 해낸 나에게 뿌듯한 한마디

나는 일중독자이면서 일에 대한 결과물을 내면 스스로 엄청난 즐거움을 느낀다. 한시도 쉬지 않고 자꾸 무엇인가를 벌리고 성공유무와 상관없이 일을 즐긴다. 실패하면 오뚝이처럼 재도전한다. 장난처럼 필리핀에 대한 책을 쓸 거라 주변에 말했는데 얼떨결에 좋은 분들을 만나서 이렇게 마침내 마지막 챕터를 마무리하고 있다. 포기하지 않고 즐겁게 작업을 진행한 나에게 셀프 칭찬을 보낸다. 어디를 가든지 누구를 만나든지 지금처럼 씩씩하고 행복하게 잘 지내기를 응원할게!

6. 이 책을 구매한 독자에게 한마디

갑자기 필리핀에 오게 되었는데, 지인들이나 뉴스에서 말한 필리핀 이야기에 불안할 수도 있다. 하지만, 너무 걱정하지 않아도 된다고 말해주고 싶다. 신랑을 따라 인도와 방글라데시에서도 생활해 본 나의 경험으로 필리핀은 해외 생활하기에 참 좋은 나라 중의 하나이다. 여기에 추가로 이곳에서 마음 맞는 좋은 인연을 만나고, 좋은 헬퍼와 드라이버까지 채용할 수 있다면 한국보다 더욱 여유 있는 생활을 할 수 있다. 지금 이 책이 여러분의 마닐라국제학교 선택과 필리핀 생활의 적응에 조금이라도 도움이 되는 지침서가 되기를 바라며 마무리한다.

From S / To 나에게, 가족에게, 여러분에게 한마디

1. 공동 셀프 출판 프로젝트를 하며 겪은 어려움과 보람

혼자 하는 작업이 아닌 공동 출판이기 때문에 함께 작업하는 사람들과의 톤앤매너를 맞추고, 민폐가 되지 않게 잘해야 한다는 부담감이 있었다. 학교 이야기를 함에 있어서도 너무 주관적인 의견이 많아지지 않도록 수위를 조절하는 것이 어려웠다. 하지만, 원고가 완성되어 가면서 지난 시간들을 돌아보며 정리하고 되짚어 볼 수 있는 소중한 시간이 되었고, 마닐라 이주를 준비하는 누군가에게 의미 있는 책이 될 수 있다는 기대가 나를 설레이게 했다.

2. 8주간의 작업이 짧지 않았는데, 시간 계획을 어떻게 활용했는지?

매일 저녁 7시부터 8시까지 1시간동안 아이들이 모여 스터디 시간을 갖는데 그 시간에 나도 같이 앉아 작업했다. 집중할 수 있게 도와준 아이들에게 고맙다.

3. 함께 작업한 분들에게 응원의 한마디

서로의 원고들이 올라올 때마다 아낌없는 칭찬과 격려를 해주는 따뜻한 분위기 속에서 작업할 수 있어서 행복하고 고마웠다. 우리 서로에게 잘했다고 토닥토닥 칭찬해주고 싶다.

4. 나를 지지해준 가족에게 감사의 한마디

아이들이 크니 의외로 엄마가 일하는 것을 좋아했다. 그래서 많은 응원과 격려를 받았다. 대부분이 아이들의 이야기라서 조심스러운 부분이 있었는데 아이들이 흔쾌히 허락해 준 것도 고맙게 생각하고 있다.

5. 작업을 해낸 나에게 뿌듯한 한마디

전업주부로 살며 내 개인적인 일이나 취미 등을 꾸준하게 하는 것이 불가능한 일이라고 생각했던 적이 있다. 전적으로 자기 합리화였는데 부끄럽게도 내 스스로 이것을 깨 버릴 수 있게 되어 매우 기쁘면서도 민망하다.

6. 이 책을 구매한 독자에게 한마디

우선 너무 감사하다. 작업을 하며 마닐라 이주나 주재원 발령을 앞두고 블로그나 오픈채팅방을 통해 정보를 알아보시는 많은 분들의 니즈에 부합하는 책인가 하는 고민이 깊어지는 자기검열의 시간이 있었다.

비록 모두를 만족시키는 완벽한 백서는 아니겠지만 누군가에게는 도움이 될만한 정보가 담겨 있길 바래 본다.

From 이진 / To 나에게, 가족에게, 여러분에게 한마디

1. 공동 셀프 출판 프로젝트를 하며 겪은 어려움과 보람

정신없이 바쁜 와중에 책까지 쓸 수 있을까 싶었지만, 나에게는 휴식 같은 시간이었다. 숨가쁜 일상에서 벗어나, 조용히 지내온 시간을 돌아볼 수 있는 시간을 가질 수 있었다.

2. 8주간의 작업이 짧지 않았는데, 시간 계획을 어떻게 활용했는지?

아이가 일찍 자는 편이기 때문에, 아이를 재우고 난 이후 시간을 활용했다. 전에는 주로 넷플릭스를 보거나 온라인 쇼핑을 했는데, 글을 쓸 수 있어서 재미있었다.

3. 함께 작업한 분들에게 응원의 한마디

책을 출판해 보고 싶어 참여했는데, 너무 좋은 친구들을 만나게 되었다. 마닐라에는 기대 이상 좋은 사람들이 많을 거라는 생각이 들기도 했다.

4. 나를 지지해준 가족에게 감사의 한마디

가족에게 책이 나오면 보라며, 자세히 보여주지는 않았는데, 내가 작업하는 동안 옆에서 말없이 같이 있어줘서 고마웠다.

5. 작업을 해낸 나에게 뿌듯한 한마디

새로운 나라에서, 새로운 사람들과, 새로운 일에 도전해 보는 일이, 지금 이 나이에도 가능하구나.

6. 이 책을 구매한 독자에게 한마디

마닐라에 오고 나서, 연고도 없고 아는 것도 없어 막막했던 기억이 생생하다. 마닐라를 선택하신 분들께 조금이나마 도움과 위로가 되기를 바란다.

From 제이전트 / To 나에게, 가족에게, 여러분에게 한마디

1. 공동 셀프 출판 프로젝트를 하며 겪은 어려움과 보람

처음에 의도를 기획했을 때만해도 제안에 기꺼이 응해 주실 구성원 분들이 의지와 추진력을 끝까지 흐름을 잃지 않고 실행력을 유지시킬 수 있을까 다소 우려도 있었는데, 처음부터 흔쾌히 제안도 받아 주시고 기획의도도 명확히 이해해 주셨고, 게다가 마인드도 열정적이고 적극적으로 참여해 주셨다. 그러다 보니 결과적으로 처음의 나와 구성원들이 생각했던 우려는 기우가 되었고 계획한 프로젝트 일정도 차곡차곡 누수없이 채워 나갈 수 있었다.

2. 8주간의 작업이 짧지 않았는데, 시간 계획을 어떻게 활용했는지?

마린이 방에서 의기투합한 국제학교 6명의 학부형들과의 8주간의 셀프 출판 프로젝트가 막바지를 향해가고 있다. ISM, BSM, BRENT, REEDLEY의 다양한 학년을 경험하고 있는 학부형들이 모여, 길다면 길고 짧다면 짧은 호흡을 갖고서 각자 바쁜 시간을 쪼개서 끈기 있게 잘 달려가 주고 있다. 아빠주부를 비롯하여 주부, 휴직자, 워킹맘 그리고 주재원 가족, 장기 거주 가족, 마닐라 BGC 지역, BGC 근교지역 거주 등 구성도 다양해서 다양한 시각과 경험으로 풀어낸 이야기가 담겨있다. 처음부터 아예 기간에 대한 목표를 정하고서 매주 모여서 주제별로 글을 써 내려갔고, 일주일에 한번은 온오프라인 미팅을 통해서 다양한 의견을 나누며, 보다 발전적으로 글을 써 내려 갈 수 있는 아이디어를 지속적으로 교환했다.

3. 함께 작업한 분들에게 응원의 한마디

함께한 작가분들 모두 각자의 일상속에서는 아이를 키우는 학부형들이다 보니 각자 바쁜 시간을 쪼개서 지속적으로 함께 일정에 맞춰 글을 써내려 가야 한다는 것이 개개인별로 시간관리도 다른 루틴한 일상 속에서 많은 어려움이 되었을 것 같다. 무엇보다 처음에는 다들 뽐내기 부끄러워했지만 숙제를 마치고 한주 한주를 마감하며 구글 드라이브에 각자 올려 둔 글솜씨를 보게 되면 다들 필력이 보통이 아니셔서 책을 만들면서도 한편으로는 독자로서 읽는 재미까지 있어서, 프로젝트 진행하는 내내 큰 스트레스 없이 즐거움도 느끼며 작업에 임할 수 있었다. 프로젝트에 함께 기여해 준 우리 6명의 작가들에게 셀프 칭찬과 특급 칭찬을 나눠본다.

4. 나를 지지해준 가족에게 감사의 한마디

처음에 이 프로젝트를 시작한다고 했을 때 스트레스 받지 않고 즐겁게 책을 써내려 가보라고 흔쾌히 의견을 주었던 아내를 비롯하여, 아이들도 아빠의 세번째 출판을 응원한다면서 아빠의 할 일을 함께 거들어 주었던 아이들에게도 매우 감사를 느낀다. 아이들이 아빠가 주부일만 하지 않고 끊임없이 무언가를 해보려고 노력하고 있다는 모습과, 끈기를 갖고 노력하다 보면 좋은 결과도 자연스럽게 따라올 수 있다는 부분도 교훈 삼았으면 좋겠다.

5. 작업을 해낸 나에게 뿌듯한 한마디

생각과 의견을 내는 것은 참 쉬운 일이지만, 그것을 실행하고 묵묵히 견디며 결과까지 이어내기란 늘 만만치 않은 일이다. 하지만 하나 하나 성취해 나갔을 때 생겼던 보람을 잊지 않는다면 앞으로 또 도전해야 할 일이 생겼을 때에도 견디고 이뤄낼 수 있는 단단한 밑거름으로 작용했으면 하는 바램이다. 대부분의 사람들이 실행력 앞에서 망설이는 경우가 많은 것 같다. 고민할 부분이 생긴다면 일단 해보는 것을 추천한다. 그것이 잃는 것보다 얻는 것이 조금이라고 크다고 판단된다면 말이다.

6. 이 책을 구매한 독자에게 한마디

이 책은 마닐라의 다양한 국제학교 이야기(이사, 학교 선택기, 입학과정, 자녀 적응기, 학교 수업, 커리큘럼, 커뮤니티 이야기 등)를 비롯하여 학교 외 이야기(방과 후 수업, 홈스쿨링, 학원 이야기 등), 정착과정에서의 동네와 주거지 그리고 생활(장소, 헬퍼, 기사 등 사람관계) 이야기, 주부/엄마/남편으로서의 나의 생활/감정변화 공감 이야기 등, 곧 마린이가 될 분들과 어찌 보면 비슷하면서도 한편으로 다르기도 한 상황을 바탕으로 한 진솔한 이야기가 담겨 있고, 마닐라에 이사 와서 초기에 직면하게 되는 갈팡질팡하게 되는 이야기, 늘 A/B 선택지를 놓고 고민하게 되는 상황, 정신적으로 건강하고 안정된 가족의 삶을 만들고 유지하기 위한 노력 등 타인의 경험을 통해서 간접적으로 미리 체험해볼 수 있다. 이 책이 정착과정에서의 모든 부분과 부분별로 디테일을 깊게 담지 못해낸 부분도 있을 텐데, 부족한 부분이 있다면 네이버 블로그 '제이전트' 또는 카카오톡 오픈 채팅방인 일명 마린이 모임방(http://open.kakao.com/o/gc1Olgze)을 찾아와 보기를 바란다. 여러분의 고민을 함께 들어주고 도와줄 열린 마음을 갖은 많은 마닐라 정착 선자들이 기다리고 있을 것이다.